jovens entre o palimpsesto e o hipertexto

Serviço Social do Comércio
Administração Regional no Estado de São Paulo

Presidente do Conselho Regional
Abram Szajman

Diretor Regional
Danilo Santos de Miranda

Conselho Editorial
Ivan Giannini
Joel Naimayer Padula
Luiz Deoclécio Massaro Galina
Sérgio José Battistelli

Edições Sesc São Paulo
Gerente Iã Paulo Ribeiro
Gerente adjunta Isabel M. M. Alexandre
Coordenação editorial Cristianne Lameirinha, Clívia Ramiro, Francis Manzoni, Jefferson Alves de Lima
Produção editorial Maria Elaine Andreoti
Coordenação gráfica Katia Verissimo
Produção gráfica Fabio Pinotti, Ricardo Kawazu
Coordenação de comunicação Bruna Zarnoviec Daniel

Jesús Martín-Barbero

jovens entre o palimpsesto e o hipertexto

ORGANIZAÇÃO | Carles Feixa e Mònica Figueras-Maz
TRADUÇÃO | Sérgio Molina

sumário

nota à edição brasileira ▃ 7

apresentação ▃ 8
Carles Feixa e Mònica Figueras-Maz

prefácio ▃ 11
outro conhecimento para outra política
Néstor García Canclini

introdução ▃ 14
entre jovens e adolescentes

1. **do palimpsesto ao hipertexto** ▃ 23
2. **jovens, des-ordem cultural e palimpsestos de identidade** ▃ 29
3. **mudanças culturais, desafios e juventude** ▃ 46
4. **jovens: comunicação e identidade** ▃ 68
5. **cidade, jovens e escola: uma escola cidadã para uma cidade-escola** ▃ 78

6. **crises identitárias e transformações da subjetividade** —— 92

7. **jovens: entre a cidade letrada e o mundo digital** —— 107

8. **memórias jovens, estéticas políticas e cidadanias mestiças** —— 124

9. **jovens, sociedades e tecnicidades** —— 140

10. **jovens: uma cidadania de raízes móveis** —— 149

sujeitos juvenis e protagonismo social em Jesús Martín-Barbero —— 166
Nilda Jacks e Daniela Schmitz

Jesús Martín-Barbero, o mestre —— 190
Omar Rincón

epílogo —— 193
Rossana Reguillo

sobre os autores —— 198

nota à edição brasileira

Publicado originalmente em 2017 em Barcelona, este livro reúne dez artigos provenientes de escritos e conferências do pensador hispano-colombiano Jesús Martín-Barbero sobre as juventudes, tema no qual é considerado pioneiro. Produzidos no período que compreende os anos 1990 e a primeira década do século XXI, os textos testemunham a transição e a consolidação da chamada sociedade em rede, que formou uma nova geração de atores sociais com capacidade de comunicação nunca presenciada na história.

Ao apresentar como conceitos-chave de sua teoria o *palimpsesto* — em referência aos antigos pergaminhos reaproveitados e metaforizando a reciclagem constante que novas culturas fazem daquelas do passado — e o *hipertexto* — técnica de escritura multidimensional que surge com a cibercultura por meio da qual os jovens interagem e imaginam o futuro —, o filósofo e antropólogo desenvolve análises sobre cultura, comunicação e tecnologia, educação, trabalho e cidadania.

Para isso, Martín-Barbero se vale do convívio com adolescentes e jovens inseridos em contextos sociais precários, marcados por pobreza, violência e crises políticas comuns aos países latino-americanos, em especial a Colômbia dos anos 1990 e 2000, que guardam fortes semelhanças com as experiências das juventudes brasileiras, em particular nas grandes metrópoles. Além do prólogo de Néstor García Canclini, antropólogo argentino, e do epílogo da professora mexicana Rossana Reguillo, também especialista em estudos culturais e juventude, o livro traz ensaios das pesquisadoras brasileiras Nilda Jacks e Daniela Schmitz e do jornalista colombiano Omar Rincón, discípulo e colaborador direto de Martín-Barbero.

Para o Sesc São Paulo, cujas diretrizes se voltam ao desenvolvimento dos indivíduos por meio do acesso à cultura e à educação permanente, a obra propicia um melhor entendimento das complexidades surgidas pelo avanço das tecnologias de comunicação e suas relações com os jovens, cuja formação cidadã é fundamental para a conquista de um futuro menos incerto.

apresentação

Carles Feixa e Mònica Figueras-Maz

Este livro reúne dez textos sobre os jovens escritos por Jesús Martín-Barbero ao longo das duas últimas décadas, textos que até agora estavam dispersos em diversas publicações (revistas, capítulos de livros ou atas de congressos), algumas de difícil acesso, além de alguns inéditos. A maior parte deles gira em torno de dois conceitos centrais que o autor utiliza de maneira metafórica e que estão presentes no título: palimpsesto e hipertexto. O primeiro faz referência aos antigos pergaminhos reaproveitados mediante novas escritas que não apagam completamente as anteriores, remetendo à constante reescrita e reciclagem que as culturas juvenis fazem do passado. O segundo faz referência às técnicas de escrita multidimensional (e multimídia) que surgem com as modernas ciberculturas, remetendo às novas formas de comunicação digital por meio das quais os jovens imaginam o futuro. O uso criativo que o autor faz desses dois conceitos teve um grande impacto nos estudos culturais e nos estudos sobre a juventude no âmbito ibero-americano, razão pela qual pedimos a duas referências na área, além de amigos do autor, que escrevessem, um o prefácio — Néstor García Canclini —, e outra, o epílogo — Rossana Reguillo —, justamente sobre as contribuições de Martín-Barbero para ambos os campos de estudo, que neste livro se hibridam por meio da comunicação.

A maioria dos textos foram originalmente conferências proferidas em diversas cidades e universidades ibero-americanas. Embora depois tenham se transformado em artigos de revista ou de coletâneas, conservam o tom oral original, inconfundível para nós que tivemos o privilégio de escutar o próprio autor, que lhes dá força e vigor. Optamos por organizá-los em ordem cronológica de publicação para destacar a evolução do pensamento de Martín-Barbero (a referência original é fornecida em nota de rodapé no início de cada capítulo). Não por acaso foram em sua maior parte publicados entre o final da década de 1990 e o início dos anos 2000, coincidindo com a expansão da cultura digital e a emergência da geração da rede, que constituem o marco de análise temporal dos textos.

Depois da nossa apresentação e do instigante prólogo de Néstor García Canclini, o livro se abre com uma introdução inédita de Jesús Martín-Barbero — seu escrito mais recente —, na qual ele explica o contexto em que esses textos foram pensados, ditos ou escritos. Seguem-se os dois capítulos centrais, que desenvolvem as ideias do palimpsesto e do hipertexto: uma conferência de 1996 (reproduzida no capítulo 1) e o ensaio seminal publicado em 1998 na coletânea *"Viviendo a toda". Jóvenes, territorios culturales y nuevas sensibilidades* (reproduzido no capítulo 2). Os sete capítulos seguintes constituem aplicações desses conceitos para compreender os diferentes mundos de vida juvenis — a cultura, a comunicação, a educação, o trabalho, a leitura, a memória, a tecnologia; baseiam-se em encontros e publicações da primeira década dos anos 2000. O último capítulo é uma conferência realizada em 2015 em Medellín, que volta ao passado para reconstruir a memória da guerra e da paz na Colômbia e para refletir sobre o papel da juventude na construção da cidadania. O livro se completa com um artigo das comunicólogas brasileiras Nilda Jacks e Daniela Schmitz, com uma análise muito completa das contribuições do autor para os estudos sobre juventude e que dialoga com os outros capítulos do volume; com um texto do seu discípulo e colaborador, o comunicólogo colombiano Omar Rincón, centrado nas contribuições do autor para os estudos sobre juventude e comunicação; e, finalmente, com o epílogo de uma de suas almas gêmeas, a antropóloga mexicana Rossana Reguillo.

A tarefa de edição dos textos é fruto de um trabalho colaborativo de Carles Feixa e Mònica Figueras-Maz, na interface entre a antropologia e a comunicação, mirando a cultura juvenil. No total, selecionamos dez textos que, embora não sejam os únicos em que o autor falou — pois a maior parte deles foi inicialmente uma conferência — e escreveu sobre a juventude, a nosso ver são os mais significativos. Como critério geral, tentou-se respeitar em sua integridade a primeira versão dos textos incluídos no volume, para mostrar a formulação original e sua evolução no pensamento do autor. Por exemplo, o capítulo 1 foi mantido integralmente, apesar da sua redação esquemática, porque se trata da primeira formulação dos dois conceitos centrais do livro: palimpsesto e hipertexto; o capítulo 2 também foi mantido integralmente, por ser um dos mais conhecidos e citados do autor, apesar de suas ideias terem sido reformuladas e reaproveitadas em textos posteriores. Nos capítulos seguintes, quando há passagens reiterativas, optamos por suprimi-las, incluindo uma Nota dos Organizadores [N.O.] ao pé da página, indicando em que parte do livro podem ser encontradas. Na verdade, esses textos podem ser lidos como se fossem hipertextos, pois, por meio dessas passagens, as ideias centrais remetem umas às outras, provocando diálogos intertextuais.

Os textos, em sua maioria, provêm das versões em formato Word cedidas pelo autor, e em alguns casos foram editados a partir de publicações escaneadas ou da transcrição de conferências, por isso continham erros. Optamos por adaptar a redação para torná-la compreensível ao leitor internacional, mantendo, porém, expressões do castelhano da América Latina e gírias dos dois países onde o autor residiu — Colômbia e México; também foram respeitados alguns modismos, como por exemplo o uso de hífen em alguns prefixos ("des-territorializado"); muitas palavras em itálico, entre aspas ou até em maiúsculas também foram mantidas como no original.

Quanto à bibliografia, uniformizou-se o sistema, e as referências foram reunidas ao final de cada capítulo[1]. As notas de rodapé incluem não apenas as referências bibliográficas, mas também comentários, referências laterais ou as já mencionadas Notas dos Organizadores. Em alguns capítulos, falta a página das citações literais, que não foi possível localizar, mas foram mantidas as aspas para deixar claro que se trata de referências textuais; em outros, os editores acrescentaram as obras referenciadas, o que pode fazer com que, em alguns casos, não seja a correta.

Acreditamos que o livro está sendo publicado numa conjuntura muito oportuna. Num momento em que os *Millennials* são retratados com base em estereótipos e generalizações, caricaturando de forma idealizada ou alarmista o uso e abuso que fazem das TIC, resgatar o pensamento precursor de Martín-Barbero, construído nos primórdios da emergência da cultura digital, pode ser um antídoto crítico contra toda forma de pensamento único ou de pensamento fraco. É uma honra reunir aqui os textos desse autor fundamental, os quais esperamos que tenham um longo percurso.

Barcelona — Buenos Aires, julho de 2017

---

[1] Para a edição brasileira, optou-se por colocar as referências em notas de rodapé e reunidas no final de cada texto. [N. E.]

prefácio
outro conhecimento para outra política

Néstor García Canclini

Nada mais impróprio, ao abordar este livro, do que encará-lo como uma coletânea de textos que começam em 1996, isto é, vindos do século passado. Podemos nos dispor a ver como pensava, duas décadas atrás, um fundador dos estudos da comunicação, e desde as primeiras páginas ele nos contará que naquela época se falava dos jovens como "agentes da insegurança": "bandos, gangues, *parches*, associados ao lúmpen, ao *sicariato*, à guerrilha". Os "rituais de violência e morte dos jovens" junto "a rituais de solidariedade e de expressividade estética": é isso que se estuda sobre as novas gerações nos anos mais recentes.

Então me ocorre que o gênero dos perfis com que se anuncia um conferencista deveria ser reformulado quebrando a lógica de sempre: em quais universidades estudou e em qual leciona, os títulos dos seus livros e seus prêmios. Certo, sobre Martín-Barbero podemos mencionar essas coisas, mas seria melhor começarmos pelo nome do país e da cidade onde se deram. Duas décadas atrás, a Colômbia era o futuro da América Latina. No México, batalhávamos para passar do sistema de partido único ao pluripartidarismo, acreditando que viver num país democrático dependia disso; na Argentina e nos demais países do Cone Sul, buscavam-se maneiras de sair por completo das ditaduras e lidar com as privatizações e o desmantelamento do Estado, para chegar ao novo século com agendas políticas adequadas às mudanças tecnológicas e à industrialização da cultura. Quando nos parecia próxima a violência que assolava Bogotá e Medellín, e com tanta frequência nos alarmava, tendíamos a enxergar mais a diferença de não ter nos nossos países as Farc e os paramilitares que a registrar os sinais daquilo que já estava devastando o futuro das novas gerações. Quando as evidências aumentavam, alguns políticos e jornalistas alertavam para o risco de "colombização" do México. Poucos anos se passaram para que começássemos a temer uma "mexicanização" da Argentina e de várias outras sociedades.

Assim como Alonso Salazar foi pioneiro ao explorar de perto as gangues urbanas, Jesús percebeu que a Colômbia dava aos jovens o protagonismo trágico e empreendedor que hoje é um lugar-comum nos estudos sobre eles. Cada sociedade teve ou não teve suas guerrilhas, sua transição deficiente dos autoritarismos para isto em que estamos, mas a Colômbia antecipou a dura degradação que hoje, em todo o Ocidente, põe em dúvida que essa forma de governo que ainda chamamos de democracia seja o que nos distingue de outras regiões do mundo. Em toda parte, estamos aprendendo que o que acontece é mais complexo e denso que aquilo que se atribuía às drogas, às máfias ou à desordem pós-moderna.

Se Martín-Barbero se deu conta, em conferências de 2000 ou 2004, daquilo que se insinuava nos novos usos das tecnologias digitais, na desestruturação do urbano e na desorientação das escolas diante dessas mutações, foi porque viajou por muitos países onde os sinais coincidiam, mas também por causa da comoção colombiana, que incitou vários de nós, mexicanos (notadamente Rossana Reguillo), a convencê-lo de fazer uma pausa em Guadalajara, e porque ele e Elvira, depois dessa experiência, sentiram que seu lugar era Bogotá e, como hoje ficou claro para todos, foram saindo cada vez mais das suas ilhas.

A identificação dos jovens com o moderno, em função da qual já não são eles que imitam os adultos, e sim os adultos que sonham em se parecer com os jovens, é trabalhada nestes textos, deslindando suas variações. O jovem é visto como emblema de modernidade "no seu sentido forte, o da inovação"; também "no seu sentido fraco, pós ou tardo-moderno, da atualidade e do atual, que é o que corresponde à percepção de uma *realidade aligeirada*". Não se trata apenas de operações de mercado, esse grande decifrador do sentido das mudanças. Para compreender o fenômeno, é preciso examinar, mostra Martín-Barbero, como se enlaçam a destruição da memória das nossas cidades, a acelerada obsolescência de objetos cotidianos, a hegemonia do corpo, a empatia com os jogos de interação nos dispositivos tecnológicos, a plasticidade camaleônica das gerações recentes nos novos contextos.

Porque o protagonismo do jovem se entrelaça com essas transformações, a sociedade (mais exatamente: o capitalismo eletrônico ou informático neoliberal) devolve às gerações que irrompem uma obstinada precariedade, os riscos constantes da extinção. "Escrevendo na Colômbia, não posso ignorar o que esse lugar de enunciação implica, por ter sido o país em que pela primeira vez se usou a palavra 'descartáveis' para denominar os jovens sicários".

Outras vinculações que Jesús foi pioneiro em indagar estão nestas páginas: a combinação do anonimato urbano com os fluxos comunicacionais, as tarefas das escolas em face das cidadanias mestiças, os jovens como exploradores do que virá num planeta que vive pela primeira vez o sentimento de ausência de futuro. E, claro, "se a televisão atrai é porque a rua expulsa, é dos medos que vive a mídia".

Como se forma esse pensamento dos paradoxos? A ele se soma o procedimento de assumir tensões incômodas, bebendo de autores de vários países e várias disciplinas. Manuel Castells junto a Jacques Rancière, Beatriz Sarlo próxima de María Teresa Uribe, Margaret Mead seguida de Carlos Monsiváis ou Michel Foucault. A vizinhança entre eles é pensada sem ocultar as divergências. Enciclopedismo do filósofo que se nutre de todos os saberes? Ao contrário, outro modo de refletir indisciplinadamente, mas com o rigor e a perspicácia aprendidos na filosofia e na semiótica. Os riscos aumentam quando não se trata apenas de pôr para conversar departamentos universitários que têm grande prazer em se desconhecerem, mas de também reconhecer saberes habitualmente desvalorizados: os das músicas e crenças populares, os proporcionados pelo jogo com as imagens e não só pela cultura letrada.

Os jovens não leem mais? Não é assim, diz Martín-Barbero. O que acontece é que aqueles de nós que fizemos ciência como se se tratasse de "traduzir/substituir o mundo qualitativo das percepções sensíveis pela quantificação e pela abstração lógico-numérica" chegamos ao ponto em que é preciso reincorporar ao saber o valor informativo do sensível e do visível. Os jovens expandiram a capacidade de ler dos livros para a publicidade, os quadrinhos, o videoclipe e o hipertexto.

Destaco alguns fragmentos das contribuições deste autor para celebrar que, afinal, estejam reunidas em um livro. Permite compendiar suas iluminações sobre a condição jovem e, ao mesmo tempo, as muitas passagens com que abriu para o pensamento interdisciplinar. Será ainda necessário lembrar que essa reformulação nos modos de conhecer e comunicar o que fazemos nas ilhas universitárias é indispensável, uma das condições primeiras, para fazer política e construir uma sociedade em que os jovens — e tantos outros — não continuem a ser tratados como algo descartável, para que entendamos o que pode ser a democracia em vez dessa confusão de violências?

Cidade do México, julho de 2017

introdução
entre jovens e adolescentes

Jesús Martín-Barbero

> Nosso pensamento ainda nos prende ao passado — o mundo tal como existia na nossa infância e juventude. A maioria de nós, nascidos e criados antes da revolução eletrônica, não entende o que ela significa. [...] Os jovens das novas gerações, no entanto, são como a primeira geração nascida num país novo. [...] Devemos aprender com os jovens como dar os próximos passos. [...] Mas, para fazer isso, [...] devemos reposicionar o futuro. No Ocidente, o futuro foi sempre situado à nossa frente. [...] Para muitos povos da Oceania, o futuro encontra-se atrás, não na frente. [...] Se quisermos construir uma cultura [...] na qual o passado seja útil e não coercitivo, [...] devemos colocar o futuro [...] aqui, como se já estivesse entre nós, precisando do [...] nosso amparo e proteção [...] já antes de nascer, porque senão será tarde demais.

Margaret Mead, Cultura y compromiso

> O que estamos vendo não é apenas um novo traçado do mapa cultural — o deslocamento de algumas poucas fronteiras em disputa, o desenho de alguns pitorescos lagos de montanha —, e sim uma alteração dos próprios princípios do mapear. [...] uma situação que é ao mesmo tempo fluida, plural, descentralizada [...]. As questões não são tão estáveis nem tão consensuais, e não parece que tão cedo venham a sê-lo. O problema mais interessante não é como destrinchar todo este emaranhado, mas o que todo este fermento significa.

Clifford Geertz, El surgimiento de la antropología posmoderna

O intercâmbio é bem revelador dos pressupostos em jogo no cruzamento entre música e identidades juvenis: do ponto de vista das classes médias, haveria uma realidade de desordem, sujeira, própria dos que escutam certa música e pertencem a certos setores sociais. E se, no intercâmbio de mensagens que estamos analisando, a referência aponta explicita-

mente para o rock escutado nos setores populares, e sobretudo para a realidade social que esse rock reflete e retrata, algo semelhante ocorre com as manifestações de jovens de classes médias que aceitam qualquer tipo de música, exceto a cúmbia. Além de se escolher determinado gênero como inimigo, antagoniza-se socialmente por meio da sua depreciação. Do ponto de vista das classes populares, certas preferências e valorações musicais revelam uma orientação moral e social.

Pablo Semán e Pablo Vila

1. Quando e por que comecei a me interessar pela vida dos jovens a ponto de ela se tornar um campo estratégico da minha pesquisa, quase obsessivo durante muitos anos? Não tenho uma resposta clara, mas o fato é que bem cedo encontrei na juventude um veio fundamental de compreensão das mudanças que a sociedade inteira estava vivendo. A tal ponto que foi essa trama que me abriu conexões tanto com aquilo que a mídia começava a significar para mim, quanto com a outra dimensão mais extensa e mais ampla das mediações sociais, culturais e políticas. E foi essa dupla entrada no campo-da-comunicação o que me suscitou as perguntas mais arriscadas, as que transformaram o tema dos jovens num dos veios mais preciosos, tanto dos programas dos meus cursos quanto das trilhas que foram abrindo para a pesquisa. Uma pesquisa para a qual me levou, quase pela mão, Margaret Mead: Cultura prefigurativa é aquela em que os pares substituem os pais, instaurando uma ruptura geracional, que é a que vivemos hoje; algo sem comparação na história, pois marca uma mudança na própria natureza do processo: homens de tradições culturais muito diversas migram no tempo, como imigrantes que chegam a uma nova era: uns como refugiados, outros como proscritos, mas todos compartilhando os mesmos rótulos e sem modelos para o futuro. Porque o futuro tinha escolhido outro modo de se manifestar, para mim inclusive.

Foi com os jovens colombianos que aprendi a decifrar a temporalidade moderna: aquela em que a dinâmica e o peso da história estão inteiramente voltados para o futuro em detrimento do passado. E devo a Walter Benjamin ter me alertado, antes de qualquer outro, sobre o buraco negro que tragava essa temporalidade: "A representação de um progresso do gênero humano na história é inseparável da representação da continuação desta ao longo de um tempo homogêneo e vazio". A experiência desse "tempo homogêneo e vazio" foi a que Gianni Vattimo depois revelou como o agora da própria sociedade tardo-moderna: a do progresso transformado em rotina por estar "fisiologicamente ligado à sobrevivência do sistema, fazendo com que a novidade não tenha mais nada de revolucionário nem de perturbador". Estamos encalhados num progresso vazio cuja realidade se confunde com a aparência de mudança produzida pelas imagens. Até Martin Heidegger falou do vínculo da técnica com um mundo constituído por imagens, e Vattimo repisaria a questão propondo que "o sentido em que a tecnologia se move já não é tanto o domínio da natureza pelas máquinas, e sim o desenvolvimento específico da informação e da comunicação do mundo como imagem".

2. Foi em Paris, no outono de 1969, entre o entusiasmo e a ressaca de maio de 68. Eu trabalhava em Bruxelas e estudava em Louvain, mas nos fins de semana escapava com frequência para respirar o ar ainda libertário das avenidas esburacadas pelas barricadas de paralelepípedos erguidas pelos estudantes no seu desejo de mudar o mundo e ao mesmo tempo a vida: pois "a barricada fecha a rua, mas abre o caminho" que se faz ao andar, que é o viver. E nos porões da livraria Maspero, entre jornais e boletins de todas as guerrilhas e movimentos subversivos do mundo, de Angola ao Camboja passando por Bilbao e Montevidéu, encontrei um livrinho "vermelho" de um tal Walter Benjamin, editado pela própria Maspero: *Essais sur Bertolt Brecht*.

Saí para a rua à procura de uma mesa num café, e quando me sentei topei com "L'auteur comme producteur", uma conferência que Benjamin deu em 1934, em Paris. Na época eu estava trabalhando na minha dissertação de mestrado sobre o debate marxista no "Ocidente" — Adam Schaff, Karel Kosik, Louis Althusser e Lucien Goldmann —, e era no texto de Benjamin que residia o verdadeiro outro marxismo, o mais outro de todos, já que numa conferência para operários ele afirmara que, "antes de perguntar como uma obra literária se situa no tocante às relações de produção da época, gostaria de perguntar: como ela se situa *dentro* dessas relações?".

O giro do olhar crítico proposto por Benjamin foi de 180 graus, e de fora para dentro, do que a obra diz acerca das relações de produção para os processos de construção da obra e sua função específica na transformação das relações sociais. Isso dito e escrito em 1934! Era "o direito à existência do poeta no socialismo", que, para Benjamin, era o direito à sua autonomia. E uma autonomia ligada não mais à ideologia, e sim à técnica, como mediação capaz de superar a estéril oposição entre fundo e forma. A liberdade de pensar, segundo Benjamin, ia ainda muito mais além: tratava-se de libertar-se das "ideias feitas" sobre as formas e os gêneros literários para liberar as energias literárias da época, pois "estamos no centro de um grande processo de fusão de formas literárias, no qual muitas oposições habituais poderiam perder sua força".

3. Voltando à minha análise sobre as mudanças de vida entre os jovens, eu me deparei com o chileno Martín Hopenhayn, que postulava uma educação expandida pelo ecossistema comunicativo, rearticulando o lugar da escola sobre três objetivos: formar recursos humanos, construir cidadãos e desenvolver sujeitos autônomos. Em primeiro lugar, a educação não pode continuar dando as costas para as transformações do mundo do trabalho, dos novos saberes mobilizados pela produção, das novas figuras que recompõem rapidamente o campo e o mercado das profissões. Não se trata de subordinar a formação à adequação de recursos humanos para a produção, mas de que a escola assuma os desafios que as inovações tecno-produtivas e trabalhistas apresentam para o cidadão em termos de novas linguagens e saberes. Pois seria suicida para uma sociedade alfabetizar-se sem levar em conta o novo país que está surgindo, em termos de produção.

Em segundo lugar, construção de cidadãos significa que a educação tem que ensinar a ler o mundo de forma cidadã, isto é, tem que ajudar a criar nos jovens uma mentalidade crítica, questionadora, desestabilizadora da inércia em que as pessoas vivem, desestabilizadora da acomodação na riqueza e da resignação na pobreza. Ainda há muito a mobilizar na educação para renovar a cultura política, de modo que a sociedade não procure salvadores, mas produza sociabilidades para conviver, consensuar, respeitar as regras do jogo cidadão, da legislação de trânsito até a tributária.

E, em terceiro lugar, a educação é realmente moderna na medida em que seja capaz de desenvolver sujeitos autônomos. Em face de uma sociedade que massifica estruturalmente, que tende a homogeneizar até quando cria possibilidades de diferenciação, a possibilidade de ser cidadãos é diretamente proporcional ao desenvolvimento de sujeitos autônomos, isto é, de pessoas livres tanto interiormente como em seus posicionamentos. E essa liberdade implica pessoas capazes de ler a publicidade sabendo para que serve, sem deixar que lhes manipulem o cérebro, capazes de tomar distância da arte da moda, dos livros da moda, que pensem com sua própria cabeça e não com as ideias que circulam ao seu redor.

Essa reflexão me levou a pensar que o sentido da recusa dos jovens a se deixarem representar se deve à desafecção ideológica para com instituições políticas lastradas por uma verdadeira incapacidade de representação da diferença no discurso que denuncia a desigualdade. A transferência do sentido da democracia da esfera política para a esfera social responde a seus medos e desejos: a saúde, o emprego, a sexualidade. A democracia necessita falar outras linguagens: a do corpo, da saúde, do sexo, da subjetividade e do casal.

Também da insegurança coletiva, reavivando a necessidade de pertencimento que impulsiona "em comunidade" estética, de bairro ou do *parche*[1]. Porque as pessoas não podem viver sem um mínimo pertencimento e reconhecimento. Ser cidadão hoje tem a ver muito menos com votar e muito mais com ser capaz de se associar aos moradores do bairro para reivindicar direitos, exigir melhorias e defender seu próprio estilo de vida.

4. Os adolescentes das novas gerações entendem e assumem a relação social como uma experiência que passa basicamente por sua corporeidade e sua sensibilidade, já que é por meio dessa experiência que eles — que em sua maioria falam muito pouco com os pais — estão dizendo muitas coisas aos adultos por meio de outras linguagens: a das roupas, das tatuagens, dos adereços, ou a de emagrecer conforme padrões corporais que a sociedade impõe por meio da moda e da publicidade. E não são só as mulheres, pois hoje milhões de adolescentes no mundo inteiro sofrem gravíssimos transtornos físicos e mentais ligados à anorexia e à bulimia. Enquanto isso, a sociedade exige que assumam a responsabilidade sobre si mesmos, quando o que eles necessitam é uma mínima clareza sobre seu futuro laboral ou profissional.

Daí resulta o movimento dos adolescentes entre o repúdio da sociedade e o refúgio na fusão tribal. Milhões no mundo inteiro se encontram sem falar, apenas para compartilhar a música que os conecta, que lhes permite estarem juntos por meio da empatia corporal que ela produz. E há uma palavrinha que hoje dá nome a uma droga, o êxtase, que pode servir de metáfora da sua situação extática, que é o estar fora de si, fora do eu que a sociedade lhes atribui e que os jovens se recusam a assumir. Não porque sejam desviados sociais, mas porque sentem que a sociedade não tem o direito de exigir deles uma estabilidade emocional que entre os próprios adultos é cada dia mais rara. Mas tanto o trabalho como a escola têm demonstrado uma grande incapacidade para fazer frente a essa instabilidade. O que temos hoje é uma sorrateira corrupção que se apresenta sob as armadilhas do vazio ideológico, da ausência de densidade simbólica dos partidos e da incapacidade de convocação. Com demasiada frequência, o exemplo que os adolescentes recebem das gerações mais velhas em questão de ética, fidelidade ou solidariedade é, para dizer o mínimo, decepcionante.

A contradição não pode ser mais evidente: enquanto o sujeito emerge, hoje, de um ambiente fortemente imaginal e emocional, a casa e, sobretudo, a escola se aferram a uma racionalidade que, em nome do princípio de

---

[1] Literalmente, "remendo"; na gíria jovem colombiana, "turma". [N.T.]

realidade, bane o corpo no momento de maior sensibilidade. Por isso o mundo habitado pelo sujeito adolescente é principalmente o do grupo de pares, o bando, o *parche*, ou o gueto e a facção, que muitas vezes estão ligados ao mundo da droga. É daí que nos olham e nos ouvem sujeitos íntima e corporalmente mediados por suas interações com a tecnologia e a partir dela.

Trata-se de um sujeito não mais pensável de dentro para fora, mas, ao contrário, de fora para dentro. Um sujeito tanto mais formado quanto mais densa e firme é a trama das interações que mantém com outros sujeitos. E é nessa trama de interações que as mediações tecnológicas revelam seu potencial: a tendência dos adolescentes ao ensimesmamento encontrou nas redes seu mundo mais propício, que, ao mesmo tempo que os conecta, fomenta um vício que os isola. Há algo de verdade nesses temores, eles dizem algo sobre certas tendências, mas os estudos sobre os usos que os jovens fazem do computador revelam outro panorama. E aqui me baseio na pesquisa que, durante um ano, coordenei em Guadalajara sobre "Os usos jovens da Internet". Nela nem o vício, nem o isolamento nem a perda do senso de realidade se mostraram uma tendência. Os adolescentes que usam a internet intensamente continuam frequentando a rua, divertindo-se nas festas de fim de semana e preferindo a companhia ao isolamento. Verificou-se certa dependência, mas nada que constituísse um grande perigo, e sem dúvida essa não era a paixão pela qual se podia dar a vida, mas outras bem diferentes. Um exemplo, entre muitos outros, da sociabilidade não perdida: garotos que, mesmo tendo computador em casa, vão à *lan house* para ver certos programas e jogar, porque é ali que podem compartilhar os achados da navegação e as aventuras do jogo com os amigos presentes.

5. Bogotá-Jovens. "Sua situação é crítica: principais vítimas de homicídio e acidentes, de suicídios; com pouco acesso à educação superior, ligados a facções criminosas. É urgente uma atenção integral voltada para eles, sobretudo para que não continuem sendo vistos como sinônimo de problemas quando não o são" (*El Tiempo*, 29 jul. 2017).

Esse artigo é real e é o pano de fundo, bem fundo, da vida e dos milagres de milhares de crianças, adolescentes e jovens que moram na Colômbia, hoje um dos países mais complicados do mundo, que agora vai começando a sair de uma guerra civil que durou mais de cinquenta anos. Daí esta primeira pergunta: o que deve mudar no sistema educacional para que as crianças e os adolescentes (na Colômbia de hoje) possam entender e interiorizar o que seu país está vivendo tanto na superfície (leia-se, na política) como no fundo-da--vida social e cultural?

Aqui, no entanto, só me referirei à necessidade vital que esse país tem de uma escola que assuma essa palavra não como um simples tema — tarefa para depois de umas conferências —, mas como o eixo transversal de todas as disciplinas. E mais: que a figura do país seja o conteúdo básico da maioria dos trabalhos escolares. Porém, para que isso seja possível, devemos poder reconstruir a própria figura do professor que dá suas aulas preso a fórmulas que já vêm prontas do Ministério da Educação.

Este é o momento mais propício que a Colômbia já teve em toda sua história para repensar a relação Escola-Estado não apenas em termos salariais, mas também pedagógicos. O que veio a sugerir a verdadeira pergunta do milhão: como as crianças e os jovens poderão ter acesso a uma compreensão do seu país que os capacite, ao menos basicamente, para ajudar a mudá-lo?

Porque hoje, quando a mediação tecnológica da comunicação deixa de ser meramente instrumental para se tornar estrutural, o que está mudando é o próprio lugar da cultura na sociedade. Foi o antropólogo francês André Leroi-Gourhan quem primeiro usou a palavra "tecnicidade" para se referir à técnica que forma sistema com todas as outras relações, como as relações de parentesco ou as que entrelaçam os mitos aos ritos, e vice-versa.

É assim que a tecnologia hoje remete, muito mais que à novidade de certos aparelhos, a novos modos de percepção e de linguagem, a novas sensibilidades e escritas. E a indagação pela técnica torna-se cada dia mais crucial para nós, na medida em que a diversidade cultural das técnicas, persistentemente testemunhada pelos antropólogos, se confronta hoje com uma tecnicidade-mundo que atua como conector universal no global. Uma tecnicidade-mundo que veio subverter as condições mesmas daquilo que Marx chamou de "produção social", isto é, a produção que corresponde não só ao mundo dos objetos, mas também ao dos sujeitos e ao laço social que os une. Estamos, portanto, diante de desafios da tecnicidade que correspondem não apenas às estruturas da economia, mas também às estratégias dinâmicas da cultura e às mudanças de sentido que subvertem a vida política.

É por isso que a reflexão sobre os novos sentidos de pertencimento em tempos de globalização traz para o primeiro plano a paradoxal relação entre o que a mutação tecnológica está passando a significar em termos culturais e o processo inverso que a política atravessa. Pois, enquanto a tecnologia, que durante séculos foi tida como um mero instrumento, passou a se converter em razão e em dimensão constitutiva das mudanças socioculturais, a política passou pelo processo inverso: o da "perda de densidade simbólica" (Paul Ricœur), que é a perda da sua capacidade de nos convocar e nos manter unidos.

6. Bem-vindos ao caos! Ou quando o progresso ainda não nos permite pensar a mutação. O que agrava mais fortemente a incerteza do presente em que vivemos é a dificuldade que nossas sociedades têm em assumir que convivemos com uma mutação que começou a subverter nossa experiência do tempo, pois liquida a concepção moderno-hegemônica de um tempo em sequência linear ininterrupta. Trata-se de uma concepção compartilhada com a mesma convicção por direitas crentes e esquerdas ateias, já que se baseia ou na Divina Providência ou na mais secular das utopias. Walter Benjamin foi o primeiro a desafiar essa concepção, opondo a ela a tarefa de "pôr em ação a experiência da história" mediante "uma consciência do presente que faça explodir o *continuum* da história", pois esse *continuum* da história só existe para os vencedores. "E nem mesmo os mortos estarão em segurança se o inimigo vencer. E esse inimigo não tem cessado de vencer."

Precisamos não apenas repensar, mas também re-fazer o sentido do presente como o tempo-agora: essa centelha que conecta o passado ao futuro, ou seja, exatamente o contrário da nossa instantânea e entorpecida atualidade. O presente é um agora a partir do qual é possível des-atar o passado amarrado, pois nele "estão vivas a confiança, a coragem, o humor e a astúcia, agindo de longe, desde o fundo dos tempos" (Benjamin). Um repensar radical do historicismo, essa ingênua concepção que acredita ser possível ressuscitar a tradição justamente porque sua fé reside no seu contrário, no progresso que transforma a história em "um tempo vazio e homogêneo".

A memória que assume a tradição não é a que nos translada a um tempo imóvel, mas a que torna visíveis os destempos, ou seja, a que torna presente um passado que nos desestabiliza. É a tarefa enunciada por Nelly Richard, de trazer à tona a montagem de fragmentos e resíduos, de arcaísmos e modernidades de que é feita nossa modernidade, quando a história é pensada não como sucessividade linear, mas como "combinatória de tempos e sequências, alternância de pausas e retrocessos, antecipação de finais e salto de arrancada". Isto é, a história como desorganização/reorganização do tempo que libera as narrações da sua submissão ao progresso, possibilitando novas, inéditas formas de relação com o passado, ou melhor, com os diversos passados de que somos feitos.

nota de agradecimento

Esta colagem de textos entrelaçados em livro não pode terminar sem que eu registre meu agradecimento mais sincero e verdadeiro a todos os que colaboraram para sua publicação: começando por Carles Feixa, que idealizou o livro e o concretizou com muitas horas de trabalho e uma fabulosa paciência; a Néstor García Canclini, pelo prefácio tão atualizador e sugestivo; e a Rossana Reguillo, pelo epílogo que milagrosamente entremeia recordações e futuros.

E a Elvira, Alejandro e Olga, pela paciente canção com que me ajudaram, dia após dia, a chegar até o hoje do meu epílogo.

Bogotá, agosto de 2017

do palimpsesto ao hipertexto[1]

[1] Conferência proferida no Congresso de Convergencia — Fals Borda, Cartagena (Colômbia), ago. 1996.

Tanto no campo das mudanças socioculturais como no campo teórico, a comunicação tornou-se o eixo dos novos modelos de sociedade. A partir das transformações tecnológicas, a informação aparece como espaço de ponta da modernização — produtiva, administrativa, educacional — e se confronta com a "orfandade epistemológica" deixada pela crise dos paradigmas da produção e da representação. A razão comunicativa[2] converte-se em eixo das dimensões libertadoras que a modernidade ainda conserva: chave da renovação da análise da ação social, da sua agenda e da reformulação da teoria crítica. Ainda mais combativamente na outra vertente — a que enuncia a crise e anuncia a formação do *sensorium* pós-moderno —, a relevância da estrutura comunicativa da sociedade aparece ligada à compreensão da mudança nas condições do saber[3]. Uma mudança marcada pela abertura de um horizonte ilimitado de exploração e ruptura com a razão "moderna", ambiciosa de unidade; pela assunção do "irredutível caráter local dos discursos" e da natureza operacional do conhecimento científico; por sua atenção às instabilidades; por sua produção e ordenação como informação.

    Pertence também a essa ordem de mudanças a revalorização das práticas e das experiências na emergência de um saber mosaico, feito de objetos móveis e fronteiras difusas, de intertextualidades e bricolagens. Se não mais é escrita nem lida como antes é porque também não pode ser vista nem representada como antes. E isso não se reduz ao fato tecnológico, pois "o que hoje passa por uma forte reestruturação é toda a axiologia dos lugares e das funções das práticas culturais da memória, do saber, do imaginário e da criação": a visualidade eletrônica passou a fazer parte constitutiva da visualidade cultural, que é, ao mesmo tempo, ambiente tecnológico e novo imaginário "capaz de falar culturalmente — e não só de manipular tecnologicamente —, de abrir novos espaços e tempos para uma nova era do sensível"[4]. A era da junção da televisão com o computador, o videogame e o hipertexto multimídia em "um ar de família que vincula a variedade de telas que reúnem nossas experiências laborais, domésticas e lúdicas"[5].

---

2 Cf. Jürgen Habermas, *Teoría de la acción comunicativa*, Madrid: Taurus, 1987; idem, *El discurso filosófico de la modernidad*, Madrid: Taurus, 1989.
3 Cf. Jean-François Lyotard, *La condición postmoderna. Informe sobre el saber*, Madrid: Cátedra, 1984.
4 Alain Renaud, "Comprender la imagen hoy: Nuevas imágenes, nuevo reino de lo Visible, nuevo Imaginario", em: idem, *Videoculturas de fin de siglo*, Madrid: Cátedra, 1990, pp. 11-26.
5 Christian Ferrer, "Taenia saginata o el veneno en la red", *Nueva Sociedad*, Caracas: 1995, n. 140, pp. 154-64.

Falar em pensamento visual pode soar muito chocante para os ouvidos racionalistas e ascéticos que ainda ordenam o campo do saber. E, no entanto, já faz tempo que Foucault[6] apontou os dois dispositivos — economia discursiva e operatividade lógica — que mobilizam a nova discursividade constitutiva da visibilidade, a lógico-numérica. Estamos diante do surgimento de uma "nova figura de razão"[7], que exige pensar a imagem, por um lado, a partir de sua nova configuração sociotécnica: o computador não é um instrumento com o qual se produzem objetos, e sim um novo tipo de tecnicidade que possibilita o processamento de informações e cuja matéria-prima são abstrações e símbolos, o que inaugura uma nova liga de cérebro e informação que substitui a do corpo com a máquina; e, por outro lado, a partir da emergência de um novo paradigma do pensamento que refaz as relações entre a ordem do discursivo (a lógica) e do visível (a forma), da inteligibilidade e da sensibilidade. O novo estatuto cognitivo da imagem produz-se a partir da sua informatização, isto é, da sua inscrição na ordem do numerável, que é a ordem do cálculo e das suas mediações lógicas: número, código, modelo. Inscrição que não apaga a figura nem os efeitos da imagem, mas faz com que essa figura e esses efeitos remetam agora para uma economia informacional que restitui a imagem nas antípodas da ambiguidade estética e da irracionalidade da magia ou da sedução. O processo que aí chega entrelaça um duplo movimento. O que dá continuidade e radicaliza o projeto da ciência moderna — Galileu, Newton — de traduzir/substituir o mundo qualitativo das percepções sensíveis pela quantificação e pela abstração lógico-numérica, bem como o movimento que reincorpora ao processo científico o valor informativo do sensível e do visível. Uma nova *episteme* qualitativa abre a pesquisa para a intervenção constituinte da imagem no processo do saber: arrancada da suspeita racionalista, a imagem é percebida pela nova *episteme* como possibilidade de experimentação/simulação, que potencializa a velocidade do cálculo e permite inéditos jogos de interface, isto é, arquiteturas de linguagens. Virilio[8] denomina "logística visual" a remoção que as imagens informáticas fazem dos limites e das funções tradicionalmente atribuídos à discursividade e à visibilidade, à dimensão operatória (controle, cálculo e previsibilidade), à potência interativa (jogos de interação) e à eficácia metafórica (translação

---

6 Michel Foucault, *Les mots et les choses*, Paris: Gallimard, 1966; *idem*, La arqueología del saber, México: Siglo XXI, 1971.
7 Alain Renaud, "L'image: de l'économie informationnelle à la pensée visuelle", Réseaux, Paris: 1993, v. 11, n. 61, pp. 9-32.
8 Paul Virilio, *La máquina de visión*, Madrid: Cátedra, 1989.

do dado quantitativo a uma forma perceptível: visual, sonora, tátil). A visibilidade da imagem converte-se em legibilidade[9], permitindo-lhe passar do estatuto de "obstáculo epistemológico" ao de mediação discursiva da fluidez (fluxo) da informação e do poder virtual do mental.

Mais que um conjunto de novos aparelhos, de máquinas maravilhosas, a comunicação designa hoje um novo *sensorium*[10]: novos modos de perceber, de sentir e de se relacionar com o tempo e o espaço, novas maneiras de se re-conhecer e de se reunir que os adultos tendem a desvalorizar, convencidos de que as mudanças que os jovens vivem são, como sempre foram, "uma febre passageira". Rompendo essa inércia, Mead[11] soube ler, no início da década de 1970, aquilo que na atual ruptura geracional remete à longa temporalidade em que se inscrevem nossos medos da mudança, bem como as possibilidades que esta oferece de inaugurar novos cenários e dispositivos de diálogo entre gerações e povos: "A maioria de nós, nascidos e criados antes da revolução eletrônica, não entende o que ela significa. [...] Os jovens das novas gerações, no entanto, são como a primeira geração nascida num país novo". Trata-se de uma geração cuja empatia com a cultura tecnológica é feita não apenas da facilidade para lidar com os dispositivos audiovisuais e informáticos, mas também da cumplicidade cognitiva com suas linguagens, fragmentações e velocidades. E "cujos sujeitos não se constituem a partir de identificações com figuras, estilos e práticas de antigas tradições que definem a cultura, mas a partir da conexão-desconexão (jogos de interação) com os aparelhos"[12]. O que se traduz numa camaleônica flexibilidade cultural que lhes permite hibridar ingredientes de mundos culturais muito diversos e conviver com eles.

Por tudo isso, os meios de comunicação e as tecnologias de informação hoje impõem à educação um verdadeiro desafio cultural, ao tornar visível o fosso cada vez maior entre a cultura que os professores ensinam e aquela que os alunos aprendem. É esse desafio que explicita o caráter obsoleto de um modelo de comunicação escolar que, acuado por todos os lados, se coloca na defensiva defasando-se aceleradamente dos processos de produção e circulação do conhecimento que hoje dinamizam a sociedade. Primeiro, negando-se a aceitar a descentralização cultural que afeta o que foi seu eixo

---

9 José Luis Carrascosa, *Quimeras del conocimiento: Mitos y ritos de la inteligencia artificial*, Madrid: Fundesco, 1992.
10 Walter Benjamin, *Iluminaciones*, Madrid: Taurus, 1980, v. 2.
11 Margaret Mead, *Cultura y compromiso: estudios sobre la ruptura generacional*, Buenos Aires: Gránica, 1971.
12 Sergio Ramírez; Sonia Muñoz, *Trayectos del consumo: itinerarios biográficos, producción y consumo cultural*, Cali: Univalle, 1995.

tecno-pedagógico, o livro. Pois "a aprendizagem do texto associa, por meio da escola, um modo de transmissão de mensagens e um modo de exercício do poder baseados na escrita"[13]. Segundo, ignorando que, para a transmissão de conhecimentos, a sociedade conta hoje com dispositivos de armazenamento, classificação, difusão e circulação muito mais versáteis, disponíveis e individualizados do que a escola. Terceiro, atribuindo a crise da leitura de livros entre os jovens exclusivamente à maléfica sedução exercida pelas tecnologias da imagem, o que exime a escola de encarar a profunda reorganização que afeta o mundo das linguagens e das escritas, e a consequente transformação dos modos de ler que está deixando sem chão a obstinada identificação da leitura com o que corresponde somente ao livro, e não à pluralidade e heterogeneidade de textos, narrativas e escritas (orais, visuais, musicais, audiovisuais, telemáticas) hoje em circulação. Quarto, negando-se a interagir com o mundo do saber disseminado na multiplicidade dos meios de comunicação, preso a uma concepção pré-moderna da tecnologia, incapaz de olhar para ela de outra forma que não seja como algo exterior à cultura, "desumanizadora" e perversa enquanto desequilibradora dos contextos de vida e das aprendizagens herdadas.

Somente quando assumir a tecnicidade midiática como dimensão estratégica da cultura é que a escola poderá inserir-se nos processos de mudança que nossa sociedade atravessa e interagir com os campos de experiência em que hoje se processam as mudanças: desterritorialização/relocalização das identidades, hibridações da ciência e da arte, das literaturas escritas e audiovisuais[14], reorganização dos saberes nos fluxos e redes pelos quais hoje se mobiliza não apenas a informação, mas também o trabalho e a criatividade, o intercâmbio e o compartilhamento de projetos, pesquisas científicas e experimentações estéticas. E, portanto, interagir com as mudanças no campo/mercado profissional, isto é, com as novas figuras e modalidades possibilitadas pelo ambiente informacional e com as novas formas de participação cidadã que elas abrem, especialmente na vida local.

Mas essa interação exige superar radicalmente a concepção instrumental dos meios e das tecnologias de comunicação que predomina não apenas

---

13 José Joaquín Brunner, "Fin o metamorfosis de la escuela", *David y Goliath*, Buenos Aires: 1991, n. 58, pp. 29-63.
14 Cf. Alejandro Piscitelli, "De las imágenes numéricas a las realidades virtuales: esfumando las fronteras entre arte y ciencia", *David y Goliath*, Buenos Aires: 1990, n. 57, pp. 78-92; *idem*, "Paleo- y neo-televisión: Del contrato pedagógico a la interactividad generalizada", em: Carmen Gómez Mont (org.), *La metamorfosis de la televisión*, México: Universidad Iberoamericana, 1996, pp. 11-30.

nas práticas da escola, mas também nos projetos educacionais dos ministérios e até em muitos documentos da Unesco. Como pode a escola inserir-se na atual complexidade de mestiçagens — de tempos e memórias, de imaginários e culturas — ancorada unicamente na modernidade letrada e ilustrada, quando nos nossos países a dinâmica das transformações que impregnam a cultura cotidiana das maiorias provém basicamente da desterritorialização e das hibridações agenciadas pelos meios de massa e da "persistência de estratos profundos da memória coletiva trazidos à tona pelas bruscas alterações do tecido social que a própria aceleração modernizadora comporta"[15]? Um uso criativo e crítico dos meios e das tecnologias informáticas — televisão, vídeo, computador, multimídia, internet — só é possível numa escola que transforme seu modelo e sua práxis de comunicação: que torne possível a passagem de um modelo centrado na sequência linear que encadeia unidirecionalmente matérias, graus, idades e pacotes de conhecimentos, a outro descentralizado e plural, cuja chave é o "encontro" entre o palimpsesto — aquele texto em que um passado apagado emerge tenazmente, ainda que impreciso, nas entrelinhas que escrevem o presente — e o hipertexto: escrita não sequencial, mas montagem de conexões em rede que, ao permitir/exigir múltiplos percursos, transforma a leitura em escrita. O que, em vez de substituir, vem potencializar a figura e a profissão do educador, que de mero retransmissor de saberes se converte em formulador de problemas, provocador de questionamentos, coordenador de equipes de trabalho, sistematizador de experiências, memória viva da instituição que honra e possibilita o diálogo entre culturas e gerações.

---

[15] Giacomo Marramao, "Metapolítica: más allá de los esquemas binarios acción/sistema y comunicación/estrategia", em: Xabier Palacios; Francisco Jarauta (org.), *Razón, ética y política: el conflicto de las sociedades modernas*, Barcelona: Anthropos, 1989, pp. 23-45.

jovens, des-ordem cultural e palimpsestos de identidade[1]

[1] Conferência proferida no seminário internacional ¿Qué sabemos de los jóvenes? Estado del arte de la investigación sobre juventud, organizado em Bogotá, no final de 1996, pelo departamento de pesquisa da Universidade Central em parceria com o secretário da Juventude da Colômbia. A conferência foi posteriormente publicada no importante livro de Humberto Cubides Cipagauta, María Cristina Laverde Toscano e Carlos Eduardo Valderrama (org.), *"Viviendo a toda": jóvenes, territorios culturales y nuevas sensibilidades*, Bogotá: Universidad Central, Siglo del Hombre, 1998.

dos jovens como ameaça à juventude como ator social

Em meados dos anos 1980, dois adolescentes montados numa moto assassinaram o ministro da Justiça, Lara Bonilla, e naquele dia o país pareceu notar a presença entre nós de um novo ator social, a juventude. Os jovens começaram a ser protagonistas em manchetes e editoriais de jornais, em telenovelas e outros programas de televisão, tornando-se até *objeto* de pesquisa. Mas o estigma inicial marcou fortemente a preocupação e o olhar dos pesquisadores sociais: à dificuldade para definir os contornos desse *novo objeto* de conhecimento que seriam os jovens — um objeto nômade, de contornos difusos — soma-se o mal-entendido que associa a juventude à ameaça social, ao desvio e à violência. O crescente interesse da sociedade colombiana pelo mundo dos jovens *carrega* assim seu olhar com uma dupla miopia: a que resulta do *hábito* do que sempre se pensou sobre os jovens, os diversos mas coincidentes lastros ideológicos que impedem a aproximação do que atualmente eles são e representam, e a que resulta da ausência de dimensão cultural na pesquisa social.

A primeira tem muito a ver com a convergência entre o que desde tempos remotos diz o senso comum — a juventude é uma etapa/ponte, sem espessura nem identidade — e a vulgata de um marxismo para o qual a classe média não existe, pois as únicas classes com existência social são a burguesia e o proletariado: assim, também os jovens seriam impensáveis em sua *identidade social*, reduzidos à mera transição entre os dois grupos de idade cuja existência é socialmente reconhecida, quais sejam, as crianças e os adultos.

A sociologia neste país, como demonstra claramente um estudo recente do Centro de Investigación y Educación Popular (Cinep), tem manifestado uma tendência a olhar o fenômeno *jovens* somente do ponto de vista dos violentos, dos delinquentes, dos rebeldes, ou melhor, dos desviados sociais, isto é, a *criminalizar* a figura social da juventude[2]. A antropologia, por sua vez, continua se atendo a uma visão da adolescência como espaço dos ritos de passagem entre a infância e a idade adulta. E, num país em que não há antropologia urbana — embora haja uma incipiente antropologia na cidade, não há antropologia da cidade[3] —, a tendência dominante é a de uma concepção monoteísta da identidade, étnica, forte, nítida, concepção a partir da qual é impossível *identificar* o juvenil hoje.

---

2 Diego Pérez Guzmán, "Elementos para una comprensión socio-cultural y política de la violencia juvenil", *Nómadas*, Bogotá: 1996, n. 4, pp. 195-205.
3 Eunice Durham, *A aventura antropológica*, Rio de Janeiro: Paz e Terra, 1986.

O que temos, portanto, com poucas exceções, é uma aproximação do mundo da juventude basicamente preocupada com a violência juvenil, com o *jovem-violento*: bandos, gangues, *parches*, associados ao lúmpen, ao *sicariato*, à guerrilha etc. Em primeiro lugar, a preocupação da sociedade não é tanto com as transformações e os transtornos que a juventude está vivendo, mas, antes, com sua participação como agente da insegurança que vivemos e com o questionamento que a juventude faz de forma explosiva das mentiras que esta sociedade conta a si mesma para continuar acreditando numa normalidade social que a desorientação política, a desmoralização e a agressividade expressiva dos jovens estão desmascarando. Em segundo lugar, também preocupa à sociedade o desajuste dos jovens com as instituições escolar e familiar, resumido na obsessão com a perda de valores, como se estivéssemos diante de uma juventude "sem valores", preocupação de viés moralista, incapaz de compreender, de dar conta da *transformação* pela qual os valores estão atravessando: de entender por que há valores que se perdem e quais são os que se ganham, os que se *gastaram* e os que se recriam. Porque, em todo caso, o âmbito em que os valores *estão acabando* não é entre os jovens; eles apenas tornam visível o que, há muito tempo, vem se deteriorando na família, na escola, na política. Portanto, identificar a juventude com a ausência de valores é mais um gesto hipócrita desta sociedade incapaz de se perguntar: com o que esperamos que possa sonhar uma juventude cotidianamente alimentada — não só e nem tanto pela televisão, mas em casa, na rua, no trabalho — com o anseio de lucro fácil, com o dinheiro e o conforto como valores supremos, com a confusão do inteligente com o esperto, ou seja, com aquele que sabe enganar e subir rapidamente, com a corrupção como estratégia de ascensão tanto na classe política como na empresarial? Que entusiasmo pelos projetos coletivos está sendo transmitido a eles, pela direita ou pela esquerda? Que imagens de respeito às regras eles podem receber, hoje, de uma maioria de cidadãos trapaceiros, oportunistas, aproveitadores? Que experiências de solidariedade ou generosidade oferece hoje aos jovens uma sociedade desconfiada, receosa, profundamente injusta e, no entanto, estagnada e conformista?

Apesar de tudo isso, nos últimos anos, outro olhar sobre a juventude foi abrindo caminho nas brechas do saber acadêmico. Um olhar que tenta romper com o dos "violentólogos", que, embora tenham nos ajudado a entender as múltiplas violências que assolam o país, nada fizeram para compreender a envergadura antropológica, isto é, a espessura cultural dessas violências, tanto da sua origem como da sua trama. Há dois marcos no processo de gestação desse novo olhar, na Colômbia, que lentamente conquista espaço nas brechas do saber oficial das nossas universidades e centros de pesquisa. O primeiro deslocamento se dá no trabalho de pesquisa-ação de um comunicador social nos distritos do nordeste de Medellín, compilado no livro *No nacimos pa' semilla*. Alonso Salazar[4] é o primeiro pesquisador neste país que ousou *estudar o mundo das gangues juvenis urbanas a partir da cultura*, contrapondo-se à redução da violência juvenil como efeito da injustiça social, do desemprego, da violência política e da facilidade de ganhar dinheiro oferecida pelo narcotráfico. A pesquisa de Salazar não ignora essas realidades, mas mostra que a violência juvenil se inscreve num contexto mais amplo e de mais longa duração: o do complexo e delicado tecido sociocultural em que se inserem as violências que perpassam integralmente a vida cotidiana das pessoas na Colômbia em geral e, em particular, na sociedade de Antioquia. Expõe-se assim a complexidade e a espessura cultural dos rituais de violência e morte dos jovens, articulados com rituais de solidariedade e de expressividade estética, reconstruindo o tecido no qual esses jovens vivem e sonham: o *heavy metal* e seus peculiares modos de reunião, as memórias do ancestral local, com sua ambição de lucro, sua forte religiosidade e a retaliação familiar, mas também os imaginários da cidade moderna, com seus ruídos, seus sons, sua velocidade e sua visualidade eletrônica. Esse olhar muda o sentido em que os jovens sicários constituem *o descarte* [desecho] *da sociedade*, pois *descartável* significa, por um lado, a atribuição às pessoas da rápida obsolescência que hoje caracteriza a maioria dos objetos produzidos pelo mercado e, por outro, remete ao *descarte*, ou seja, àquilo de que uma sociedade se desfaz ou quer se desfazer... porque incomoda, atrapalha. Salazar nos ajudou a compreender de que dolorosas e, ao mesmo tempo, prazerosas experiências, de que sonhos, frustrações e rebeldias é feito esse *descarte social* formado pelas quadrilhas juvenis, essas que levam o pesadelo dos bairros populares para o centro da cidade e seus bairros de gente bem-nascida e bem-pensante.

Um segundo deslocamento resultou do livro que registra o primeiro debate colombiano sobre a contraditória modernidade deste país e o que dois economistas[5] tiveram a coragem de escrever sobre ele. O marginalizado que vive nos grandes centros urbanos, e que em algumas cidades assumiu a figura do sicário, não é só expressão do atraso, da pobreza, do desemprego, da ausência do Estado e de uma cultura que tem suas raízes fincadas na religião católica e na violência política. É também reflexo, talvez de forma mais evi-

---

4 Alonso Salazar, *No nacimos pa' semilla: la cultura de las bandas juveniles*, Bogotá: Cinep, 1990.
5 Fabio Giraldo; Fernando Viviescas (org.), *Colombia: el despertar de la modernidad*, Bogotá: Foro, 1991.

dente, do hedonismo e do consumo, da cultura da imagem e da dependência de drogas, em resumo, da colonização do mundo da vida pela modernidade[6]. Mas onde essa perspectiva encontrou maior densidade foi na reflexão de intelectuais e escritores que, por não estarem presos aos limites disciplinares, percebem melhor a multiculturalidade e a profundidade das mudanças em curso na identidade dos jovens como atores sociais:

> *Nos nossos bairros populares urbanos, temos levas inteiras de jovens com a cabeça aberta tanto para a magia e a feitiçaria, para as culpas cristãs e sua intolerância piedosa, como para utópicos sonhos de igualdade e liberdade, indiscutíveis e legítimos, e para a sensação de vazio, a ausência de ideologias totalizantes, a fragmentação da vida e a tirania da imagem fugaz e o som da música como única linguagem de fundo.*[7]

transformações da sensibilidade e do des-ordenamento cultural

Existe algo de *realmente novo* na juventude atual? Se há, como pensá-lo sem hipostasiar ardilosamente a diversidade social da juventude em classes, raças, etnias, regiões? Penso que a resposta para essas perguntas implica, em primeiro lugar, aceitar a possibilidade de fenômenos trans-classistas e trans-nacionais, que por sua vez são sempre experimentados em modalidades e modulações introduzidas pela divisão social e pela diferença cultural, o que acarreta um trabalho de *localização da pesquisa*, que não é o propósito deste texto, voltado a um objetivo bem mais modesto: introduzir algumas questões cuja ausência vem dificultando seriamente a pesquisa e o debate sobre a problemática dos jovens. Em segundo lugar, a resposta implica assumir um duplo percurso: o do processo de desordem cultural que hoje catalisa a *juventude*, e o da inversão de sentido, que o mercado parece ser o único a saber aproveitar, a fim de hegemonizar a construção imaginária do *jovem*.

Para falar do des-ordenamento cultural, tomarei por base duas análises da *mudança de época* que estamos vivendo. A primeira está em um livro

---

[6] Fabio Giraldo; Héctor F. López, "La metamorfosis de la modernidad", em: Fabio Giraldo; Fernando Viviescas (org.), *Colombia: el despertar de la modernidad, op. cit.*, pp. 248-310.
[7] Fernando Cruz Kronfly, *La sombrilla planetaria: ensayos sobre modernidad y postmodernidad en la cultura*, Bogotá: Planeta, 1994.

de Margaret Mead[8], talvez a antropóloga mais importante que os Estados Unidos já tiveram, escrito na velhice e publicado em 1970. A segunda está no livro de um sociólogo, também norte-americano, que estuda as relações entre as mudanças experimentadas pelas formas humanas de comunicar e de produzir conhecimentos[9]. Escreve Margaret Mead:

> *Nosso pensamento ainda nos prende ao passado — o mundo tal como existia na nossa infância e juventude. A maioria de nós, nascidos e criados antes da revolução eletrônica, não entende o que ela significa. [...] Os jovens das novas gerações, no entanto, são como a primeira geração nascida num país novo. [...] Devemos aprender com os jovens como dar os próximos passos. [...] Mas para fazer isso [...] devemos reposicionar o futuro. No Ocidente, o futuro foi sempre situado à nossa frente. [...] Para muitos povos da Oceania, o futuro encontra-se atrás, não na frente. [...] Se quisermos construir uma cultura [...] na qual o passado seja útil e não coercitivo, [...] devemos colocar o futuro [...] aqui, como se já estivesse entre nós, precisando do [...] nosso amparo e proteção [...] já antes de nascer, porque senão será tarde demais.*[10]

Mead fala do surgimento de um novo tipo de cultura entre a juventude contemporânea da revolução eletrônica, explicando essa mudança a partir do contraste com os dois tipos de cultura que ela viveu: um, como cidadã norte-americana; outro, em sua experiência de antropóloga. Ela chama de *pós-figurativa* a cultura em que o futuro das crianças está inteiramente plasmado no passado dos avós, pois a essência dessa cultura reside na convicção de que o modo de viver e saber dos velhos é imutável e imperecível. Chama de *cofigurativa* outro tipo de cultura, na qual o modelo comportamental é constituído pela conduta dos contemporâneos, o que permite aos jovens introduzir algumas mudanças com relação ao comportamento dos mais velhos. Por fim, chama de *prefigurativa* uma nova cultura que ela vê emergir no final dos anos 1960 e que caracteriza como aquela em que os pares substituem os pais, instaurando uma ruptura geracional sem comparação na história, pois assinala

---

8 Margaret Mead, *Cultura y compromiso: estudios sobre la ruptura generacional*, Buenos Aires: Gránica, 1971.
9 Joshua Meyrowitz, *No Sense of Place: The Impact of Electronic Media on Social Behavior*, Oxford/Nova York: Oxford University Press, 1985.
10 Margaret Mead, *Cultura y compromiso: estudios sobre la ruptura generacional*, op. cit., pp. 105-6; 123; 125.

não uma mudança de velhos conteúdos em novas formas, ou vice-versa, e sim uma mudança no que ela denomina *natureza do processo*: o surgimento de uma "comunidade mundial" em que homens de tradições culturais muito diversas *emigram no tempo*, "imigrantes que chegam a uma nova era, uns como refugiados e outros como proscritos", mas todos com os mesmos rótulos e sem modelos para o futuro. Um futuro apenas balbuciado na literatura de ficção científica, em que os jovens encontram narrada sua experiência de habitantes de um mundo cuja complexa heterogeneidade "não se deixa dizer nas sequências lineares ditadas pela palavra impressa" e que remete, portanto, a uma aprendizagem baseada menos na dependência dos adultos do que na própria exploração que os habitantes do novo mundo tecnocultural fazem da visão, da audição, do tato ou da velocidade.

Os jovens, segundo Mead, não são hoje simplesmente a esperança do futuro, e sim o ponto de emergência de uma cultura a outra, que rompe tanto com a cultura baseada no saber e na memória dos velhos como com aquela cujas referências, ainda que movediças, ligavam os padrões de comportamento dos jovens aos dos pais que, com algumas variações, os tomavam e adaptavam do dos avós. O fato de ser uma antropóloga, especialista por profissão em decifrar a continuidade que subjaz às mudanças, aquela que caracteriza como *ruptura [gap]* a mudança que os jovens culturalmente atravessam, aponta algumas chaves sobre os obstáculos e a urgência de compreendê-los, isto é, sobre a envergadura antropológica, e não apenas sociológica, das transformações em curso, dada a longa temporalidade em que se inscrevem nossos medos da mudança, bem como os novos cenários do diálogo entre gerações e entre povos.

Na Europa atual, Marc Augé[11] atreveu-se a enfrentar o desafio lançado por Margaret Mead de fazer antropologia da contemporaneidade, de apreender numa mesma sociedade não apenas o que perdura, mas também aquilo que a transforma em profundidade. Dedicando-se a estudar a diferença no espaço, e não no tempo — que era o *objeto* próprio da história —, a antropologia deve indagar hoje sobre essas novas migrações que têm como cenário o tempo, e sobre os *novos regimes de historicidade* nos quais:

> *a fronteira entre história e atualidade torna-se cada dia mais imprecisa. Os parâmetros do tempo, assim como os do espaço, experimentam uma evolução, uma revolução sem precedentes. Nossa modernidade*

---
[11] Marc Augé, *Hacia una antropología de los mundos contemporáneos*, Barcelona: Gedisa, 1996.

cria história de maneira desenfreada mesmo quando pretende estabilizar a história e unificar o mundo [...]. Hoje todos os homens podem considerar-se contemporâneos, e o advento desta contemporaneidade define as condições de uma pesquisa antropológica renovada, pois fornece a ela um objeto de estudo.[12]

É a *experiência* dessa contemporaneidade não mais entre fatos, mas entre temporalidades o que torna os jovens de hoje (na bela metáfora de Mead) os "primeiros habitantes de um novo país". Compreender as modalidades étnicas/sociais dessa experiência constitui o desafio de fundo que a juventude apresenta à pesquisa.

Apoiando-se em pesquisas históricas e antropológicas sobre a infância[13], nas quais se des-cobre como, durante a Idade Média e o Renascimento, as crianças viveram o tempo todo misturadas com os mais velhos, misturadas na casa, no trabalho, na taverna e até na cama, conclui-se que é somente a partir do século XVII que a *infância* começou a ter existência social. E isso em grande medida graças ao declínio da mortalidade infantil e ao surgimento da escola primária, na qual a aprendizagem passa das *práticas* aos *livros*, associados a uma segmentação no interior da sociedade que separa o público do privado e que, dentro da própria casa, instaura a separação do mundo da infância do mundo adulto. Do século XVII até meados do XX, o mundo dos adultos criou espaços próprios de saber e de comunicação dos quais mantinha as crianças afastadas, a ponto de todas as imagens que elas tinham dos adultos serem filtradas pela própria sociedade, especialmente por meio dos livros escritos para crianças. Desde meados do século XX, essa separação de mundos se dissolveu em grande medida pela ação da televisão, que, ao transformar os modos de circulação da informação em casa, rompe o curto-circuito dos filtros de autoridade parental. Afirma Meyrowitz:

O que a televisão tem de verdadeiramente revolucionário é o fato de permitir aos mais jovens estarem presentes nas interações dos adultos [...]. É como se a sociedade inteira tivesse tomado a decisão de autorizar as crianças a assistirem às guerras, aos enterros, aos jogos de sedução erótica, aos interlúdios sexuais, às intrigas criminosas. A telinha as ex-

---
12 *Ibidem*, pp. 25; 55.
13 Cf. Philippe Ariès, *L'enfant et la vie familiale sous l'Ancien Régime*, Paris: Plon, 1960; Margaret Mead; Martha Wolfenstein (org.), *Childhood in Contemporary Cultures*, Chicago: University of Chicago Press, 1955.

põe aos temas e comportamentos que durante séculos os adultos trataram de ocultar delas.[14]

Enquanto a escola, por meio da "história pátria", continua a contar uma belíssima história dos pais da pátria e do lar como heróis, abnegados e honestos, corroborada nos livros infantis, a televisão expõe cotidianamente as crianças à hipocrisia e à mentira, à corrupção e à violência que tece a vida cotidiana dos adultos. É bem significativo que, embora as crianças continuem apreciando os livros para crianças, prefiram os programas de televisão para adultos. E isso porque, ao não exigir um código complexo de acesso como o que o livro exige, a televisão possibilita romper a longamente elaborada separação do mundo adulto e das suas formas de controle. Enquanto o livro escondia suas formas de controle na complexidade dos temas e do vocabulário, o controle da televisão exige explicitar a censura. E, como os tempos não estão para essas coisas, a televisão, ou melhor, a relação que ela institui das crianças e adolescentes com o mundo adulto, vai re-configurar radicalmente as relações que dão forma ao *lar*.

É óbvio que nesse processo a televisão não opera por seu próprio poder, mas catalisa e radicaliza movimentos que já estavam na sociedade, como as novas condições de vida e de trabalho que minaram a estrutura patriarcal da família: inserção acelerada da mulher no mundo do trabalho produtivo, drástica redução do número de filhos, dissociação de sexo e reprodução, transformação nas relações de casal, nos papéis do pai e do macho, bem como na autopercepção da mulher. É nesse enfraquecimento social dos controles familiares que se insere o des-*ordenamento cultural* introduzido pela televisão. Porque ela rompe a ordem das sequências que, sob a forma de etapas/idades, organizavam o escalonado processo de aprendizagem ligado à leitura e às hierarquias em que este se baseia. E, ao deslocalizar os saberes, a televisão desloca as fronteiras entre razão e imaginação, saber e informação, trabalho e brincadeira.

O que há de novo na juventude de hoje, e que já se mostra presente na sensibilidade do adolescente, é a percepção ainda obscura e desconcertada de uma reorganização profunda nos modelos de socialização: nem os pais constituem o eixo-padrão das condutas, nem a escola é o único lugar legitimado do saber, nem o livro é o centro que articula a cultura. O lúcido olhar de Mead apontou para o coração de nossos medos e de nossas angústias: tanto ou mais

---

14 Joshua Meyrowitz, "La télévision et l'intégration des enfants: la fin du secret des adultes", *Réseaux*, Paris: 1995, n. 74, p. 62.

que na palavra intelectual ou nas obras de arte, é no desalento dos *sentidos* da juventude que se expressa hoje o estremecimento da nossa mudança de época.

visibilidade social e densidade cultural da juventude

Os processos e sensibilidades que articulam a ruptura geracional à mudança de época que vivemos começaram a se tornar socialmente visíveis. De modo especial, na *inversão de sentido* que, catalisada pelo mercado, está permitindo que este último capitalize em proveito próprio a *construção social do jovem*. Como diz Beatriz Sarlo, "a curva em que se cruzam a influência hegemônica do mercado e o peso descendente da escola ilustra bem uma tendência"[15]. Quais são os referenciais dessa inversão de sentido? Dois: o valor positivo que o jovem adquiriu e a experiência de identidade social que os próprios jovens têm.

Durante séculos, dizer adolescente, jovem, era o mesmo que dizer imaturidade, instabilidade, irresponsabilidade, improdutividade; todos esses "in" indicam *uma negação*, aquela em que se constituía socialmente o ser jovem. Do mesmo modo que, durante séculos, o *popular* se constituiu pela exclusão da riqueza, da educação e da cultura — ser do povo e ser *inculto* eram sinônimos —, ser jovem foi *identificado* com a negação da responsabilidade e da produtividade. Hoje o sentido de ser jovem se inverteu e está passando a significar a matriz de um novo ator social, de um novo valor que se confronta com o que representou ser velho: experiência e memória. Mas não nos apressemos em moralizar. Quando o circuito temporal do pêndulo se completar, o valor de ser jovem não terá por que ser necessariamente antinômico dos haveres e saberes do ser velho. Os povos não podem construir o futuro sem memória, mas, nos momentos em que as mudanças se intensificam, não é estranho que sejam os jovens os que mais as *sintam* e as *expressem*.

A prova de que as mudanças que o jovem experimenta não são uma mera operação de mercado, e sim que este está sabendo fagocitar sua secreta conexão com a mudança de época, está no segundo referencial da inversão de sentido: o da transformação da juventude em elemento constitutivo de identidade. Penso que o melhor *argumento* acerca dessa mudança não são os lemas dos jovens — que têm seu início nos grafites de 1968 —, mas os testemunhos dos adultos explicitando como a juventude não marcou identidade para eles. Numa entrevista recente, Carlos Monsiváis afirma:

---

[15] Beatriz Sarlo, *Escenas de la vida posmoderna: intelectuales, arte y video-cultura en la Argentina*, Buenos Aires: Ariel, 1994.

> Eu não me considerava jovem com a ênfase de agora. Tinha certezas sobre a minha idade, mas me considerava leitor, estudante, simpatizante de esquerda, inclusive mexicano, mas não jovem, categoria irrelevante, culturalmente falando, antes do rock.[16]

E situando sua experiência na história, Monsiváis analisa que nem sequer durante a revolução soviética o fato de ser jovem contava, embora a maioria dos seus líderes o fossem; somente a partir de 1968 pode-se localizar "uma transformação definitiva" em que a revolução dos costumes é obra dos jovens como tais. Beatriz Sarlo situa a mudança mais notória nos setores populares, mas não só:

> Antes, os pobres só eram jovens excepcionalmente, e em seu mundo passava-se sem transição da infância à cultura do trabalho; quem não seguia esse percurso entrava na categoria de excepcionalidades perigosas: delinquentes juvenis cujas fotos mostram pequenos velhos, como as fotos de crianças raquíticas; [...] nem Bertolt Brecht nunca foi jovem, nem Benjamin, nem Adorno, nem Roland Barthes. As fotos de Sartre, de Raymond Aron [...], quando mal haviam completado vinte anos, mostram uma seriedade posada com a qual seus modelos querem dissipar qualquer ideia de imaturidade.[17]

Sarlo também situa por volta dos anos 1960 e da cultura do rock essa mudança que abrevia a infância e prolonga a juventude para além dos trinta, transformando-a num território de experimentação, mobilização e resistência: "A rebeldia do rock anuncia um espírito de contestação que não pode ser dissociado da onda juvenil que entra na cena política do final dos anos 1960"[18].

A outra face desse movimento no social e no cultural, que o mercado catalisa e aproveita, é a transformação do jovem em paradigma do *moderno*. Esse movimento vem de mais longe: os românticos foram os primeiros a fazer da juventude um elemento fundamental da modernidade estética, e os surrealistas construíram um herói cuja modernidade se identifica com a transexualidade e a inocência perversa. Mas nunca como hoje a juventude foi

---
16 Carlos Monsiváis, "Joven-es", *Revista de Estudios sobre Juventud*, México: 1996, n. 1, p. 9.
17 Beatriz Sarlo, *Escenas de la vida posmoderna: intelectuales, arte y video-cultura en la Argentina*, op. cit., p. 38.
18 *Ibidem*, p. 36.

identificada com a *novidade permanente* que caracteriza o moderno. E é nessa identificação que o mercado trabalha. Mediante uma dupla operação: de um lado, a juventude é transformada em sujeito de consumo, sendo incorporada como um ator-chave do consumo de roupa, de música, de refrigerantes e de parafernália tecnológica. Do outro, isso se dá por meio de uma gigantesca e sofisticada estratégia publicitária que transforma as novas sensibilidades em matéria-prima das suas experimentações narrativas e audiovisuais. Contrastando com as reticências do intelectual, e em boa medida dos artistas, em encarar as sensibilidades e narrativas que emergem da espessura cultural da tecnicidade eletrônica, a publicidade está fagocitando e explorando dimensões e dispositivos-chave dessa cultura, como a fragmentação do discurso, a aceleração das imagens e a explosão da narrativa.

Mas o jovem é identificado com o moderno não só no seu sentido forte, de *inovação*, de *novo*, mas também no seu sentido *fraco*, pós ou tardo-moderno, de atualidade e de *atual*, que é o que corresponde à percepção de uma *realidade aliviada* "por estar menos nitidamente cindida entre o verdadeiro e a ficção, a informação, a imagem"[19]. O *jovem-moderno* passa a significar, então, o fresco, o espontâneo, o informal, isto é, o que converge nos valores da idade com a supervalorização atual do corpo. O jovem é, portanto, o duplo imaginário de um corpo saudável e belo, ou seja, ágil e atraente, e uma moda espontânea e informal. O jovem é agora, já chovendo no molhado, o corpo sem rugas e a moda com elas, o mundo das drogas emagrecedoras e dos exercícios aeróbicos, da comida vegetariana e dos orientalismos da *New Age*. O jovem, portanto, "liberta-se" da idade para se transformar no imaginário que obceca os velhos, fazendo-os sonhar com o hormônio milagroso que renova os tecidos, lubrifica as artérias e potencializa indefinidamente a atração erótica.

Quem tem a chave, em termos, do sucesso da juventude em nossos dias são os publicitários e os estilistas, que parecem ter captado melhor o *sentido da inversão* que faz com que hoje não sejam mais os jovens que imitam os adultos, mas os adultos (e até os velhos) que imitam, sonham obsessivamente em ser como os jovens, em parecer-se com eles. Mas esse sucesso não nos fala apenas do dinheiro que os comerciantes ganham com isso, nos fala também da capacidade do mercado para *decifrar o sentido* daquilo que, neste "tempo de mudança", carrega a juventude de simbolização, e de construir com eles *imaginários de felicidade e plenitude*. E assim, numa sociedade que pa-

---

19 Gianni Vattimo, *El fin de la modernidad: nihilismo y hermenéutica en la cultura posmoderna*, Barcelona: Gedisa, 1985, p. 158.

dece, talvez, do maior *déficit* simbólico da história, e que o encobre saturando-se de signos, o jovem atravessa nossos imaginários e pesadelos adquirindo *sentido de símbolo*. E se a juventude *simboliza* não é devido à ardilosa operação do mercado, mas porque ela condensa, em suas angústias e infortúnios tanto como em seus sonhos de liberdade ou em suas cumplicidades cognitivas e expressivas com a língua das tecnologias, chaves da mutação cultural que nosso mundo está atravessando.

Se a ruptura geracional que os jovens hoje nos levam a enfrentar é impensada (e em certa medida impensável) nos limites dos saberes acadêmicos sobre o social, não é porque os pesquisadores não percebem as conexões que a ligam ao desassossego e à incerteza que acarretam as mudanças que vivemos, mas porque essa ruptura desloca e desautoriza as hierarquias e segmentações em que se baseiam muitos daqueles saberes, e isso parece amedrontar ainda mais que as próprias mudanças.

palimpsestos de identidade

Utilizo a metáfora do palimpsesto para me aproximar da compreensão de um tipo de identidade que desafia tanto nossa percepção adulta quanto nossos quadros de racionalidade, e que se assemelha àquele texto em que um passado apagado emerge tenazmente, ainda que impreciso, nas entrelinhas que escrevem o presente. É a identidade gerada no duplo movimento des-historizador e des-territorializador que as demarcações culturais atravessam. E, des-localizadas, as culturas tendem a hibridar-se como nunca. Um mapa à mão livre desses trajetos ressalta como elementos mais notórios a desvalorização da memória, a hegemonia do corpo, a empatia tecnológica e a contracultura política.

A *desvalorização da memória* é vivida por todos, mas enquanto nós, adultos, a sentimos como uma mutilação, as pessoas jovens a sentem como a *própria forma do seu tempo*. Um tempo que projeta o mundo da vida sobre o presente, um presente contínuo cada vez mais efêmero[20]. A *identificação* da juventude com o presente tem, a meu ver, dois cenários-chave: o da destruição da memória das nossas cidades e o da acelerada obsolescência dos objetos cotidianos. Des-espacializado[21] o corpo da cidade por exigências do fluxo/trá-

---

20 Norbert Lechner, "La democracia en el contexto de una cultura postmoderna", em: Norbert Lechner (org.), *Cultura política y democratización*, Buenos Aires: Flacso, 1987, p. 260.
21 Sobre a des-espacialização da cidade, ver Jesús Martín-Barbero, "De la ciudad mediada a la ciudad virtual: transformaciones radicales en marcha", *Telos*, Madrid: 1996, n. 44, pp. 15-22.

fego de veículos e informações, sua materialidade histórica se desvaloriza em favor do novo valor adquirido pelo "regime geral da velocidade"[22], que passa a legitimar a devastação da memória urbana. Isso faz com que os jovens, apesar de viver sob o mesmo teto que os adultos, não habitem a mesma cidade, pois, enquanto estes vivem não apenas a cidade que veem, mas também a que lhes falta e recordam, dando assim coesão à sua cidade, os jovens habitam outra cidade, quase sem raízes — apenas as que o bairro conserva — e como que explodida, como a única *real*. Duplamente real, pois é a cidade que veem e a partir da qual veem: uma cidade descentralizada e caótica, feita de restos, pedaços e descartes, de incoerências e amálgamas, que é a que *realmente* conforma seu olhar, seu modo de ver. O des-enraizamento que os adultos sentem se transformou em um des-localizado modo de enraizamento a partir do qual os jovens habitam a cidade *de forma nômade*[23], mudam periodicamente seus pontos de encontro e a atravessam numa exploração que tem muitas relações com a travessia televisiva que permite o zapear, essa programação errante feita de restos e fragmentos de novelas, telejornais, esporte e shows. Por outro lado, entre esse habitar des-localizado dos jovens e a temporalidade produtiva de uma sociedade que torna cada vez mais rapidamente obsoletos os objetos que povoam a cotidianidade, há uma conexão que reforça o desarraigamento até torná-lo completamente indolor. Nos nossos países, uns por serem pobres, emigrados do campo e migrantes eles mesmos (seus pais ou seus avós) dentro da cidade, à medida que as invasões vão sendo valorizadas, e outros porque sua capacidade econômica e seu *status* social exigem estar atualizados, na moda, a imensa maioria dos jovens mora em casas praticamente sem memória arquitetônica e com poucos objetos que lembrem e exijam conversar com outras gerações. Daí a configuração de uma identidade marcada menos pela continuidade que por um amálgama em que mesmo a articulação de longos períodos de tempo é feita pelos tempos curtos, são eles os que estruturam internamente o palimpsesto tanto das sensibilidades como das narrativas em que se enuncia a identidade. É disso que fala essa *cultura da fragmentação*[24] que se expressa na cada dia mais intensa identificação dos adolescentes com as narrativas fragmentárias do vídeo e do cinema recente. Em contraste com as

---

22 Paul Virilio, *La máquina de visión*, Madrid: Cátedra, 1989, p. 81.
23 Cf. Michel Maffesoli, *El tiempo de las tribus: el ocaso del individualismo en las sociedades pós-modernas*, Barcelona: Icaria, 1990; José M. Pérez Tornero; Pere-Oriol Costa; Fabio Tropea, *Tribus urbanas: el ansia de identidad juvenil, entre el culto a la imagen y la autoafirmación*, Barcelona: Gedisa, 1996.
24 Vicente Sánchez-Biosca, *Una cultura de la fragmentación: pastiche, relato y cuerpo en el cine y la televisión*, Valencia: Filmoteca de la Generalitat Valenciana, 1995.

culturas letradas, ligadas à língua e ao território, as eletrônicas audiovisuais se baseiam em *comunidades hermenêuticas* que respondem a identidades de temporalidades menos longas, mais precárias, mas também mais flexíveis, dotadas de uma elasticidade que lhes permite amalgamar ingredientes provenientes de mundos culturais muito diversos e, portanto, atravessadas por descontinuidades e contemporaneidades nas quais convivem reflexos modernos e gestos atávicos.

Hegemonia do corpo fala de saída da *contradição cultural*, apontada de forma pioneira por Daniel Bell[25], entre uma economia do cálculo, da poupança e da renda, e uma cultura do hedonismo, da experimentação e do esbanjamento que, desde os anos 1960, transtorna, e ao mesmo tempo mobiliza, o capitalismo. A hegemonia do corpo torna-se visível primeiro no movimento apontado por todos os analistas como decisivo para o surgimento de uma cultura dos jovens: o *hippismo* e seu fazer do corpo território e símbolo da liberação social e sexual por meio da experimentação dos sentidos, da busca erótica e da tatuagem. Mas, desde os anos 1980, a hegemonia do corpo significa outra coisa: a dupla obsessão pela saúde e pela beleza, mobilizada pelo mercado do esporte, dos exercícios aeróbicos e das dietas, e que a moda potencializa ao estilizar os corpos redobrando a mediação entre sujeito e corpo. E, convertido no centro do *cuidado* e da *experimentação*, o corpo emerge como substrato ao mesmo tempo de uma estetização e de uma erotização generalizadas que desvalorizam o mundo do trabalho como eixo da vida e fonte de riqueza[26]. Assim, inaugura-se o "crepúsculo do dever"[27], que era a *forma* social do religioso, assentando as bases do segundo ciclo da secularização dos costumes: *superado* o ideal da abnegação, este é substituído pela "estimulação sistemática dos desejos imediatos, a paixão do ego, a felicidade intimista e materialista".

Com *empatia tecnológica*, apontamos para o surgimento de uma "geração cujos sujeitos culturais não se constituem a partir de identificações com figuras, estilos e práticas de antigas tradições que definem 'a cultura', mas a partir da conexão/desconexão (jogos de interação) com os aparelhos"[28]. O que se baseia numa *plasticidade neuronal* que faz com que os jovens sejam dotados de uma enorme facilidade para as linguagens da tecnologia.

---

25 Daniel Bell, *Las contradicciones culturales del capitalismo*, Madrid: Alianza, 1977.
26 Jean Baudrillard, "'Transestética' y 'transexual'", em: *idem, La transparencia del mal*, Barcelona: Anagrama, 1991.
27 Gilles Lipovetsky, *Le crépuscule du devoir: l'éthique indolore des nouveaux temps démocratiques*, Paris: Gallimard, 1992.
28 Sergio Ramírez; Sonia Muñoz, *Trayectos del consumo: itinerarios biográficos, producción y consumo cultural*, Cali: Univalle, 1995, p. 60.

Empatia que vai da enorme capacidade de absorção de informação via televisão ou videogames digitais — que erode a autoridade da escola como única instância legítima de transmissão de saberes — à facilidade para entrar e transitar na complexidade das redes informáticas. Em contraste com a distância que grande parte dos adultos mantém dessa nova cultura — que desvaloriza e torna obsoletos muitos dos seus saberes e destrezas —, resistindo a ela com ressaibo, os jovens respondem com uma proximidade feita não só de facilidade em lidar com as tecnologias audiovisuais e digitais, mas também de *cumplicidade expressiva*: é nas suas narrativas e imagens, nas suas sonoridades, fragmentações e velocidades que eles encontram seu ritmo e sua linguagem[29]. Linguagem na qual a *oralidade* que perdura nesses países como experiência cultural primária das maiorias entra em cumplicidade com a *oralidade secundária*[30] tecida e organizada pelas gramáticas tecnoperceptivas da visualidade eletrônica: televisão, computador, vídeo. Trata-se de uma visualidade que passou a fazer parte da *visibilidade cultural*, ao mesmo tempo ambiente tecnológico e novo imaginário "capaz de falar culturalmente — e não só de manipular tecnicamente —, de abrir novos espaços e tempos para uma nova era do sensível"[31]. As novas gerações sabem ler, mas sua leitura está reconfigurada pela pluralidade de textos e escritas hoje em circulação, daí que a cumplicidade entre oralidade e visualidade não remeta ao analfabetismo e sim à persistência de estratos profundos da memória e da mentalidade coletivas "trazidos à tona pelas bruscas alterações do tecido tradicional que a própria aceleração modernizadora comporta"[32].

  Finalmente, a *contracultura política* aponta, de um lado, para a experiência de transbordamento e des-orientação que tanto o discurso quanto a ação política ensejam entre os jovens. A política sai dos seus discursos e cenários formais para se reencontrar nos da cultura, do grafite às estridências do rock. Entre os jovens não há territórios demarcados para a luta ou o debate político, eles são feitos no corpo ou na escola: erodindo a hegemonia do discurso racionalisticamente maniqueísta que opõe prazer e trabalho,

---

29 Cf. Enrique Gil Calvo, *Los depredadores audiovisuales: juventud urbana y cultura de masas*, Madrid: Tecnos, 1988; Raymundo Mier; Mabel Piccini, *El desierto de espejos: juventud y televisión en México*, México: Plaza y Valdés, 1987.
30 Walter J. Ong, *Oralidad y escritura: tecnologías de la palabra*, México: FCE, 1987.
31 Alain Renaud, *Videoculturas fin de siglo*, Madrid: Cátedra, 1989, p. 17.
32 Giacomo Marramao, "Metapolítica: más allá de los esquemas binarios acción/sistema y comunicación/estrategia", em: Xabier Palacios; Francisco Jarauta (org.), *Razón, ética y política: el conflicto de las sociedades modernas*, Barcelona: Anthropos, 1989, p. 60.

inteligência e imaginação, oralidade e escrita, modernidade e tradição. Um terreno em que essa contracultura está se tornando mais expressiva, nos últimos anos, é o do rock em espanhol. Identificado até há bem pouco tempo com o imperialismo cultural e os bastardos interesses das transnacionais, o rock adquire, nos anos 1980, uma surpreendente capacidade de expressar, nos nossos países, algumas transformações essenciais da cultura política[33]. Na Colômbia, nos primeiros anos da década de 1980, o rock em espanhol emerge ligado a um claro sentimento pacifista, com os grupos Génesis ou Banda Nueva, passando, nestes últimos anos, a expressar a crua experiência urbana das gangues juvenis dos bairros de classe média-baixa de Medellín e média-alta de Bogotá, transformando-se em veículo de uma dura consciência da deterioração do país, da presença cotidiana da morte nas ruas, da falta de perspectiva de emprego, da exasperação e do macabro. Da estridência sonora do *heavy metal* aos nomes dos grupos — La pestilencia, Féretro, Kraken — e da discoteca alucinante ao show de bairro, no rock hoje se hibridam os sons e os ruídos das nossas cidades com as sonoridades e os ritmos das músicas indígenas e negras e as estéticas do descartável com as frágeis utopias que surgem do desalento moral e da vertigem audiovisual.

---

[33] Nicolás Casullo, "Argentina: el rock en la sociedad política", *Comunicación y Política*, México: out. 1984, n. 12, pp. 41-50; Luis Britto García, *El imperio contracultural: del rock a la postmodernidad*, Caracas: Nueva Sociedad, 1991.

mudanças culturais, desafios e juventude[1]

[1] Este texto é fruto de um seminário realizado em 1999 em Medellín, publicado posteriormente na coletânea que reúne as atas do evento: *Umbrales. Cambios culturales, desafíos nacionales y juventud*, Medellín: Corporación Región, 2000, pp. 21-50.

Vou traçar uma cartografia, um mapa noturno em torno de quatro aspectos. Primeiro, a transformação dos saberes, que inclui uma transformação do estatuto do saber na sociedade e a mudança não só na transmissão, mas também na produção do saber. Em segundo lugar, as transformações da política, o apagamento do mapa político — ambos têm muito a ver com os jovens hoje. Em terceiro lugar, vou me referir às mudanças culturais que têm os jovens como atores de primeira linha. E, em quarto lugar, os desafios que este país apresenta para os jovens e os desafios que os jovens apresentam para este país.

o mapa dos saberes

Ao longo da história, o saber sempre esteve associado ao poder. Depois de Michel Foucault[2], isso ficou mais claro, mas a maneira como o saber se associa ao poder se deu por meio de duas operações: a centralização do saber e sua legitimação. O saber sempre esteve no lugar em que pode ser controlado pelo poder. A relação saber-poder esteve centralizada em termos de território; há um lugar do saber que está sempre muito próximo do lugar do poder e que sempre teve este caráter de centro, por isso o palácio dos sacerdotes no Egito Antigo ficava tão perto do palácio dos faraós. Ainda que as pesquisas de Foucault nos tenham mostrado como historicamente houve um processo de descentralização do poder, essa descentralização também vem se dando do lado do saber, e é justamente isso o que quero mostrar.

Mas, além de centralizado e controlado, o saber também foi legitimado pelo poder. Ao longo da Idade Média, o saber muda na medida em que tem início uma certa descentralização com relação ao poder político, mas este é substituído pelo poder da Igreja, e ocorre uma recentralização. Na Idade Média, o saber estava nos mosteiros, quem sabia eram os clérigos, os demais eram excluídos. Os senhores feudais, que viviam em seus castelos, eram muitas vezes analfabetos e em sua imensa maioria incultos, como diríamos hoje, e os monges eram os cultos. Mas o que parece claro é que o saber não apenas é centralizado, mas também precisa ser legitimado; há uma instituição que o legitima para que ele possa circular pela sociedade. E, de diversas formas, isso chegou até nossos dias. Contudo, a escola, do primário à universidade, julga-se a única instituição legitimadora dos saberes. Se na Idade Média começa uma recentralização, no Renascimento dá-se uma maior descentralização. Os saberes das artes, por exemplo, sempre tiveram uma relação bastante conflitiva com a instituição que legitima o saber, por isso as artes estiveram mais

---

2 Michel Foucault, *Vigilar y castigar*, Madrid: Siglo XXI, 1986.

associadas ao mundo de magos e bruxas do que ao mundo da academia, no sentido moderno. Tudo isso para dizer que os modos de produção e especialmente de transmissão do saber estão passando por uma profunda revolução.

Até bem recentemente, quando tive a sorte de poder conversar com Manuel Castells, eu nunca ousara ligar a palavra revolução com tecnologia, porque, para nossa tradição de esquerda, esse conceito só servia para falar de revolução política e social. Mas depois de ter escutado um marxista como Manuel Castells fazer uma longa exposição sobre a revolução tecnológica, agora ouso falar de uma revolução profunda nos modos de transmissão do saber. E ela pressupõe, evidentemente, uma descentralização radical. Os saberes que mais contam hoje têm cada vez menos a ver com a academia. Hoje em dia, o saber mais poderoso é o dos analistas financeiros. Castells nos mostrou como quatro empresas de analistas financeiros, que fizeram previsões coincidentes num último dia útil, foram os reais causadores do desastre financeiro do Sudeste Asiático — que incluiu Japão, Coreia do Sul e Tailândia —, pois em dois dias mais da metade do capital investido nesses países foi expatriado, deflagrando uma crise terrível.

Esses saberes da análise financeira hoje estão fora da escola, fora da academia. Claro que se estuda economia na universidade, mas o tipo de saber que pode ter esses efeitos absolutamente desestabilizadores da economia mundial não passa pela escola, e não passa porque esse saber, esse poderoso saber, é um saber secreto, como foram, em outras épocas, os saberes iniciáticos. Mas, além de uma porção de saberes não estarem mais associados à instituição escolar oficial por ter havido uma descentralização, houve também uma reticulação. O que temos hoje é uma multiplicidade de redes pelas quais circulam os saberes mais valiosos na atualidade.

Esse centro se rompeu, esvaiu-se. Claro que as redes têm seus nodos-chave por onde de algum modo se acumula certo tipo de saber, mas aquela imagem vertical do saber se rompeu. Então, por um lado, há uma descentralização do saber, uma forte deslegitimação dos personagens que representam a instituição tradicional do saber. Por isso os adolescentes agora entram em contato com muitos saberes de cuja existência a escola nem sequer tomou conhecimento; saberes que, em grande medida, são os que lhes permitem se adequar à nova sociedade, a uma sociedade atravessada por múltiplas mudanças. A escola não tomou conhecimento deles não por má vontade, mas porque o sistema educacional da imensa maioria dos países está, há muitos anos, de costas para a sociedade. E que me perdoem todos os professores, mas durante muito tempo, sobretudo na esquerda, só aceitávamos as mudanças sociais que nós prevíamos, as que iam na direção que nos agradava, qualquer outra não era por nós considerada uma mudança; e quando despertamos, eis que havia mudanças muito fortes acontecendo, e em direções para nós impensáveis. Esta é uma delas.

A identidade do legítimo portador do saber na sociedade atravessa hoje uma crise profunda. Faz alguns anos, ouvi o seguinte de uma amiga mexicana que tinha por função visitar as escolas secundárias de todo o país para fazer atualização pedagógica, uma atualização dos currículos: "realmente, do que os professores menos precisam é de atualizadores pedagógicos; eles precisam é de psicanalistas, há uma crise de identidade radical dos professores, quando a cada dia se defrontam com quarenta garotos".

Diante dessa descentralização e dessa deslegitimação da instituição que durante séculos legitimava os saberes, nos deparamos com um *ecossistema comunicativo*, que é para a sociedade atual tão ou mais importante que o sistema verde. O ecossistema comunicativo se compõe basicamente de duas ordens de realidades: a das tecnologias de produção, de difusão dos saberes, e a das novas sensibilidades. Foi aparecendo uma série de tecnologias que vão do rádio à televisão, ao CD ou ao computador, mas também a outras ligadas ao universo da música e à produção e reprodução musical. Gil Calvo[3], um dos sociólogos mais interessantes que há hoje na Espanha, fez, no final da década de 1980, uma pesquisa comparando a juventude espanhola com a sueca e chegou à conclusão de que ser jovem na Europa é fazer fila para arranjar emprego (enquanto a pessoa é jovem, permanece na fila) e que a informação mais importante que os jovens requerem, que necessitam, passa pelo rock. Essas são as duas conclusões de uma pesquisa que mostrava o quanto havia em comum entre duas sociedades aparentemente tão diferentes, a juventude sueca e a juventude espanhola.

A outra ordem dos saberes, como já disse, são as novas sensibilidades, a base do que chamamos estética. A raiz grega de estética é a sensibilidade, o sensível. Portanto, estamos falando de novas sensibilidades, de novas formas de ver, de novas visualidades, de novas formas de ouvir, de novas sonoridades, de novas formas de perceber, de saborear, de tocar, de apalpar. São novas sensibilidades em todos os registros dos sentidos, do olfato ao tato e, claro, do ouvido à visão. Para mim, é essa a chave. A sociedade, inclusive nossas subdesenvolvidas e tão pouco democráticas sociedades, está passando

---

3 Cf. Enrique Gil Calvo, *Los depredadores audiovisuales: juventud urbana y cultura de masas*, Madrid: Tecnos, 1988.

por uma transformação profunda no seu sistema comunicativo: ela já não tem o livro como eixo. É verdade que a América Latina nunca teve o livro como eixo, mas o teve na medida em que os políticos e os padres eram letrados, enquanto a imensa maioria da nossa gente não era.

Uma recente pesquisa sobre consumo cultural realizada por Sergio Ramírez e Sonia Muñoz[4], em Cali, na Universidad del Valle, revelou que não apenas os setores populares e médios não têm o livro como eixo, mas também a classe alta de Cali. Quando se perguntou às pessoas ao que associavam o livro, 90% delas disseram que à escola e, depois que se sai da escola, o livro é um enfeite. O livro é comprado por metro para pura exibição, e quanto mais grossa a lombada e mais dourados tiver, melhor. Então, há um novo ecossistema, um ecossistema comunicativo, que é formado por uma série de tecnologias com as quais os jovens têm hoje uma especial empatia cognitiva e expressiva. Tudo o que a relação dos adultos com as novas tecnologias da informação tem de amedrontada, a relação dos adolescentes e jovens tem de prazerosa, de aventureira.

É indubitável que a juventude se encontra no seu mundo, e não apenas a juventude, os meninos e as meninas de dois e três anos já interagem por meio dos computadores com todas as dimensões sensoriais. Acho que só faltam mesmo o olfato e o paladar, porque as outras já estão lá: o ver, o ouvir, o tocar. As crianças aprendem ao mesmo tempo salsa e Bach, por exemplo, na narração de um conto dos irmãos Grimm, onde tudo fala e tudo tem música (os móveis, os animais, as portas e as paredes). Podem até ler cem versões do mesmo conto, conforme os caminhos traçados nesse hipertexto que o disquete lhes apresenta.

O que está posto é que a escola não só está de costas, mas também contra o novo ecossistema comunicativo. Passa os dias amaldiçoando-o, ignorando-o, moralizando tudo, do *walkman* à televisão, passando pelos ritmos que dão conta das suas novas sensibilidades. O problema não é como levar novos aparelhos à escola. Posso garantir que, se o modo de relação da escola com a sociedade não mudar, todo aparelhinho que entrar nela só vai reforçar o caráter linear, sequencial e vertical da sua lógica. Enquanto o modelo de comunicação escolar não mudar e passar a interagir com o ecossistema da sociedade, com o novo ecossistema comunicativo, qualquer coisa que se fizer será contraproducente e estará reforçando o esquema livresco do Ocidente,

---

[4] Sergio Ramírez; Sonia Muñoz, *Trayectos del consumo: itinerarios biográficos, producción y consumo cultural*, Cali: Univalle, 1995.

onde se lê da esquerda para a direita e de cima para baixo. Essa é a escola, tudo da esquerda para a direita, de pequeno a médio e a maiorzinho, e tudo o que sair do normal, por cima ou por baixo, explode o sistema.

    Minha filha está atualmente estudando literatura, mas quando tinha seis anos escrevia estranhamente bonito e os professores não podiam entender que ela não estava plagiando, nem que seu pai ou sua mãe estávamos fazendo sua lição de casa, e fizeram todo o possível para que ela parasse de escrever, para que perdesse o gosto pela escrita, e quase conseguiram. A mesma coisa acontece com os que escrevem mal, abaixo do normal; também explodem o sistema, porque ele é linear, sucessivo. Se você não tiver um tanto de inteligência, um tanto de imaginação, se dana; e então recorre-se a psiquiatras ou paramilitares. Isso tem muito a ver com o modo como a escola controla os que escapam do normal, seja por cima ou por baixo. A escola, hoje, como instituição, é um dinossauro que começou a agonizar há cinquenta anos e que talvez demore mais dois séculos para morrer de vez. Parece mesmo que os dinossauros demoraram séculos para desaparecer, desde que começaram a morrer até virarem pó. E a escola começou a morrer oficialmente num tempo determinado, em maio de 1968, em Paris, Berkeley, na Cidade do México. Quando se comemoraram os trinta anos de Maio de 1968 e saiu uma grande quantidade de livros, percebi que a maioria que alardeava seu fracasso não tinha entendido nada, porque a revolução de maio de 1968 foi uma revolução contra o poder do saber escolar, centrado na universidade. O objetivo era a universidade e, evidentemente, a universidade era uma metáfora do dinossauro, porque o dinossauro não é só a escola, claro.

    A escola não conseguiu entender que para interagir com a sociedade tem que encarar a sério o desafio que as novas sensibilidades dos jovens, não as novas tecnologias, representam. O desafio que representam os novos modos de cheirar, os novos modos de lidar com o corpo, os novos modos de aprender, os novos modos de ouvir. Enquanto a escola não entender que o que está aí é um desafio cultural, e não um desafio de máquinas e de aparelhos, qualquer modernização tecnológica só fortalecerá e manterá a moribunda vida do dinossauro. Aí está, a meu ver, um campo de pesquisa fundamental, a relação entre as novas sensibilidades dos jovens e dos que agora começam a ser jovens. Estamos numa sociedade em que a matéria mais valiosa de todas não é mais o ouro, nem as pérolas, nem a platina, mas o conhecimento. A matéria-prima mais valiosa é o conhecimento, e os países que não assumirem seriamente essa realidade serão condenados a desaparecer — porque, baixando os salários dos operários, que é a única forma de manter a competitividade das nossas matérias-primas no mercado mundial, estamos lascados. E parece que essa é a única maneira. Cada vez mais matérias-primas são substituídas por matérias-primas artificiais. Foi o caso do Uruguai quando o *nylon* substituiu a lã: ele deixou de ser o país mais moderno da América Latina do início do século, o primeiro país que implementou a educação gratuita e obrigatória do primário à universidade, e passou a ser o que é atualmente. No Uruguai, a América Latina tem um exemplo trágico do que podem virar estes países se não se decidirem a produzir conhecimento, se não se decidirem a encarar essa competição. Não a das matérias-primas, que cada vez valem menos, mas a competição do conhecimento, do saber, de criar um sistema educacional em que também os jovens tenham novas possibilidades de produção e de transmissão do conhecimento.

Como primeira conclusão, temos que a revolução nas formas de produção e de transmissão do saber é talvez a mais profunda deste fim de século. O acesso à informação, à multiplicidade de informação, que as novas tecnologias hoje possibilitam mina radicalmente o sistema de legitimação tradicional do saber.

o mapa ideológico

Se os modos da geração do saber estão sofrendo uma transformação radical, o mesmo ocorre com os modos de representação dos cidadãos. O primeiro aspecto dessa transformação tem a ver com o borramento do mapa ideológico. Eu não acho que as ideologias tenham acabado, mas acho que sofreram um enorme borramento. Onde está a esquerda? Onde está a direita? Onde está o socialismo? Onde está a ideologia crítica? O que é fazer crítica da sociedade hoje? Na década de 1980, ainda acreditávamos ter respostas claras para essas perguntas, agora não.

E esse borramento do mapa ideológico significa, para quem não tem religião, o mesmo que o borramento dos dogmas mais sagrados significa para quem a tem — e na América Latina sabemos disso, porque vivemos a política como uma religião. Não se trata de uma metáfora, algo puramente simbólico, e sim bastante material, físico e corporal — basta lembrar que, na Colômbia, os padres mandavam matar os liberais nos seus sermões. Pois bem, ainda hoje os dogmas são mapas de rotas para quem segue uma religião, e as ideologias eram isso para nós, que acreditamos nas possibilidades de construção de uma sociedade democrática. Norbert Lechner[5], um dos poucos sociólogos

---

[5] Norbert Lechner, *Los patios interiores de la democracia: subjetividad y política*, México: Fondo de Cultura Económica, 1990.

que estudou a crise da política na América Latina, chama esse fenômeno de esfriamento da política, o esfriamento dos sectarismos de direita e de esquerda. Lechner considera que esse esfriamento da política nos tem feito muito bem, porque reduziu o caráter sectário das nossas filiações ideológicas; mas, ao mesmo tempo, esse esfriamento traz consigo uma substituição da ideologia pela gestão, pela administração. Hoje, a profissão dos políticos não é uma profissão de cidadãos, é uma profissão de peritos, de especialistas. O borramento é duplo: borram-se as delimitações das ideologias de extrema--direita, direita moderada, direita pura, esquerda-esquerda, esquerda radical, esquerda *light*, quase esquerda e, acima de tudo, borrou-se a geografia do centro, pois hoje todo mundo é "de centro", não há nenhum partido que não o anuncie na sua rotulação ideológica: centro-esquerda, centro-direita, centro-centro.

Flores d'Arcais, um dos últimos anarquistas de verdade que restam neste planeta e que dirige uma das revistas mais esplêndidas editadas hoje, *Mico/Mega*, da editora caraquenha Nueva Sociedad, acaba de publicar um panfleto "contra o centro". E é radical ao afirmar que quem esvaziou a política de conteúdo político não foi a mídia, e sim o centro. O centro é um buraco negro que traga e dissolve tudo no mesmo, ou seja, tudo o que se aproxima do centro se neutraliza.

Além dessa dissolução — dissolução dos extremos — e dessa hipóstase do centro, temos outro fator mais grave: culpar a televisão pelo borramento do mapa ideológico. E nessa questão eu me tornei radicalmente provocador, decididamente agitador. Penso, primeiro, como diz Flores d'Arcais, que não foi a mídia que corrompeu os partidos, que os desideologizou, mas foram os próprios partidos que, na medida em que profissionalizaram sua ação, reduziram a política. Eles a reduziram a uma coisa *light*, espetacular, que se digere sem o menor problema estomacal. São eles que deterioraram a política. A única coisa que a televisão faz é passar a fatura da nova linguagem; porque uma linguagem não é um instrumento, é um modo de expressão.

Georg Simmel[6], o grande sociólogo do século XIX, o primeiro grande sociólogo da cultura, diz que o transeunte da grande cidade vê, mas não ouve. Há uma prevalência radical do ver sobre o ouvir, um fato que me parece fundamental e que não é uma invenção da televisão. O "Caralho!" de Jorge Eliécer Gaitán, na praça Bolívar de qualquer cidade da Colômbia, era um gesto, mas sobretudo

---

6 Georg Simmel, "La metrópolis y la vida mental" (1925), em: Mario Bassols *et al.* (org.), *Antología de sociología urbana*, México: Unam, 1988, pp. 47-61.

um grito. E se vocês percorrerem as narrativas da política colombiana, poderão perceber, como fez Carlos Mario Perea neste livro esplêndido *Porque la sangre es espíritu*[7], como era acertada uma frase de Nietzsche que deu título a um artigo de Laureano Gómez no jornal *El Siglo*, quando a batalha liberal-conservadora começou. Carlos Mario Perea considera que o discurso de Gaitán é o discurso da voz do povo. O sintagma-chave é que o povo tenha voz: "Eu sou a voz", não a imagem. Hoje em dia, o povo precisa mais que voz, precisa de imagem, precisa ser visto. O direito de ser visto é hoje o direito de existir socialmente. Estamos falando de como se constrói a visualidade, ou melhor, a visibilidade social das maiorias, a visibilidade social do povo. E essa visibilidade social, hoje, tem muito mais a ver com o reconhecimento do que com a representação.

Há uma relação intrínseca, hoje, entre o direito de ser reconhecido e o direito de ser visto, e não o direito de ser representado. Os novos atores sociais — as mulheres, os jovens, os homossexuais — não procuram quem os represente, o que procuram é que a sociedade os reconheça em sua diferença subversiva, na diferença subversiva que é seu próprio modo de ser corporal, vital, existencial. O que procuram não é ser representados, é que os deixem ser, isto é, que sejam reconhecidos. Acho que aí há uma pista fundamental para a pesquisa.

mudanças culturais e jovens como atores de primeira linha

Quero começar com duas imagens. Primeiro, com a declaração de um jovem de Bogotá, faz alguns meses, quando estávamos começando a decifrar as estatísticas de uma pesquisa sobre juventude naquela cidade[8]:

> *Ouvindo vocês, adultos, eu tenho cada vez mais certeza de que, como o mundo hoje não sabe para onde vai, como nunca o planeta viveu uma ausência de futuro, a sociedade está mandando os jovens explorarem o futuro, e muitos de nós nos queimamos, e aí somos os violentos, os drogados, os marginais. Minha sensação é que a sociedade está mandando a gente fazer o que ela não é capaz, mandando a gente ir na frente para*

---

[7] Carlos Mario Perea, *Porque la sangre es espíritu: imaginario y discurso político en las élites capitalinas, 1942-1949*, Bogotá: Aguilar/Instituto de Estudios Políticos y Relaciones Internacionales, Universidad Nacional de Colombia, 1996.

[8] Pesquisa coordenada por Alonso Salazar, com a assessoria de Napoleón Franco e Jesús Martín-Barbero. Trata-se de um estudo inédito, encomendado pelo secretário da Juventude em 1998, a que o autor se refere no capítulo 10. [N.E.]

espiar o que dá para ver depois do presente, que os jovens estão servindo de exploradores do futuro e morrendo aos montes pelo caminho.

Fiquei extremamente impressionado com a lucidez desse rapaz. Estou convencido de que é isso mesmo; e onde podemos enxergar, hoje, de uma forma terrível, certos indícios das mudanças mais profundas que nossa sociedade está sofrendo, muito mais do que na arte, é na fala dos jovens, nas suas falas carregadas de raiva, fúria, desalento, confusão e desconcerto.

A outra imagem tem a ver com uma observação de José Luis Romero, no livro *Latinoamérica: las ciudades y las ideas*[9], muito polêmico na Argentina, mas que foi das maiores contribuições que deixou. José Luis Romero, organizando a história das cidades na América Latina por meio dos tempos, diz que não é fácil entender o que significou a massificação urbana em Buenos Aires entre as décadas de 1920 e 1940, porque o que as massas urbanas procuravam era se integrar à sociedade, procuravam educação, saúde, moradia, lazer, cultura. Mas não podiam integrar-se à sociedade urbana sem desintegrá-la. Buenos Aires era uma sociedade aristocrática, elitista, era uma sociedade que, segundo ele, tinha muito de medieval, porque os estratos sociais eram brutalmente excludentes. Por isso as massas que queriam entrar, que queriam ter acesso aos bens dessa sociedade, não podiam integrar-se sem desintegrá-la, sem rompê-la. Era impossível massificar a educação, massificar a saúde, massificar a moradia, sem transtornar Buenos Aires.

Acho que os jovens de hoje vivem uma experiência parecida. Não cabem nesta sociedade porque o que eles estão procurando tem muito pouco a ver com as grandes utopias revolucionárias do século XIX, com as grandes utopias estéticas do início do século XX. É verdade que a juventude de hoje não tem utopias, o que ela procura é se integrar nesta sociedade, ter direito a seus bens. Evidentemente, os jovens não podem se integrar nesta sociedade sem desintegrá-la, sem transtorná-la, sem derrubar os muitos preconceitos que ainda perduram, toda a hipocrisia, as muitas formas de exclusão, as muitas formas de marginalização social, econômica, política, cultural. E se as portas se fecham para os jovens não é porque não tenham virtudes. Não quero aqui fazer nenhuma análise populista da juventude. As massas urbanas do início do século XX também não eram nada virtuosas; de fato, os partidos socialistas na Buenos Aires daqueles anos fracassaram em atrair as massas, e quem as

---

[9] José Luis Romero, *Latinoamérica: las ciudades y las ideas*, Buenos Aires: Siglo XXI, 2001.

atraiu foram Perón e Evita, porque rompiam completamente os quadros da política, e eles também não tinham nada de virtuosos nem de utópicos.

Quero levantar duas questões como base da minha reflexão: primeira, os jovens estão explorando o futuro com os pés no presente; segunda, os jovens hoje são subversivos, com um tipo de subversão que é indecifrável nos termos das ideologias políticas de esquerda. Todos os que se põem a indagar sobre o esquerdismo da juventude fracassam, porque seu modo de subverter a sociedade não tem rosto político, tem rosto cultural.

O inglês Edward Palmer Thompson, um dos grandes historiadores europeus, em *A formação da classe operária inglesa*[10], teve de fazer um grande percurso pela cultura e pela história da classe operária — a primeira história da cultura popular na Inglaterra — para entender qual era o projeto político dessas classes populares, porque ele não estava formulado nas narrativas do discurso político. Thompson se indispôs com a imensa maioria dos historiadores de esquerda porque eles eram incapazes de entender que a política começou antes da Revolução Francesa e que na Inglaterra de meados do século XVIII já havia luta de classes, o que evidentemente tinha muito pouco a ver com certos clichês marxistas sobre o que é classe. Coube a Thompson perceber que só estudando a cultura dos setores populares era possível entender que projeto político havia ali. Penso que é assim que a juventude está construindo outro projeto de sociedade, como os operários do século XVIII, sem saber disso, é claro.

Quero apontar, numa cartografia preliminar, quatro mudanças culturais que, na minha opinião, têm a juventude como ator principal. A primeira mudança, que me parece a mais profunda, é o desencantamento do mundo. E eu diria, para começar, que a modernidade deixou de cumprir quase todas as suas promessas. Não cumpriu a promessa da igualdade, pois neste momento, na América Latina, temos mais pobreza, mais miséria do que na década de 1960, quando supostamente passamos a ser modernos. Não cumpriu a promessa da liberdade. Eu lembraria a vida subumana dos milhares de presos neste país como uma prova visível de que não conseguimos construir a liberdade. E muito menos cumpriu a promessa da fraternidade; a globalização nos jogou na concorrência mortal de um capitalismo que nunca foi tão capitalista como hoje.

A modernidade deixou de cumprir a maioria das suas promessas, mas houve uma que ela cumpriu, sim, e quem a apontou foi Max Weber[11]: a promessa de que a modernidade desencantaria nosso mundo, isto é, que a razão

---

[10] Edward Palmer Thompson, *La formación histórica de la clase obrera en Inglaterra*, Barcelona: Crítica, 1989.
[11] Max Weber, *La ética protestante y el "espíritu" del capitalismo*, México: Premia, 1979.

triunfaria sobre a magia, sobre o mistério, sobre a transcendência. A razão racionalizaria tudo, e isso foi cumprido. Para Weber, a superação, no sentido hegeliano, das dimensões mágico-mistéricas da existência humana por meio da razão e da ciência conduziam a uma vida sem sentido, mera vida.

Hoje quem tece as narrativas do desencanto são os adultos. Há dois adultos que eu respeito muito e para mim são os grandes narradores do desencanto, Joe Steiner e Milan Kundera. Mas quem vive o desencanto não são eles, e sim os jovens. E se há algo que fala por meio da necessidade de drogas, aqui ou em Amsterdã, da necessidade de êxtase, da necessidade de tribos nas quais dissolver o eu, é justamente o desencantamento do mundo. Os velhos falam dele, mas vicariamente, falam por meio da saudade. Os jovens não têm saudade, os jovens experimentam o que é uma vida sem sentido.

Não vou dar aqui os números das estatísticas de suicídio que mostram os corpos jovens enchendo cada vez mais os necrotérios. Mas o que faço questão de dizer, sim, é que a globalização potencializou a racionalização do mundo a um grau humanamente inalcançável. Manuel Castells[12] disse isso muito bela e cruamente: a racionalização do mundo levada a cabo pela globalização consiste em entronizar o capitalismo financeiro como único autômato. Esse autômato que a humanidade ocidental teme desde o século XIX e que tinha sempre a feição da máquina, de Frankenstein; esse medo, que nos assombra há mais de um século, de sermos devorados pela máquina, pela máquina que nós mesmos criamos, já está aqui, já está entre nós, gritou Castells: o autômato é este capitalismo financeiro que encarna o absoluto da razão instrumental. Tudo aquilo que vale, segundo o critério do negócio, é aceito por ele; o que não vale, é expulso, excluído. Isso é análise financeira, ou seja, dinheiro gerando dinheiro sem passar pela produção.

A globalização começa, assim, conectando tudo o que vale em termos do capital e desconectando tudo o que não vale. Esta é a definição de razão instrumental. Portanto, as memórias dos povos tradicionais só valem na medida em que possamos vendê-las como identidade exótica. Hoje a identidade interessa muito ao capital, mas desde que seja vendável. Hoje em dia, os marqueteiros falam em "vender a cidade"; Barcelona, por exemplo, é uma das cidades que melhor soube se vender em todo o mundo.

Aqui volta a aparecer a juventude. A juventude que experimenta a falta de sentido de forma tão brutal, a ponto de multidões de jovens

---

[12] Manuel Castells, *La Era de la Información: economía, sociedad y cultura*, Madrid: Alianza, 1998, v. 1: *La sociedad red*.

morrerem de *overdose* buscando algum sentido, buscando algo diferente do valor (parafraseando um dos textos mais belos de Walter Benjamin, a contradição entre sentido e valor na sociedade capitalista), evidentemente, precisa se entupir de drogas para ver se descobre alguma frestinha onde encontrar sentido.

As narrativas do desencanto, nas quais são os adultos que escrevem tudo o que o Ocidente perdeu, justamente essas narrativas condenam o rock. Leiam o que Kundera e Steiner dizem do rock, e vocês vão ver que ambos coincidem em que o rock é o ruído que não os deixa pensar, é o barulho, é a negação da palavra. Ali não há palavra, não há harmonia, apenas ruído e fúria, ou seja, irracionalidade. Evidentemente, tanto Kundera como Steiner, apesar de serem tão esplêndidos, tão lúcidos, não podem ir além do seu tempo; eles são da modernidade, e para a modernidade a razão é o contrário do irracional, e o mundo dos jovens hoje está inteiramente impregnado de irracionalidade, e por isso as metáforas dessa irracionalidade são o rock e a droga.

Esta imagem me leva a dizer que, nas buscas de sentido dos jovens, o que há são buscas de identidade. E essas buscas de identidade deixam os psicólogos e os antropólogos sem chão, assim como a classe média deixou sem chão o marxismo, porque, para o marxismo, a classe média não existia, só existiam o patrão e o operário, a burguesia e o proletariado, e quando a classe média se tornou a grande aliada da CIA para entregar Allende e massacrar o Chile, muitos marxistas chilenos começaram a escrever: a classe média existe! Quanto tempo demoramos para descobrir isso! Hoje os psicólogos e os antropólogos que acreditam que só existem crianças e adultos não podem, de modo algum, reconhecer uma identidade média, uma identidade que não é nem de criança, nem de adulto. Evidentemente, assim como a classe média, o jovem não existe, não pode ter identidade, é simplesmente um lugar de passagem, uma transição. Mas quando essa transição ganha corpo e grita e esperneia, começamos a pensar que aí existe uma identidade, talvez a identidade do esperneio e da fúria, que não é nem a do balbucio das crianças, nem a do silêncio dos adultos e dos velhos.

Digo que a juventude não se encaixa como ator social porque não consta em nenhum dos quadros epistemológicos, nem da psicologia, nem da antropologia, nem da sociologia. Se não, leiam Bourdieu[13] quando ele diz que a juventude não passa de uma palavra que não nomeia nada. É o choque entre

---

[13] Pierre Bourdieu, "La 'juventud' no es más que una palabra", em: *Sociología y cultura*, México: Grijalbo, 1990.

a juventude que tenta ter uma identidade, que luta por ter uma identidade, e uma sociedade que a nega, com a exceção do mercado. O único ator que está sabendo perceber os esboços de identidade da juventude e que está sabendo rentabilizá-la, que é o que ele sabe fazer, é o mercado, a publicidade. O discurso publicitário é o único discurso social em que se delineiam alguns traços da identidade dos jovens.

Mas no choque frontal entre esse novo ator social e a sociedade que se nega a aceitá-lo, que não cabe nela sem explodir os esquemas mentais e sociais, nos deparamos com algo terrível, os estudantes de Denver[14], a atração que as ideologias messiânicas totalitárias fundamentalistas exercem sobre os jovens no mundo inteiro, que é muito forte e crescente. Às vezes chega ao ponto a que chegaram os garotos de Denver, às vezes não assume essa figura, mas essas identidades fortes que pedem tudo, até a vida, exercem uma enorme atração sobre os jovens.

Os primeiros movimentos sociais no mundo ocidental que erigiram a juventude como ator político foram o nazismo alemão e o fascismo italiano. A juventude ocupou um lugar-chave nos manifestos nazistas e fascistas. Era a juventude que podia entregar tudo à revolução nacional-socialista e, certamente, os fascismos cuidaram e empoderaram enormemente os jovens. Eu fui apanhado, entre a infância e a adolescência, por uma forma bastante rebaixada disso, que foi, na Espanha, a Frente de Juventudes do Franquismo. Fui obrigado a vestir a camisa azul com as flechas e o jugo. Mas, na concepção fascista de José Antonio Primo de Rivera e da Falange, a juventude também ocupava um lugar fundamental.

Aqui há algo muito delicado, que é a atração que as ideologias totalitárias exercem sobre uma juventude em busca de uma identidade nova, em contraste com uma sociedade que a nega. E num país como a Colômbia poderemos nos deparar, talvez em pouco tempo, com fenômenos desse tipo, realmente trágicos. A outra face dessa moeda é a despolitização dos jovens. Todos os professores com quem converso me dizem que a maioria dos jovens são conformistas, que não querem saber de nada, que não acreditam em nada, que não se apaixonam por nada, muito menos pela política. Acho que essa é justamente a contraface do que acabo de dizer. Os jovens não estão dispostos a fazer política. Quando a juventude acredita em algo, acredita de verdade, acredita para valer, mas no mundo, e especialmente neste país, a política não

---

14 O autor se refere ao caso de triste memória do Instituto Columbine, ocorrido em abril de 1999, em que dois estudantes mataram a tiros 23 colegas e professores. [N.E.]

lhe oferece nada em que valha a pena acreditar. E quem parece que vai romper com tudo acaba tragado e digerido pelo sistema.

Esse desencanto desemboca em outro, muito ligado a ele, que é o mal-estar do sujeito. A juventude é, hoje, protagonista de um mal-estar especial, de uma subjetividade desalentada, desarticulada. Martín Hopenhayn[15] fala sobre como a exclusão dos jovens está produzindo neles, por um lado, uma capacidade especial de agressão, ou seja, a agressão dos jovens é proporcional à sua sensação de exclusão; exclusão da escola que, em sua imensa maioria, não os entende de jeito algum; exclusão da família, pelo mesmo motivo; exclusão do mundo do trabalho, que não oferece emprego para milhões de jovens. Proporcionalmente à exclusão, fermenta no sujeito jovem um modo de existir que é agressivo. O volume alto da música, as pichações, as roupas estranhas e a violência terrorista estão ligadas a diferentes formas de agressão. É óbvio que as diferentes classes sociais usam diferentes figuras de agressividade, mas nos jovens há uma agressão que os constitui, uma nova agressividade, não porque eles a queiram ou a busquem, mas porque não veem outra forma de existir.

Hopenhayn[16] diria "dança sem regras", "música sem harmonia", "fusão neotribal", "esquecimento estático de êxtase". Em todo caso, transbordamento do eu, do peso do sujeito, que leva os jovens — e isso me parece fundamental — a não romper com o consenso, pelo contrário, o que eles procuram é se integrar, "revelam uma exterioridade do mundo racional com a qual constroem seu mundo interior"; ou seja, os jovens se negam, não rompem, não se lançam contra a racionalidade capitalista, pelo contrário, a maioria deles ou compra Nike ou chega a matar quem tem o tênis. E o que Rossana Reguillo[17] nos conta é algo realmente forte: há casos em que matam quem tem o tênis e depois o lambuzam com o sangue do morto. Os jovens estão construindo uma vida interior com tudo o que a ordem capitalista deixa de fora. Uma vida interior que oscila no tempo entre o enfrentamento violento e a integração consumista; do mesmo modo que essa vida interior oscila entre uma interiorização individualista, quase autista, em que os jovens se negam a falar com os adultos, negam-se a lhes contar seus problemas, negam-se a

---

15 Martín Hopenhayn, "Tribu y metrópoli en la postmodernidad latinoamericana", em: Roberto Follari; Rigoberto Lanz (org.), *Balance sobre lo posmoderno en América Latina*, Caracas: Sentido, 1998, pp. 19-35.
16 *Ibidem*.
17 Rossana Reguillo, "Violencias expandidas. Jóvenes y discurso social", *JOVENes. Revista de Estudios sobre Juventud,* México: 1999, ano 3, n. 8, pp. 10-23.

deixar que saibam deles ou, ao contrário, uma enorme exteriorização tribal, feita de tatuagens, músicas, adereços, gírias.

A terceira mudança é a recomposição de tempos e espaços. Junto com o desencantamento do mundo, vivemos hoje uma explosão radical da ordem do tempo. Esse passado que precede um presente e ao qual se segue um futuro não é o tempo da vida dos jovens. Alguns, com certa razão, chamam isso de perda da consciência histórica. Por exemplo, a mixórdia que Lucas e Spielberg fizeram na série *Guerra nas estrelas*, que agora retomam, embolando passado babilônico, assírio e egípcio com mitologias da ficção científica do ano 3030; essa mixórdia de pôr o passado no futuro, de pôr o futuro no passado.

Essa recomposição dos tempos, essa reconfiguração da flecha do tempo, ou seja, do progresso, disparou, e não foi nos textos dos pós-modernos, mas na experiência do tempo vital dos jovens. Com os moços de hoje acontece o mesmo que com os filmes norte-americanos, que falam do passado sempre com o discurso do presente. Não são capazes de tomar distância, e tudo acaba misturado. Contudo, não se trata apenas de uma ruptura da flecha do tempo e de uma combinatória de tempos. A chilena Nelly Richard, que já escreveu dois livros, *La insubversión de los signos*[18], e um segundo, que tem a ver com metáforas e religiões, reflete sobre o que significa o tempo para os países em que foi a flecha do tempo, em grande medida, o que os condenou a abandonar suas próprias culturas para se tornarem modernos. O desenvolvimento significava chegar a ser como os norte-americanos ou, quando menos, pelo lado socialista, como os suecos. Desenvolver-se não era realizar as possibilidades e virtualidades que há dentro dos povos. A crença no desenvolvimento implicava imitar os outros.

O que os jovens da América Latina estão vivendo é, de fato, por um lado, uma falta de consciência histórica; mas, por outro, é o surgimento de outro tipo de consciência do tempo, que permite uma relação com o passado que não é apenas celebratória dos heróis, mas que permite construir um futuro. É aí que está a nova sensibilidade do tempo da juventude, que só pode expressá-la nessas narrativas da fragmentação. Não se pode quebrar a flecha do tempo, a utopia do progresso, sem trabalhar com pedaços de tempo. E, assim como há uma leitura crítica dos reacionários, que é trabalhar com a fragmentação, Nelly Richard[19] demonstrou que, na época de Pinochet, no Chile, os únicos que romperam de verdade com a racionalidade capitalista

---

18 Nelly Richard, *La insubordinación de los signos (cambio político, transformaciones culturales y poéticas de la crisis)*, Santiago do Chile: Cuarto Propio, 1994.
19 *Ibidem*.

e totalitária foram os pintores e os poetas, que criaram obras com pedaços, com fragmentos, com cacos. Todos os outros acabaram redesenhando em negativo o que Pinochet desenhava em positivo, e creio que há muito de verdade nisso.

Há uma leitura do fragmento, do pedaço, do descarte, que me parece fundamental. A juventude hoje está construindo outro tempo, outras narrativas. Assim, o videoclipe não é apenas um objeto estético, mas também uma metáfora das novas narrativas. Essas novas narrativas falam da nova experiência do tempo que os jovens têm, quer dizer, da fragmentação e da aceleração. Em trinta segundos, um videoclipe pode condensar centenas de horas de experimentação. Eu digo aos estudantes, ecoando Umberto Eco[20], que a publicidade do século XX estará nos museus do século XXII, e neles se verá toda a poesia que o capitalismo era capaz de digerir.

A quarta mudança é a da zona mais escura, porque é onde a exclusão da juventude está sendo construída por todos, especialmente nós que trabalhamos com professores, com docentes, do primário à universidade: não estamos preparando os jovens para a nova geografia laboral. A revolução industrial inventou as máquinas supostamente para poupar trabalho e depois inventou a linha de montagem. A linha de montagem, diz Castells[21], é o modo de trabalho que correspondia à moda em série. Hoje estamos no início de uma revolução eletrônica digital e formacional em que a indústria tenta captar cada vez mais diferenças, até chegar à personalização dos seus produtos. O ideal do supercapitalismo, hoje, é desenhar a roupa de que você precisa, é individualizar, personalizar, fragmentar, diferenciar. Justamente o contrário da produção em série. Foi para isso que se globalizou a economia. E essa economia global, hoje, segundo Castells[22], desloca o trabalho em dois sentidos. Primeiro, tendo como unidade de análise e de produção não mais a empresa, mas o projeto, isto é, a articulação de uma miríade de empresas mediante alianças estratégicas cada vez mais móveis. Segundo, desloca os territórios da produção. O *design* de um automóvel é feito em Frankfurt; a carroceria, na China; o motor, em Hong Kong; e a montagem, em São Paulo. Essa explosão do tempo e do território da produção desloca radicalmente os sindicatos. Não existe mais o sindicato dos metalúrgicos, não existe mais o sindicato da indústria automobilística, porque o sindicato da indústria automobilística não é o de São Paulo; São Paulo apenas monta os carros.

---

20 Umberto Eco, *Apocalípticos e integrados*, Barcelona: Lumen, 1965.
21 Manuel Castells, *La Era de la Información, op. cit.*
22 *Ibidem.*

Mas isso leva a outro deslocamento muito mais forte, que, segundo Castells[23], tem a ver com o trabalho. O capitalismo inventou o trabalhador em tempo integral, para toda a vida e com aposentadoria, mas isso acabou. Caberá aos jovens de hoje viver numa sociedade em que uma parte trabalhará em meio período e, quando alguém for contratado em tempo integral, será como temporário, e outra parte trabalhará como autônomo. É muito difícil aceitar essa nova situação, porque a anterior não foi um presente do capitalismo, e sim uma conquista da luta da classe operária. Mais de um século se passou desde a jornada de 14 horas até a jornada de oito horas. Porém, como diz Castells[24], as conquistas da classe operária se vão no mesmo movimento em que se vai a revolução industrial. Portanto, é preciso preparar os jovens. Primeiro, para saberes que, hoje, em sua maioria, não passam pela escola, para aprendizagens que estão muito longe do modo como se aprende hoje na escola, para destrezas mentais, analíticas, instantâneas, para as quais a escola tampouco prepara.

Se há algo que esse novo modelo de educação não poderá, de modo algum, deixar de contemplar é um anseio que o jovem de hoje apresenta: reunir trabalho e projeto de vida. E Castells[25] afirma que provavelmente haverá mais chances para isso acontecer na nova sociedade, porque na nossa de hoje a maioria trabalha em atividades que não têm nada a ver com seu projeto de vida.

No mundo do cinema e da televisão, por exemplo, que já é o do século XXI, qual diretor está empregado em período integral? Que atriz de telenovela, que roteirista, têm contrato de trabalho permanente? Há setores de ponta em que essa outra revolução já está claramente em curso, com todos os seus choques e rupturas, aproximando trabalho e projeto de vida.

desafios do país para os jovens e desafios dos jovens para o país

quais os desafios que o país apresenta à juventude?

O primeiro desafio, que só pode ser vencido a longuíssimo prazo, é o que implica um país dividido, um país, como diz Marco Palacios no seu último livro, *Parábola del liberalismo*[26], sem mitos fundadores, sem símbolos capazes de dar coesão a um nós em que possamos caber todos os colombianos. O maior desafio que o país apresenta para os jovens é como ser cidadão num país que

---

23 *Ibidem.*
24 *Ibidem.*
25 *Ibidem.*
26 Marco Palacios, *Parábola del liberalismo*, Bogotá: Norma, 1999.

não é minimamente comunidade. Um país em que abandonamos os laços da comunidade pré-moderna sem chegarmos a ser cidadãos modernos. Esse vazio entre o clientelismo e a cidadania. Pode ser que o clientelismo esteja mudando um pouco, que esteja começando a perder força, a se erodir. Mas o que está substituindo o velho clientelismo, afora a corrupção galopante da imensa maioria dos políticos? Evidentemente, este país está dividido, como já dizia Jorge Eliécer Gaitán[27]. Dividido entre o país oficial e o país nacional; entre a guerrilha, as milícias e o exército; entre os narcotraficantes, as associações de classe e os sindicatos — e peço desculpas especialmente pela última tríade, mas acho que ela dilacera o país quase tanto quanto a anterior, ainda que com menos derramamento de sangue. Esse país das etnias, dos negros, das mulheres e dos jovens quase sem comunicação entre si.

O segundo desafio é um país sem instituições, e que pensou se reinstitucionalizar com a Constituição de 1991, mas que nos mostrou, na realidade, justamente o contrário, o desbaratamento do pouco que tínhamos de institucional. A Corte Constitucional brigando com a Corte Suprema, a acusação de parlamentares no processo contra Samper, a maioria das instituições brigando umas com as outras. Essa desinstitucionalização tem muito a ver não só com a corrupção, mas também com algo que me mostrou, nestes últimos anos, a historiadora María Teresa Uribe[28], ao falar em cidadanias mestiças, numa complexa ordem de coexistência entre continuidade institucional e fortíssima turbulência social. Parece que teríamos sido assim desde o princípio — e que ninguém confunda isso com a natureza dos colombianos. María Teresa Uribe fala de como se configurou a nacionalidade e da nossa escassa cidadania, essas cidadanias mestiças, em que o país com menos ditaduras e menos golpes de Estado da América Latina convive com a turbulência social e com a violência mais brutal também de toda a América Latina. Precariedade das instituições que vai de mãos dadas com a precariedade da sociedade civil, porque, sem instituições de Estado que garantam a continuidade política, é difícil ter uma sociedade civil com instituições robustas.

Esse fenômeno nos leva, segundo María Teresa Uribe[29], à precária articulação de uma ordem normativa com ordens sociais muito diversas, e isso me parece fundamental para entender este país. Uma ordem normativa libe-

---

27 Prefeito de Bogotá e candidato a presidente pelo Partido Liberal, assassinado em 1948. [N.E.]
28 María Teresa Uribe, "Órdenes complejos y ciudadanías mestizas: una mirada al caso colombiano", *Estudios Políticos*, Medellín: 1998, n. 12, pp. 25-46.
29 *Ibidem*.

ral, mas uma multiplicidade de ordens societais (guerrilha, milícias paramilitares, exército, etnias indígenas, negros, mulheres, jovens, narcotraficantes, associações de classe, sindicatos). Essa pluralidade de ordens societais torna muito difícil a configuração da ordem complexa, o que nos leva à enorme dificuldade para os jovens encontrarem, se não um projeto político, pelo menos alguns projetos éticos, e este é para mim o segundo desafio-chave.

Não nos esqueçamos do que Gómez Buendía escreveu, depois que o presidente Samper disse ao país, em resposta às declarações de Botero, que não renunciava porque estava com a consciência tranquila. Gómez Buendía disse: acontece que não é sua consciência individual a que interessa aos colombianos, é a consciência pública que um presidente tem de ter, e as duas são bem diferentes. Sua consciência individual não pode ser confundida com a ética civil de um presidente da República. E hoje não é só que os jovens não encontrem projetos políticos; eles não encontram projetos éticos. E, aos 13 ou 18 anos, não ter um mínimo de projeto ético pode levar muita gente à beira do suicídio.

O terceiro desafio está ligado às subculturas do revide, do esperto, da esperteza, de como a maioria da população colombiana se esquiva da lei. Àquilo que María Teresa Uribe[30] chama "resistência desviada", e que Alonso Salazar[31] explora a partir da idealização positiva do bandoleiro. Na Colômbia, na falta de heróis éticos, de heróis cívicos, temos bandoleiros erigidos em modelos de colombianos.

O quarto desafio, que Alonso Salazar também explorou, é o machismo. E embora seja algo muito colombiano, acho que, na cultura *paisa*[32], o machismo se combina com o "mãe-solterismo", o que, do ponto de vista social, teve resultados terríveis, com a morte simbólica do pai. São os jovens sicários matando para comprar para a mãe o maior e mais potente aparelho de som que houver no maior magazine de Medellín. Esse apagamento do pai na família colombiana, da família nacional, não só da família nuclear, acho que é um desafio terrível que a juventude tem de enfrentar.

quais os desafios que os jovens apresentam ao país?
Em primeiro lugar, o desafio de acabar com o monopólio político dos partidos, dada sua incapacidade de representar o país, de representar a vida

---
30 *Ibidem*.
31 Alonso Salazar, *La parábola de Pablo: auge y caída del narcotraficante más famoso de todos los tiempos*, Barcelona: Planeta, 2000.
32 Originária do estado de Antioquia e de departamentos colombianos vizinhos. [N.E.]

real do país, as demandas reais do país, as culturas reais do país. Os jovens desafiam a política reposicionando-a. Primeiro, já não tanto no campo da representação, mas no campo do reconhecimento. Os jovens não querem que ninguém os represente, o que eles querem é ser reconhecidos, ou seja, que se respeite seu direito de ser como querem ser. E este é um desafio radical, recolocar a política nisso que hoje se chama cidadania cultural, pois há novas cidadanias que são políticas, mas seu discurso não é nem o dos partidos, nem o dos sindicatos.

Em segundo lugar, o desafio à política passa pela relação especial da juventude com a vida da cidade. A relação jovem-cidade tornou-se um campo estratégico de reconfiguração da política, tanto pelas novas formas de ser cidadãos (e nisso se debruçam muitos dos estudos que estão sendo feitos hoje), como pela forma como os jovens deslocalizam a cidade e montam seus próprios circuitos cidadãos, seus próprios trajetos, marcando-os, carregando-os de símbolos, mas de forma nômade; de tal maneira que não permanecem morando por muito tempo num lugar, mas desbravam a cidade, a marcam e, de certo modo, se apropriam dela por meio de novos gestos, de novas figuras, de novos comportamentos.

O terceiro desafio é o da escola. O que os jovens pedem à escola é que seja contemporânea deles, que os entenda, que entenda que eles ouvem de outra maneira, amam de outra maneira, leem de outra maneira. Eles não têm, como nós tivemos desde os séculos XIII-XIV, o livro como eixo da leitura. Os jovens põem no mesmo plano oralidade, escrita, sonoridade e imagem. Não há nada em especial que atraia sua leitura. Mas acontece que a cultura oral está completamente fora da escola, das narrativas das pessoas, incluídos os mitos indígenas, que nos chegam em forma de livro, quando poderíamos tê-los em disquete ou CD. Assim, a oralidade, a cultura oral do rock e do rap estão radicalmente fora da escola, porque não é cultura, mas incultura. A cultura audiovisual está fora dela, a imagem está fora dela. As imagens atuais do ensino médio, desse purgatório que é o ensino médio, são tão pouco ilustrativas quanto meus pobres livros dos anos 1940 e 1950, quando cursei o colegial na Espanha. E por mais que agora enfiem na escola computadores, televisores e vídeos, o uso que o professor faz da imagem é igualmente instrumental, ilustrativo da verdade que está no livro.

Portanto, o que a juventude pede à escola é que ela seja contemporânea, que assuma sua diferença radical, e que os professores tenham a humildade de escutar, escutar que eles ouvem de outra maneira, gostam de outra maneira, leem de outra maneira. E se a escola não encarar essa tarefa a sério, será impossível fazermos um país em que essas pessoas possam se situar na geografia laboral de que eu falava no início.

Outra coisa que os jovens cobram da escola é que ela não está formando cidadãos, não está formando para uma análise crítica do que estamos vivendo. É muito válido que as pessoas leiam Balzac, mas garanto que, para ser cidadãos, é tão ou mais necessário decifrar os telejornais. A política hoje passa pela informação, ela é feita aí, não é reproduzida, mas produzida aí. A juventude está realmente pedindo à escola que a ensine, que a ajude a fruir o cinema, a fruir o rock e a poder questionar toda a trama de mentiras de que é feita a política.

Finalmente, as igrejas, no plural. Num país em que as pesquisas continuam dizendo que a instituição com maior credibilidade é a Igreja, enquanto os partidos políticos têm a menor porcentagem, os jovens pedem às igrejas duas coisas. Primeiro, que elas não julguem ter o monopólio da espiritualidade. Há hoje neste planeta muitas formas de espiritualidade além das que passam pela religião católica, evangélica ou mórmon. Então, os jovens pedem que sejam respeitados os muitos modos diferentes de relação com a transcendência da vida humana, com a espiritualidade. Segundo, que deixem de ser moralistas e formem pessoas com um mínimo de ética pública; que deixem a obsessão com o sexo, que é o pilar do seu moralismo, tanto das católicas como das protestantes; e que se preocupem um pouquinho mais com a ética pública.

jovens: comunicação e identidade[1]

---
[1] Conferência proferida em Bogotá em junho de 2000, posteriormente publicada como artigo na revista da Organização de Estados Ibero-americanos, *Pensar Iberoamérica*, n. 0, 2002.

Nos nossos bairros populares urbanos, temos levas inteiras de jovens com a cabeça aberta tanto para a magia e para a feitiçaria, para as culpas cristãs e sua intolerância piedosa, como para utópicos sonhos de igualdade e liberdade, indiscutíveis e legítimos, e para a sensação de vazio, a ausência de ideologias totalizantes, a fragmentação da vida e a tirania da imagem fugaz e para o som da música como única linguagem de fundo.[2]

Existe algo de *realmente novo* na juventude atual? Se há, como pensá-lo sem mistificar ardilosamente a diversidade social da juventude em classes, raças, etnias, regiões? A resposta para essas perguntas implica aceitar a possibilidade de fenômenos trans-classistas e trans-nacionais, que por sua vez são sempre experimentados em modalidades e modulações introduzidas pela divisão social e pela diferença cultural, o que acarreta um trabalho de localização da pesquisa, que não é o propósito deste texto, pois aponta para algo bem mais limitado: introduzir algumas questões cuja ausência vem dificultando seriamente a pesquisa, o debate e as políticas sobre os jovens[3].

visibilidade social e cultural da juventude na cidade

O que o rápido mapa esboçado mostra[4] é tanto a *des-territorialização* que atravessa as culturas quanto o *mal-estar na cultura* que os mais jovens experimentam em sua radical reformulação das formas tradicionais de continuidade cultural: mais que procurar seu nicho entre as culturas já legitimadas pelos mais velhos, radicaliza-se a experiência de desancoragem que, segundo Anthony Giddens[5], a modernidade produz sobre as particularidades dos mapas mentais e das práticas locais. As mudanças apontam para a emergência de sensibilidades desligadas das "figuras, estilos e práticas de antigas tradições que definem 'a cultura'", cujos sujeitos se constituem "a partir da conexão/desconexão com os aparelhos"[6].

Na empatia dos jovens com a cultura tecnológica, que vai da informação absorvida pelo adolescente na sua relação com a televisão até a fa-

---

2 Fernando Cruz Kronfly, *La sombrilla planetaria: ensayos sobre modernidad y postmodernidad en la cultura*, Bogotá: Planeta, 1994, p. 60.
3 O autor reproduz aqui passagens do capítulo 2, seção 2 ("Transformações da sensibilidade e do des-ordenamento cultural"), às quais remetemos. [N.O.]
4 Refere-se à passagem anterior.
5 Anthony Giddens, *Consecuencias de la modernidad*, Madrid: Alianza, 1994.
6 Sergio Ramírez; Sonia Muñoz, *Trayectos del consumo: itinerarios biográficos, producción y consumo cultural*, Cali: Univalle, 1995, p. 60; *idem*, "Culturas, tecnologías y sensibilidades juveniles", *Nómadas*, Bogotá: 1996, n. 4, pp. 91-9.

cilidade para entrar e transitar na complexidade das redes informáticas, o que está em jogo é uma nova sensibilidade feita de uma dupla cumplicidade cognitiva e expressiva: é nas suas narrativas e imagens, nas suas sonoridades, fragmentações e velocidades que eles encontram seu idioma e seu ritmo. Estamos diante da formação de *comunidades hermenêuticas* que respondem a novos modos de perceber e narrar a identidade, e da conformação de identidades com temporalidades menos longas, mais precárias, mas também mais flexíveis, capazes de amalgamar, de fazer conviver no mesmo sujeito ingredientes de universos culturais muito diversos.

Nada melhor, talvez, que a figura do *fluxo* televisivo[7] para observarmos as rupturas e as formas de *se ligar* que caracterizam a nova experiência cultural dos jovens. A programação televisiva é fortemente marcada pela *descontinuidade* introduzida pela constante fragmentação — cujos modelos em termos estéticos e de rentabilidade são o videoclipe publicitário e o musical — e pela fluida mixórdia que o *zapping*, o controle remoto, possibilita ao telespectador, especialmente ao telespectador jovem, sob o olhar muitas vezes incômodo do adulto. Além da aparente democratização introduzida pela tecnologia, a metáfora do *zappear* ilumina a cena social: há certa e eficaz travessia que liga os modos de ver a partir dos quais o telespectador explora e atravessa o palimpsesto dos gêneros e dos discursos aos modos nômades de habitar a cidade: os do migrante — a quem cabe continuar indefinidamente migrando dentro da cidade à medida que as invasões vão se urbanizando e os terrenos vão se valorizando — e, sobretudo, com o traçado que liga os deslocamentos da turma juvenil que constantemente muda seus pontos de encontro ao longo e ao largo da cidade.

Acontece que é pela cidade que passam mais notoriamente algumas das mudanças de fundo que nossas sociedades experimentam: pelo entrelaçamento entre a expansão/explosão da cidade e o crescimento/adensamento dos meios de comunicação de massa e das redes digitais. "São as redes audiovisuais que efetuam, a partir da sua própria lógica, uma nova diagramação dos espaços e dos intercâmbios urbanos"[8]. A disseminação/fragmentação da cidade adensa a mediação e a experiência tecnológica a ponto de substituir, de tornar vicária, a experiência pessoal e social. Estamos habitando um novo *espaço comunicacional* no qual "contam" menos os encontros e as multidões que o *tráfego*, as *conexões*,

---

7 Cf. Guido Barlozzetti (org.), *Il Palinsesto: testo, apparati e generi della televisione*, Milão: Franco Angeli, 1986.
8 Néstor García Canclini, "Culturas de la ciudad de México: símbolos colectivos y usos del espacio urbano", em: *idem, El consumo cultural en México*, México: Conaculta, 1993, p. 49.

os *fluxos* e as *redes*. Estamos diante de novos "modos de estar juntos" e de novos dispositivos de percepção mediados pela televisão, pelo computador e, dentro de muito pouco, pela imbricação entre televisão e informática numa acelerada aliança entre velocidades audiovisuais e informacionais. Os engenheiros do urbano não estão mais interessados em corpos reunidos, eles os preferem interconectados. Enquanto o cinema catalisava a "experiência da multidão" na rua, pois era em multidão que os cidadãos exerciam seu direito à cidade, o que agora catalisa a televisão é, ao contrário, a "experiência doméstica" e domesticada: é *em casa* que as pessoas exercem agora cotidianamente sua conexão com a cidade. Se a transição do *povo* que tomava a rua para o *público* que ia ao cinema era transitiva, conservando o caráter coletivo da experiência, o deslocamento dos públicos de cinema para as *audiências* de televisão marca uma profunda transformação. A pluralidade social submetida à lógica da desagregação faz da diferença uma mera estratégia de audiência: é dessa mudança que a televisão é o principal mediador. Constituída no centro das rotinas que ritmam o cotidiano, em dispositivo de asseguramento da identidade individual e em terminal de videotexto, de videocompra, de correio eletrônico e de teleconferência, a televisão transforma o espaço doméstico no mais amplo território virtual: aquele ao qual, como afirma certeiramente Virilio[9], "tudo chega sem que se precise partir".

À insegurança que essa descentralização do modo de habitar implica, a cidade acrescenta hoje a expansão do anonimato próprio do *não lugar*[10]: esse espaço — *shopping centers*, rodovias, aeroportos — em que os indivíduos são liberados de toda carga de identidade interpeladora e demandados unicamente de interação com informações ou textos. No supermercado você pode fazer todas as suas compras *sem ter que se identificar*, sem se dirigir a ninguém nem ser interpelado por ninguém. Enquanto as "velhas" estradas atravessavam as povoações transformando-se em ruas, contagiando o viajante do "ar do lugar", de suas cores e seus ritmos, a moderna rodovia, bordejando os centros urbanos, só se dá a ver por meio dos *outdoors* que "falam" dos produtos do lugar e dos seus locais de interesse. Não deve, portanto, parecer estranho que as novas formas de habitar a cidade do anonimato, especialmente pelas *gerações que nasceram com essa cidade*, sejam agrupando-se em *tribos*[11], cujo

---

9 Paul Virilio, *La máquina de visión*, Madrid: Cátedra, 1989.
10 Marc Augé, *Los "no lugares": espacios del anonimato*, Barcelona: Gedisa, 1993.
11 Michel Maffesoli, *El tiempo de las tribus: el ocaso del individualismo en las sociedades pós-modernas*, Barcelona: Icaria, 1990; José M. Pérez Tornero; Pere-Oriol Costa; Fabio Tropea, *Tribus urbanas: el ansia de identidad juvenil, entre el culto a la imagen y la autoafirmación*, Barcelona: Gedisa, 1996.

vínculo não provém nem de um território fixo, nem de um consenso racional e duradouro, mas da idade e do gênero, dos repertórios estéticos e das preferências sexuais, dos estilos de vida e das exclusões sociais. Enfrentando a massificada disseminação dos seus anonimatos e fortemente conectada às redes da cultura-mundo da informação e do audiovisual, a heterogeneidade das tribos urbanas revela a radicalidade das transformações que atravessa o *nós*, a profunda reconfiguração da sociabilidade.

tecnologias e palimpsestos de identidade

Utilizo a metáfora do *palimpsesto* para me aproximar da compreensão de um tipo de identidade que desafia tanto nossa percepção adulta quanto nossos quadros de racionalidade, e que se assemelha a esse texto em que um passado apagado emerge tenazmente, ainda que impreciso, nas entrelinhas que escrevem o presente. É a identidade gerada no movimento des-territorializador que as demarcações culturais atravessam, pois, *desarraigadas*, as culturas tendem inevitavelmente a se hibridar.

Para desconcerto dos adultos, vemos emergir uma geração formada por sujeitos dotados de uma "plasticidade neuronal" e uma elasticidade cultural que, embora se assemelhe a uma *falta de forma*, é antes abertura para formas muito diversas, camaleônica adaptação aos mais diversos contextos e uma enorme facilidade para os "idiomas" do vídeo e do computador, isto é, para entrar e transitar na complexidade das redes informáticas. Os jovens articulam hoje as sensibilidades modernas com as pós-modernas em efêmeras tribos que se movem pela cidade estilhaçada ou nas comunidades virtuais, cibernéticas. E, diferentemente das culturas letradas — ligadas estruturalmente ao território e à língua —, as culturas audiovisuais e musicais extrapolam esse tipo de adscrição congregando-se em *comunidades hermenêuticas* que respondem a novas maneiras de sentir e expressar a identidade, incluída a nacional. Estamos diante de identidades mais precárias e flexíveis, de temporalidades menos longas e dotadas de uma maleabilidade que lhes permite amalgamar ingredientes provenientes de mundos culturais distantes e heterogêneos e, portanto, atravessadas por des-continuidades em que gestos atávicos convivem com reflexos modernos, secretas cumplicidades com rupturas radicais.

O fenômeno do *rock em espanhol* talvez seja a mais sintomática das mudanças que a identidade atravessa entre os mais jovens. Identificado, durante mais de vinte anos, com o imperialismo cultural e os bastardos interesses das multinacionais, o rock adquiriu, a partir da década de 1980, uma capacidade especial de *traduzir* o fosso geracional e algumas transformações essenciais na cultura política dos nossos países. Transformações essas que fizeram do rock o veículo de uma consciência dura da deterioração dos países, da presença cotidiana da morte nas ruas, da falta de perspectiva de emprego e do desalento moral dos jovens, da exasperação da agressividade e do macabro[12]. O movimento do *rock latino* rompe com a mera escuta juvenil para despertar criatividades insuspeitadas de mestiçagens e hibridações, tanto do cultural com o político quanto das estéticas transnacionais com os sons e ritmos mais locais: de Botellita de Jerez a Maldita Vecindad, Caifanes ou Café Tacuba, no México, Charly García, Fito Paéz ou Los Enanitos Verdes e Los Fabulosos Cadillacs, na Argentina, a Estados Alterados e Aterciopelados, na Colômbia.

Afirma uma jovem pesquisadora colombiana:

> *Enquanto afirmação de um lugar e de um território, esse rock é proposta ao mesmo tempo estética e política. Um dos "lugares" em que se constrói a unidade simbólica da América Latina, como aconteceu com a salsa de Rubén Blades, as canções de Mercedes Sosa e da Nueva Trova Cubana, lugares de onde se olham e se construem as bordas do latino-americano.*[13]

Uma prova de que não se trata de meros fenômenos locais/nacionais, e sim do *latino-americano* como um lugar de pertencimento e de enunciação específico, é a existência do canal latino da MTV, no qual está presente, ao lado da criatividade musical, a criatividade audiovisual nesse gênero híbrido, global e *jovem* por excelência, que é o videoclipe.

Atravessado pelos movimentos que o mercado lhe impõe, das gravadoras ao rádio, no rock latino as subculturas regionais são superadas numa integração certamente mercantilizada, mas que torna audíveis as percepções que os jovens têm hoje das nossas cidades: dos seus ruídos e seus sons, da multiplicação das violências e do mais profundo desarraigamento. Sem esquecer esse outro fenômeno cultural que são as mesclas das músicas étnicas e rural-populares com ritmos, instrumentos e sonoridades da modernidade musical, como os teclados, o sax e a bateria. Aí o "velho folclore" não se trai nem se deforma, mas se transforma tornando-se mais universalmente ibero-americano. Ainda que, em boa medida, sejam *produto* dos meios de co-

---

12 Luis Britto García, *El imperio contracultural: del rock a la postmodernidad*, Caracas: Nueva Sociedad, 1991.
13 Amanda Rueda, *Representaciones de lo latinoamericano: memoria, territorio y transnacionalidad en el videoclip del rock latino*, trabalho de conclusão de curso (Comunicação Social) — Univalle, Cali: 1998.

municação de massa e da cenografia tecnológica dos megashows, essas novas músicas tornam definitivamente *urbana* e *internacional* uma música cujo ambiente de origem foi o campo e a província.

novas linguagens e formação de cidadãos

O surgimento de um *ecossistema comunicativo* está se tornando algo tão vital para nossas sociedades quanto o ecossistema natural, ambiental[14]. A primeira manifestação desse ecossistema é a multiplicação e o adensamento cotidianos das tecnologias comunicacionais e informacionais, mas sua manifestação mais profunda está nas novas sensibilidades, linguagens e escritas que as tecnologias catalisam e desenvolvem. E que se tornam mais claramente visíveis entre os mais jovens: nas suas empatias cognitivas e expressivas com as tecnologias e nos novos modos de perceber o espaço e o tempo, a velocidade e a lentidão, o distante e o próximo. Trata-se de uma *experiência cultural nova* ou, na definição de Benjamin, de um novo *sensorium*: novos modos de perceber e de sentir, de ouvir e de ver, que em muitos aspectos se choca e rompe com o *sensorium* dos adultos. Um bom campo de experimentação dessas mudanças e da sua capacidade de afastar os jovens dos próprios pais encontra-se na velocidade e na sonoridade. Não apenas na velocidade dos carros, mas também na das imagens, na velocidade do discurso televisivo, especialmente da publicidade e dos videoclipes, e na velocidade das narrativas audiovisuais. E a mesma coisa acontece com a sonoridade, com o modo como os jovens transitam entre as novas sonoridades: essas novas articulações sonoras, que para a maioria dos adultos marcam a fronteira entre a música e o ruído, são para os jovens o começo de *sua experiência* musical.

Uma segunda dinâmica, que faz parte do ecossistema comunicativo em que vivemos, ligada à esfera da grande mídia, mas que a transborda, é a do surgimento de um *ambiente educacional difuso e descentralizado* no qual estamos imersos. Um ambiente de informação e de saberes múltiplos, descentralizado com relação ao sistema educacional que ainda nos rege, que tem seus dois centros bem claros na escola e no livro. As sociedades sempre centralizaram o saber, porque saber sempre foi fonte de poder — desde os sacerdotes egípcios até os monges medievais, ou os atuais assessores políticos. Seja nos mosteiros medievais, seja nas escolas de hoje, o saber sempre conservou esse duplo caráter de ser ao mesmo tempo centralizado e perso-

---

[14] Jesús Martín-Barbero, "Heredando el futuro: pensar la educación desde la comunicación", *Nómadas*, Bogotá: 1996, n. 5, pp. 12-22.

nificado em determinadas figuras sociais: à centralização que implicava a adscrição do saber a lugares onde ele circulava legitimamente correspondiam personagens que detinham o saber ostentando o poder de serem os únicos com capacidade de ler/interpretar o *livro dos livros*. Por isso uma das transformações mais profundas que uma sociedade pode experimentar é a que afeta os modos de circulação do saber. E é aí que se situa a segunda dinâmica que configura o ecossistema comunicativo em que estamos imersos: é disperso e fragmentado que o saber pode circular fora dos lugares *sagrados* que antigamente o detinham e das figuras sociais que o administravam.

A escola deixou de ser o único lugar de legitimação do saber, pois há múltiplos saberes circulando por outros canais sem lhe pedir permissão para se expandir na sociedade. Essa diversificação e difusão do saber fora da escola é um dos maiores desafios que o mundo da comunicação apresenta para o sistema educativo. Diante do professor que sabe recitar muito bem sua lição hoje se senta um aluno que, por osmose com o meio ambiente comunicativo, encontra-se "encharcado" de outras linguagens, saberes e escritas que circulam na sociedade. Saberes-mosaico, como os chamou Abraham Moles[15], por serem feitos de cacos, de fragmentos, que, no entanto, não impedem os jovens de terem muitas vezes um conhecimento mais atualizado em física ou em geografia que seu próprio professor. O que está ocasionando na escola não uma abertura para esses novos saberes, e sim um fortalecimento do autoritarismo, em reação à perda de autoridade sofrida pelo professor, e a desqualificação dos jovens como cada dia mais frívolos e desrespeitosos com o sistema do saber escolar.

E, no entanto, o que nossas sociedades estão pedindo ao sistema educacional é que ele seja capaz de formar cidadãos e que o faça com visão de futuro, isto é, voltado para os mapas profissionais e laborais que se avizinham. O que implica abrir a escola para as múltiplas escritas, linguagens e saberes em que se dão as decisões. Para o cidadão, isso significa aprender a *ler/decifrar* um telejornal com a mesma desenvoltura com que aprende a interpretar um texto literário. E para isso precisamos de uma escola em que aprender a ler signifique aprender a distinguir, a discriminar, a avaliar e escolher onde e como se fortalecem os preconceitos ou se renovam as concepções que temos da política e da família, da cultura e da sexualidade. Precisamos de uma educação que não deixe os cidadãos inermes perante os poderosos estratagemas de que hoje dispõem os meios de comunicação de massa para camuflar seus interesses e disfarçá-los de opinião pública.

---

15 Abraham Moles, *Sociodinámica de la cultura*, Buenos Aires: Paidós, 1978.

Daí a importância estratégica que hoje adquire a escola capaz de fazer um uso criativo e crítico dos meios audiovisuais e das tecnologias informáticas. Mas isso só será possível numa escola que transforme seu modelo (e sua práxis) de comunicação, isto é, que torne possível a passagem de um modelo centrado na sequência linear — que encadeia *de forma unidirecional* séries, idades e pacotes de conhecimento — para outro *descentralizado* e *plural*, que tem como elemento-chave o "encontro" do palimpsesto com o hipertexto. Pois, como afirmei anteriormente, o *palimpsesto* é aquele texto em que um passado apagado emerge tenazmente, ainda que impreciso, nas entrelinhas que escrevem o presente; e o *hipertexto* é uma escrita não sequencial, uma *montagem* de conexões em rede, que, ao permitir/exigir múltiplos percursos, transforma a leitura em escrita. Enquanto a tessitura do *palimpsesto* nos põe em contato com a memória, com a pluralidade de tempos que todo texto carrega, acumula, o *hipertexto* remete à enciclopédia, às possibilidades presentes de intertextualidade e intermidialidade. Duplo e imbricado movimento que nos exige substituir a lamentação moralista por um projeto ético: o do fortalecimento da consciência histórica, única possibilidade de uma memória que não seja mera moda retrô nem evasão das complexidades do presente. Pois só assumindo a *tecnicidade midiática como dimensão estratégica da cultura* é que a escola pode hoje *interessar à juventude* e *interagir com os campos de experiência* nos quais essas mudanças se processam: desterritorialização/relocalização das identidades, hibridações da ciência e da arte, das literaturas escritas e audiovisuais; reorganização dos saberes e do mapa das profissões a partir dos fluxos e das redes pelas quais hoje transita não apenas a informação, mas também o trabalho, o intercâmbio e compartilhamento de projetos, pesquisas científicas e experimentações estéticas. Somente se assumir essas transformações a escola poderá *interagir* com as novas formas de participação cidadã que o novo ambiente comunicacional possibilita hoje à educação.

Por isso, um dos mais sérios desafios que o ecossistema comunicativo representa para a educação está no planejamento de uma alternativa inescapável: sua apropriação pelas maiorias ou o aprofundamento da divisão social e da exclusão cultural e política que ele produz. Pois enquanto os filhos das classes abastadas entram em interação com o ecossistema informacional e comunicativo por meio do computador e dos videogames que encontram em sua própria casa, os filhos das classes populares — frequentadores de escolas públicas que, em sua imensa maioria, não têm a menor interação com o ambiente informático, sendo que para eles a escola é o espaço decisivo de acesso às novas formas de conhecimento — vão ficando excluídos do novo espaço laboral e profissional que a atual cultura tecnológica já prefigura.

Abarcando a educação expandida pelo ecossistema comunicativo e a que tem lugar na escola, o chileno Martín Hopenhayn[16] resume os "códigos de modernidade" em três objetivos básicos: formar *recursos humanos*, construir *cidadãos* e desenvolver *sujeitos autônomos*. Em primeiro lugar, a educação não pode virar as costas para as transformações do mundo do trabalho, dos novos saberes que a produção mobiliza, das novas figuras que recompõem aceleradamente *o campo e o mercado das profissões*. Não se trata de subordinar a formação à adequação de recursos humanos para a produção, mas de que a escola assuma os desafios que as inovações tecno-produtivas e laborais apresentam para o cidadão em termos de novas linguagens e saberes, pois seria suicida uma sociedade que se alfabetizasse sem levar em conta o novo país que está surgindo na produção. Em segundo lugar, *construção de cidadãos* significa que a educação tem que ensinar a ler o mundo de forma cidadã, quer dizer, tem que ajudar a criar nos jovens uma mentalidade crítica, questionadora, desestabilizadora da inércia em que as pessoas vivem, desestabilizadora da acomodação na riqueza e da resignação na pobreza. Ainda há muito a mobilizar na educação para renovar a cultura política, de modo que a sociedade não procure *salvadores*, mas gere sociabilidades para conviver, consensuar, respeitar as regras do jogo cidadão, da legislação de trânsito até a tributária.

E, em terceiro lugar, a educação é moderna na medida em que seja capaz de *desenvolver sujeitos autônomos*. Em face de uma sociedade que massifica estruturalmente, que tende a homogeneizar até quando cria possibilidades de diferenciação, a possibilidade de ser cidadãos é diretamente proporcional ao desenvolvimento dos jovens como sujeitos autônomos, tanto interiormente como em seus posicionamentos. E essa liberdade implica jovens capazes de saber ler/decifrar a publicidade sem deixar que lhes manipulem o cérebro, jovens capazes de tomar distância da arte da moda, dos livros da moda, que pensem com sua própria cabeça e não com as ideias que circulam ao seu redor.

Se as políticas para a juventude não encararem as mudanças culturais, que passam hoje decisivamente pelos processos de comunicação e informação, estarão ignorando o que vivem e como vivem os jovens, e então não haverá possibilidade de formar cidadãos, e sem cidadãos não teremos nem sociedade competitiva no plano da produção nem sociedade democrática no plano político.

---

[16] Martín Hopenhayn, "La enciclopedia vacía: desafíos del aprendizaje en tiempo y espacio multimedia", *Nómadas*, Bogotá: 1998, n. 9, pp. 10-7.

cidade, jovens e escola: uma escola cidadã para uma cidade-escola[1]

1 Conferência proferida em Bogotá em novembro de 2004, publicada na revista *Educación y Ciudad*, n. 6, 2004.

A proposta deste texto pode ser mais bem entendida por meio de uma metáfora: a de um *jogo* que permita à nossa *des-orientada* Escola comunicar-se com sua Cidade. De fato, é assim que se chama uma pesquisa-ação realizada por uma equipe da universidade Iteso de Guadalajara (México), que acompanhei em sua última fase: *Lotería urbana: un juego para pensar la ciudad*[2]. Isto é, um jogo para pensar a cidade, compartilhá-la e usufruir dela. Foi esse projeto, embora ele não esteja ligado apenas ao setor escolar, que me levou a imaginar pela primeira vez as verdadeiras relações entre escola e cidade. Trata-se de que a escola *aprenda a jogar com a cidade*, isto é, a sair do seu terreno bem delimitado e protegido e entrar no grande campo onde jogam os cidadãos comuns. Mas como pôr para jogar uma escola que se transformou numa instituição tão séria e asceticamente trabalhadora? Uma escola cujas tarefas são todas muito disciplinadas, disciplinarmente racionais e tão cartesianamente nítidas que permitem distinguir com clareza os espaços de quem sabe e de quem aprende, de quem manda e de quem obedece, além de saber quem, quando e como avalia o aprendiz. E isso é justamente o oposto do que acontece no jogo: quando jogamos com alguém — sem trapacear, claro —, os dois "se põem em jogo" com as mesmas cartas, no mesmo terreno, sob as mesmas regras e condições, "de peito aberto e cara a cara", como disse Savater[3]. O que implica a mais completa reciprocidade, isto é, qualquer um pode ganhar ou perder. No *jogo com a cidade*, não é a escola que avalia e julga, pois a única avaliação possível de um jogo é feita pelo *público*, pela *sociedade*, julgando quem jogou bem ou mal, honestamente ou trapaceando. Não estranha que minha proposta desnorteie as diretorias escolares e as autoridades políticas: são demasiados riscos para quem está acostumado a não fazer nada sem planejar/controlar tudo, garantindo ganhar no final! E, no entanto, não tem jeito: ou a escola sai do seu campo limitado e se arrisca no labirinto urbano, ou será impossível para ela se *comunicar com a cidade*.

O que vem a seguir não é um texto-receita nem um manual, mas apenas alguns fragmentos de uma reflexão "a meio construir", como um *puzzle para crianças grandes*, ou seja, aqueles para quem crescer não os impede de continuar sempre a se fazer perguntas.

---

[2] Rossana Reguillo; Margarita Hernández, *Lotería urbana: un juego para pensar la ciudad*, México: ITESO, 2001.
[3] Fernando Savater, "¿Educar o domesticar?", *El País*, Madrid, 5 abr. 2001.

de onde olhar/pensar a cidade hoje?

A cidade não é apenas um *entorno que ambienta* o fazer e o fazer-se do homem, mas é — até no ambiente degradado das cidades atuais — *seu mundo mais seu*[4]. E continuar alimentando a saudade do tempo em que a cidade não era deteriorada e caótica é não apenas fugir dos desafios da história por uma alçapão metafísico, mas também impedir-nos de assumir ativamente os *materiais* de que é feita — e com os quais re-construir — a cidade de hoje: suas territorialidades e sua desespacialização, seus medos e suas narrativas, seus trajetos a pé e de ônibus, de táxi ou de automóvel particular, seus centros e suas marginalidades, seus tempos diurnos e noturnos, seus mapas e seus calendários: a meio caminho entre as festas de bairro e os festivais globais, entre as feiras livres e os *shopping centers*, a *estética* audiovisual ou eletrônica e as *oralidades culturais*.

A primeira maneira como a cidade se deixa pensar hoje é sob a forma de *narração*. O que implica fazer memória daquelas *narrativas da origem* (judeu-cristãs), que nos des-cobrem o surgimento da primeira cidade atribuindo-o à desobediência e à rebeldia de Caim e à Babel surgida de uma maldição que, ao longo dos séculos, parece ter continuado a ameaçar a cidade com a ruína e a deterioração progressivas. A descentralização do sagrado e sua nomadização possibilitaram à cidade libertar-se da marcação que durante muito tempo a ligou exclusivamente à memória da etnia para se abrir para a memória e a imaginação da espécie. Temos aqui uma chave crucial para entender o processo de *modernização* das nossas cidades e os conflitos e violências que acarreta, para além dos indicadores desenvolvimentistas: entender a modernização urbana como *tensão entre memórias étnicas e memórias universais*. O que torna enormemente complexas as territorialidades modernas e muitas vezes falhas, tanto para as literaturas urbanas que tentam narrá-las como para as intervenções político-engenheirísticas que tentam planejá-las.

Uma segunda chave de compreensão da cidade é o jogo, já mencionado, do *puzzle*. Em contraposição às muitas pesquisas que, embora alardeiem multicausalidades e interdisciplinas, mantêm as peças separadas e nos impedem de ver a cidade, é necessário *revalorizar a experiência e as narrações dos seus habitantes*. Porque a figura da cidade tem menos a ver com a alta regularidade dos modelos especializados do urbanizar do que com o mosaico artesanal do habitar[5]. E isso nos revela que a geografia das identidades remete tanto às

---

[4] Richard Sennett, *Carne y piedra: el cuerpo y la ciudad en la civilización occidental*, Madrid: Alianza, 1997.
[5] Gilberto Velho (org.), *Antropologia urbana: cultura e sociedade no Brasil e Portugal*, Rio de Janeiro: Zahar, 1999.

figuras que demarcam as ruas e as praças quanto às *fissuras* que o des-ordenamento introduz, das quais dão conta as experiências e os relatos. Assim, diferentemente dos funcionalismos arquitetônicos e das estéticas racionalistas, que veem a cidade como um sistema fechado, de partes nitidamente delimitadas e submetidas a um regime fixo, a pista das *fissuras* possibilita a descoberta de outra dinâmica: a das flutuações e dos fluxos em que são geradas, junto com a des-ordem, *outras* ordens[6]. Visão que é aberta pela ampla pedagogia cidadã do *jogo* no qual os cidadãos se envolvem cotidianamente ao caminhar pela cidade e habitá-la.

E uma terceira chave de leitura da cidade é o *palimpsesto*: o mais antigo e denso modo de escrita, talvez a forma humana mais elementar da escrita, aquela que não se inscreve numa parede ou numa coluna, e sim numa tabuleta de cera. Ocorre que, quando se escrevia nessas tabuletas — como nas nossas velhas lousas ou quadros-negros —, era preciso apagar para voltar a escrever, e assim fragmentos, pedaços de palavras ou frases das escritas apagadas emergiam imprecisos, misturando-se com as palavras da nova escrita. O *palimpsesto* é a escrita sendo feita não só com aquilo que se escreve no presente, mas também com todos os resíduos que resistem e operam a partir da própria memória do suporte e da materialidade da escrita. Assim está escrita a cidade na multiplicidade das suas camadas tectônicas e da sua polifonia de linguagens, no seu caos, na sua monstruosidade e no seu desconcertante labirinto. Mas o *palimpsesto* pode ser assumido também como uma forma de ler: uma perspectiva, um modo de decifração dos sentidos e das significações do urbano. Se o palimpsesto, como escrita, era aquele texto apagado, aquele passado que reemerge tenazmente, ainda que impreciso, nas entrelinhas com que se escreve o presente, agora podemos assumi-lo como um *modo de ver*. É o que nos propõe um dos dois grandes cientistas políticos italianos do século XX, Giacomo Marramao[7] — o outro é Norberto Bobbio —, ao afirmar que o que agora estamos vendo despontar "é a perspectiva de estratos profundos da memória e da mentalidade coletiva trazidos à superfície pelas bruscas alterações do tecido tradicional que a própria aceleração modernizadora acarreta".

---

[6] Massimo Canevacci, *La città polifonica: saggio sull'antropologia della comunicazione urbana*, Roma: Seam, 1997.
[7] Giacomo Marramao, "Metapolítica: más allá de los esquemas binarios acción/sistema y comunicación/estrategia", em: Xabier Palacios; Francisco Jarauta (org.), *Razón, ética y política: el conflicto de las sociedades modernas*, Barcelona: Anthropos, 1989, pp. 23-45.

Pensar a cidade nos desafia quase tanto quanto morar nela. Será que ainda podemos pensar a cidade como um todo, ou estamos irremediavelmente limitados a perceber apenas fragmentos reunidos em figuras sem referencial na realidade? Então é possível perceber a cidade como uma questão *pública* ou como mera somatória de interesses privados? Pois se, em vez de ampliar o olhar, as teorias do caos se limitam a celebrar a opacidade irredutível do fato urbano, teríamos aí uma cumplicidade muito perigosa com a tendência neoliberal de *culpar pelo caos urbano* o cipoal de regulamentações do Estado, que estaria impedindo a cidade de *assumir sua forma*, que ela só poderá encontrar quando o mercado liberar suas próprias dinâmicas, seus mecanismos *naturais*. Enfrentar essa convergência está exigindo de nós assumirmos a experiência de desordem e opacidade que hoje a cidade produz, sua resistência ao olhar monoteísta, pretensamente onicompreensivo, e adotarmos um pensamento nômade e plural, capaz de burlar a compartimentação das disciplinas e integrar dimensões e perspectivas até agora obstinadamente separadas.

É portanto indispensável deslindar a possibilidade de um *olhar de conjunto* sobre a cidade, da sua nostálgica cumplicidade com a ideia de unidade ou identidade perdida, conducente a um pessimismo culturalista que está nos impedindo de compreender do que são feitas as fraturas que a explodem. Pois do que fala essa explosão é tanto das renovadas formas de marginalização e exclusão social como dos *novos modos de estar juntos* que permitem aos cidadãos experimentar a heterogênea trama sociocultural da cidade, a enorme diversidade de estilos de viver, de modos de habitar, de estruturas do sentir e do narrar. Uma trama cultural que desafia nossas noções de cultura e de cidade, os marcos de referência e compreensão forjados sobre a base de identidades nítidas, de fortes enraizamentos e limites claros. Pois nossas cidades são hoje o ambíguo e enigmático palco de algo não representável nem a partir da diferença excludente e excluída do autóctone, nem da inclusão uniformizadora e dissolvente do moderno.

Heterogeneidade simbólica e inabarcabilidade da cidade, cuja expressão mais certa está nas mudanças que atravessam os modos de experimentar o pertencimento ao território e as formas de viver a identidade. Mudanças que se acham, se não determinadas, ao menos fortemente associadas às transformações tecnoperceptivas da comunicação, ao movimento de desterritorialização e internacionalização dos mundos simbólicos e ao deslocamento de fronteiras entre tradições e modernidade, entre o local e o global, entre cultura letrada e cultura audiovisual.

novos modos de estar juntos: os jovens na cidade do anonimato e do fluxo

A modernização urbana identifica-se cada dia mais fortemente, tanto na racionalidade hegemônica que inspira o planejamento dos urbanistas como na contraditória experiência dos cidadãos — e na resistência dos movimentos sociais —, com o *paradigma de comunicação* a partir do qual está sendo regulado o caos urbano. Trata-se do paradigma *informacional*[8] centrado no conceito de *tráfego* ininterrupto, de *circulação constante* de veículos, pessoas e informações. A verdadeira preocupação dos urbanistas, portanto, não é mais que os cidadãos se encontrem, mas que circulem, porque não nos querem mais reunidos e sim *conectados*. É por isso que não se constroem mais praças nem se permitem recantos, e pouco importa o que aí se perde, pois o que *interessa* é o ganho na velocidade de circulação.

Essa hegemonia do paradigma informacional sobre a dinâmica do urbano nos leva à des-coberta de que a cidade não é mais apenas um "espaço ocupado" ou construído, mas também um *espaço comunicacional* que conecta entre si seus diversos territórios e os conecta ao mundo. Há uma estreita simetria entre a expansão/explosão da cidade e o crescimento/adensamento dos meios e das redes digitais.

Pois bem, o que constitui a força e a eficácia da cidade-espaço comunicacional, que os fluxos informáticos e as imagens televisivas entretecem, não é o poder das tecnologias em si mesmas, e sim sua capacidade de acelerar — de amplificar e aprofundar — tendências estruturais da nossa sociedade:

> Há um evidente desnível de vitalidade entre o território real e o proposto pelos mass media. A possibilidade de desequilíbrios não deriva do excesso de vitalidade dos meios; provém, pelo contrário, da fraca, confusa e estagnada relação entre os cidadãos do território real.[9]

O desequilíbrio urbano é gerado por um tipo de urbanização irracional que de certo modo é compensado pela eficácia comunicacional das redes digitais. Pois em cidades cada dia maiores e mais desarticuladas, onde as instituições políticas, cada dia mais separadas do tecido social vivo, se reduzem a ser sujeitos do espetacular, como os esportistas ou as celebridades, o rádio

---

8 Claude E. Shannon; Warren Weaver, *The Mathematical Theory of Communication*, Chicago: University of Illinois Press, 1949.
9 Furio Colombo, *Rabia y televisión: reflexiones sobre los efectos imprevistos de la televisión*, Barcelona: Gustavo Gili, 1983, p. 47.

e a televisão acabam sendo o dispositivo de comunicação capaz de oferecer formas de contrabalançar o isolamento das populações marginalizadas, estabelecendo vínculos culturais comuns à maioria da população.

Na Colômbia, isso se viu reforçado nos últimos anos por uma especial cumplicidade entre meios e *medos*. Tanto a atração da televisão quanto sua incidência na vida cotidiana têm menos a ver com o que ela transmite e mais com o que leva as pessoas a se resguardarem no espaço doméstico. Como escrevi em outro lugar, em boa medida, *se a televisão atrai é porque a rua expulsa, é dos medos que vivem os meios*. Medos que provêm secretamente da perda do sentido de pertencimento em cidades nas quais a racionalidade formal e comercial vem acabando com a paisagem em que a memória coletiva se apoiava, onde, ao *normalizar* tanto os comportamentos quanto os edifícios, erodem-se as identidades, e essa erosão acaba nos roubando o chão cultural, lançando-nos no vazio. Medos, enfim, que provêm de uma ordem construída sobre a incerteza e a desconfiança que em nós provoca o outro — qualquer outro: étnico, social, sexual — que se aproxima na rua e é compulsivamente percebido como ameaça.

Não deve parecer estranho, portanto, que as novas formas de habitar a cidade do anonimato sejam especialmente visíveis na experiência e nos comportamentos das *novas gerações* que nasceram com essa cidade: são as novas grupalidades cuja ligação não provém nem de um território fixo, nem de um consenso racional e duradouro, mas da idade e do gênero, dos repertórios estéticos e das preferências sexuais, dos estilos de vida e das exclusões sociais. *Parceros*, *plásticos*, *traquetos*, *guabalosos* ou *desechables* são algumas denominações que assinalaram a emergência de diferentes grupalidades em Cali, assim como as de *plásticos, boletas, gomelos, ñeros, nerds, alternativos* foram as denominações iniciais das grupalidades mais frequentes em Bogotá[10].

o que fazer para que a escola se comunique com o país e com suas cidadanias mestiças?

Situado intelectual e profissionalmente na estratégica, mas *utópica*, zona fronteiriça entre educação-cultura-comunicação, devo expor o que, a partir desse olhar, constitui o verdadeiro problema de fundo que atravessa a educação escolar. É o que emerge da pergunta *por que o sistema educacional tem que mudar* — do Ministério às Faculdades de Educação, e do ensino funda-

---

[10] O autor reproduz aqui uma passagem de "Palimpsestos de identidade" (p. 41), à qual remetemos. [N.O.]

mental à universidade — *para que a escola se comunique com o país?* Ou dito de outro modo: o que tem que mudar no sistema educacional para que este possa encarar o que a Colômbia está vivendo, sofrendo e criando, para que a escola possibilite às crianças e aos jovens uma compreensão do seu país que os capacite para ajudar a mudá-lo? Diferentemente dos que veem na cultura contemporânea moldada pela mídia e pelas tecnologias da informação a causa do desastre moral e cultural do país, ou seu oposto, uma espécie de panaceia, de solução mágica para os problemas da educação, sou dos que pensam que nada pode ser mais nocivo para a escola do que introduzir *modernizações tecnológicas* sem antes mudar o modelo de comunicação que subjaz ao sistema escolar: um modelo predominantemente vertical, autoritário na relação professor-aluno e linearmente sequencial na aprendizagem. Introduzir meios e tecnologias modernizantes nesse modelo é reforçar ainda mais os obstáculos encontrados pela escola para inserir-se na complexa e desconcertante realidade da nossa sociedade. Ao sugerir como *ponto de partida* as mudanças de que a escola necessita para se comunicar e interagir com o país, estou fazendo frente a um mal-entendido que o sistema escolar não parece interessado em desfazer: a obstinada crença de que os problemas pelos quais a escola passa possam ser resolvidos sem transformar seu modelo comunicacional/pedagógico, isto é, com uma simples ajuda de tipo técnico ou pedagógico.

Falar de *comunicação* deveria significar, em primeiro lugar, reconhecer a *mutação cultural* que acarreta a atual formação de uma sociedade do conhecimento: que é, segundo Manuel Castells,

> *uma sociedade em que as condições de produção de conhecimento e processamento de informação foram substancialmente alteradas por uma revolução tecnológica centrada no processamento de informação, na produção do conhecimento e nas tecnologias da informação. O que não quer dizer que a tecnologia seja determinante [...] [, mas que] se constitui um paradigma de um novo tipo, no qual todos os processos da sociedade, da política, da guerra, da economia, passam a ser afetados pela capacidade de processar e distribuir informação de forma ubíqua no conjunto da atividade humana.*[11]

---

[11] Manuel Castells, *La dimensión cultural de Internet*, comunicação no ciclo de debates Cultura XXI: ¿nueva economía?, ¿nueva sociedad?; sessão 1: Cultura y sociedad del conocimiento: presente y perspectivas de futuro, 10 abr. 2002, Barcelona, Universitat Oberta de Catalunya, Ajuntament de Barcelona, 2002. Disponível em: <https://www.uoc.edu/culturaxxi/esp/articles/castells0502/castells0502.html>.

Isso implica que, mesmo em países como a Colômbia, com uma industrialização tão precária e uma desigualdade tão impressionante, a informação e o conhecimento constituem a base da vida democrática e do desenvolvimento social, pois a globalização requer um modelo de sociedade cuja competitividade produtiva depende menos da força que da inteligência, menos das máquinas que do conhecimento, menos da acumulação e mais da capacidade de inovação e invenção. O que está levando a uma transformação profunda nas condições de trabalho tanto das indústrias de ponta, como a informática, quanto das indústrias antigas, como a têxtil. As funções que os operários desempenham nesse tipo de indústria estão mudando radicalmente: da complementação entre a força da "mão de obra" e a energia que as máquinas produziam estamos passando a outro tipo de relação, mediada cada vez mais intensamente pela informação e pela automação dos processos: a *liga entre cérebro e informação.*

Também no campo político, como ficou provado no *Proceso 8000*[12], as coisas estão mudando de forma muito mais acelerada do que pensavam os cientistas políticos deste país, cuja imensa maioria ignorou a trama comunicativa da política, relegando a ação da mídia a uma função puramente instrumental. Entre outras coisas, o *Proceso 8000* serviu para que o país começasse a perceber que a informação e a visibilidade têm hoje um papel *constitutivo* tanto na formação do *discurso político* (que não é só o discurso dos políticos) como na própria ação política. Quer dizer, a informação começou a desempenhar um papel tão estratégico na política que sem ela dificilmente teria sido possível levar adiante o processo por corrupção dos políticos e da política[13].

a esquizofrenia cultural do nosso sistema escolar

Cada dia é mais evidente a esquizofrenia cultural que hoje afeta muitos cidadãos, divididos entre o saber outorgado pelo diploma oficial e aquele que lhes servirá para se inserirem no *novo mapa laboral e profissional*, isto é, nas novas figuras com que o sistema produtivo e inovador da sociedade trabalha, saber esse que não pode se divorciar, senão com grandes riscos, daquele de que a sociedade precisa para formar um cidadão capaz de autodeterminação, capaz de pensar com sua própria cabeça, de respeitar ideias e hábitos alheios, capaz de conviver e conciliar. Infelizmente, nossa escola não é um

---

12 Processo instaurado em 1995 contra o presidente colombiano Ernesto Samper, por ter recebido financiamento do narcotráfico para sua campanha eleitoral. [N.O.]
13 O autor reproduz aqui uma passagem de "Novas linguagens e formação de cidadãos" (p. 74), à qual remetemos. [N.O.]

espaço para a autodeterminação nem para o aprendizado da convivência. E isso quando boa parte dos difusos e descentralizados saberes que circulam pela sociedade atual são ou poderiam ser a via de acesso para uma concepção e uma prática mais democráticas e criativas. Não estou ignorando as buscas pessoais de alguns professores e de algumas poucas instituições, estou falando do sistema educacional colombiano. Estou questionando uma escola que no seu cotidiano não educa em democracia, por mais que dê cursos de civismo e de urbanidade. Não se aprende a ser democrático em cursos sobre democracia, aprende-se a ser democrático em famílias que admitem pais e filhos não convencionais, em escolas que assumem a dissidência e a diferença como chaves de debate e de conciliação.

A atitude defensiva limita-se a identificar o melhor do modelo pedagógico tradicional com o livro e a demonizar o mundo audiovisual, como o mundo da frivolidade, da alienação, da manipulação. Quem dera que o livro fosse um meio de reflexão e de argumentação, mas infelizmente não é. E isso em grande medida porque nossas escolas não têm sido um espaço onde a leitura seja um meio de autoafirmação e criatividade, de deliberação e prazer, mas, ao contrário, o espaço onde leitura e escrita estão associadas ao dever imposto e à tarefa sem fruição. Leitura castradora, até, pois, ao confundirem as expressões de estilo próprio com anormalidade ou plágio, os professores sentem-se no direito de reprimir a criatividade.

A escola ainda ignora toda a cultura que é produzida e que transita no mundo audiovisual e das culturas orais e sonoras: dois mundos que vivem justamente da hibridação e da mestiçagem, da mescla de memórias territoriais com imaginários deslocalizados. Façamos frente ao mal-entendido. Reconhecer que vivemos numa sociedade multicultural significa não apenas aceitar as diferenças étnicas, raciais ou de gênero, significa também aceitar que nas nossas sociedades convivem hoje "nativos" da cultura letrada com outros da cultura oral e da audiovisual. Isso no sentido forte, pois essas três culturas configuram modos de ver e de pensar, de sentir e de se divertir muito diferentes. E ao reconhecer e desagravar a existência da cultura oral e da audiovisual não estamos, de modo algum, menosprezando a cultura letrada, mas desmontando sua pretensão de ser a única cultura digna desse nome e o eixo cultural da nossa sociedade.

O livro continua sendo fundamental, pois nos abre para a "primeira" alfabetização, a que deveria possibilitar o acesso não apenas à cultura letrada, mas também às múltiplas escritas que hoje conformam o mundo da informática e do audiovisual. O paradoxo é que, se o livro foi o eixo cultural das sociedades europeias, nunca ocupou esse lugar nas sociedades latino-americanas, salvo como ingrediente de exclusão: muralha que deixava fora da cidade letrada as maiorias que, por serem analfabetas, eram desqualificadas culturalmente de forma radical, isto é, tachadas de *incultas*. Apesar dos que pensam que o mundo do livro está acabando, a verdade é que nunca se publicou tanto e se leu tanto neste país chamado Colômbia. O livro não está acabando nem vai acabar, pelo contrário, cada vez mais serão lidos mais livros. Incluindo aí o texto multimídia, que não é o contrário do livro, e sim outro modo de escrita e outras modalidades de leitura. A questão é se a escola será capaz de ensinar a ler livros não só como ponto de chegada, mas também como ponto de partida para essa outra alfabetização que o mundo digital e multimídia exige. O que implica pensar se a escola está formando o cidadão que não apenas sabe ler livros, mas também telejornais e hipertextos digitais.

mudanças culturais e formação de cidadãos

O que o cidadão de hoje pede ao sistema educacional é que o capacite para poder ter acesso à multiplicidade de escritas, linguagens e discursos em que são produzidas as decisões que o afetam, seja no plano laboral ou familiar, seja no político ou econômico. E para isso o cidadão deveria conseguir diferenciar um noticiário independente e confiável de um noticiário comprometido com um partido ou um grupo econômico, uma telenovela que se conecta com o país, inovando na linguagem e nos temas, de uma novela repetitiva e rasa. E para isso precisamos de uma escola na qual aprender a ler signifique aprender a diferenciar, a discriminar, a avaliar e a escolher onde e como se fortalecem os preconceitos ou se renovam as concepções que temos da política e da família, da cultura e da sexualidade. Precisamos de uma educação que não deixe os cidadãos inermes perante os poderosos estratagemas que hoje a mídia tem a seu dispor para camuflar seus interesses e disfarçá-los de opinião pública[14].

Precisamos indagar pelas demandas de comunicação que vêm do âmbito educacional, entendido não apenas como seu âmbito formal, mas também os diversos âmbitos de educação a que os cidadãos podem ter acesso, e não só as crianças ou os adolescentes, mas também os adultos, incluídos os velhos. É a partir dessas demandas que se entenderá a necessidade de diferenciar a "televisão educativa" — na qual o Ministério de Educação

---

[14] O autor reproduz aqui uma passagem de "Novas linguagens e formação de cidadãos" (p. 74), à qual remetemos. [N.O.]

continua toscamente empenhado — do estratégico papel que a televisão poderia e deveria desempenhar na capacitação dos cidadãos para o uso social e culturalmente ativo das novas linguagens e saberes que hoje circulam na sociedade. A imensa maioria dos cidadãos está completamente desprovida de capacidade de leitura e de aproveitamento dessas linguagens e saberes, e esse desconhecimento está agravando a exclusão social, a começar pela laboral. Trata-se, na verdade, de empreender a aventura da *alfabetização virtual*. Pois, assim como na base material da inclusão na sociedade da informação se acham *infraestruturas técnicas*, para se apropriarem dos benefícios oferecidos pelas TIC (Tecnologias da Informação e Comunicação), nossos países deverão dotar-se de uma nova *base cultural* que possibilite o acesso real das maiorias aos diversos usos das TIC e a sua produção criativa. Proporcionar às nossas sociedades latino-americanas no seu conjunto essa *base cultural* demandará um projeto tão exigente quanto a dotação de infraestruturas materiais, e de tanto ou maior empenho. Chamamos esse projeto de *alfabetização virtual*, entendendo que ela é formada pelo *conjunto de destrezas mentais, hábitos operacionais e caráter interativo* sem os quais a presença das tecnologias entre a maioria da população será desperdiçada, ou desvirtuada pelo usufruto que uma minoria faz dela em benefício próprio. Assim como, em outro momento da história, em toda a América Latina predominou o projeto social básico da alfabetização de adultos, agora nossas sociedades precisam de um novo projeto de *alfabetização virtual*, não de um grupo social específico, mas do conjunto da população: das crianças aos velhos, das comunidades urbanas às rurais e também os indígenas, os trabalhadores e os desempregados, os deslocados e os deficientes.

  Trata-se de uma alfabetização cuja principal particularidade reside em ser *interativa*, isto é, em que a aprendizagem se dá mediante *o próprio processo de uso da tecnologia*. Um *uso* que pode e, em certos casos, deverá ser *orientado*, mas em nenhum caso pode ser suprido por meros conhecimentos convencionais. Há sem dúvida uma *convergência* a estabelecer entre alfabetização letrada e *alfabetização virtual*, de modo que aquela seja integrada a esta como fator dinamizador dos processos, mas na ciência de que a *cultura virtual* reordena as mediações simbólicas sobre as quais gira a cultura letrada, ao abalar boa parte das demarcações espaço-temporais que esta supõe. *Navegar* também é ler, mas não da esquerda para a direita, nem de cima para baixo, nem seguindo a sequência das páginas, e sim *atravessando* textos, imagens, sons, ligados entre si por modos de articulação, simulação, modelagem, jogo muito diversos. Modos de *articulação virtual* esses cujas habilidades fazem parte indispensável dos saberes que o mundo laboral e cultural de hoje requer, cada dia com maior frequência[15].

A essa caracterização da formação cidadã como desafio à escola[16] temos de acrescentar, na Colômbia, a caracterização histórica que María Teresa Uribe[17] traçou das nossas cidadanias. A Colômbia entrou no século XX com uma *cidadania sacra*, assentada na cumplicidade da tradição católica com as tradições e lealdades do *torrão*, mas, ao mesmo tempo, atravessada por uma explícita razão instrumental no âmbito da administração da fazenda pública e do controle do território — que terá no *costumbrismo* sua narrativa mais expressiva. Na década de 1930, passou-se às *cidadanias seculares*, que fizeram emergir um país que se moderniza não só industrial, mas também social e politicamente, isto é, em que as sociabilidades e o comunitarismo tradicionais começam a erodir-se ao mesmo tempo que irrompem os sindicatos, as organizações camponesas e indígenas e as diversas associações políticas de viés socialista. Finalmente, em 1991, a Constituição institucionalizou as novas *cidadanias socioculturais*, nas quais encontram representação e/ou reconhecimento os atores sociais cuja *diferença* não tinha espaço na institucionalidade da Carta regeneracionista. São--nos des-veladas assim as profundas e desconcertantes mestiçagens entre as *ordens normativas* que formalizam e legalizam o sistema como garantia coercitiva central e as *ordens societais* conformadas por aquelas — constelações de sentido — que orientam a ação, as práticas, as crenças e os valores que normatizam a vida cotidiana. Pois é dessa densa mistura, e não das suas semelhanças ou distâncias com *a democracia moderna* dos ilustrados europeus, que é feita a modernidade política na Colômbia. Mistura da qual resultou uma política que apresenta ao mesmo tempo uma das mais longas durações de estabilidade e permanência de um regime político liberal, de uma tradição republicana eficaz diante dos autoritarismos ditatoriais tão frequentes na América Latina, capaz de preservar certa governabilidade mesmo nas situações de turbulência social mais extrema, ao lado de uma prolongada guerra interna na qual se enlaçam as mais brutais e irracionais violências.

A *ordem política realmente existente*, ou seja, a que é formada pelas *cidadanias mestiças*, foi na prática capaz de resolver aquilo que o aparelho pú-

---

15 O autor reproduz aqui uma passagem de "Novas linguagens e formação de cidadãos" (p. 74), à qual remetemos. [N.O.]
16 Refere-se à proposta de Hopenhayn incluída em: Martín Hopenhayn; Ernesto Ottone, *El gran eslabón: educación y desarrollo en el umbral del siglo XXI* (Buenos Aires: FCE, 2000), explicada na passagem citada do capítulo 4. [N.O.]
17 María Teresa Uribe, *Nación, ciudadano y soberano*, Medellín: Corp. Región, 2001.

blico não foi capaz de transformar em normas aceitáveis e acatadas pelos atores sociais. É por isso que, na Colômbia, entre a *guerra* e a *política* não se dá a simples prolongação por outros meios (como pensava Clausewitz), mas cumplicidades e imbricações numa estranha trama de ações e discursos, de intermediações semipúblicas e semiprivadas, em espaços que vão do mais local e regional ao nacional, ou melhor, que entrelaçam as mais diversas *ordens políticas* locais, regionais e (também no plural) nacionais. Nossa escola poderá *comunicar-se* com o país e *encontrar-se* com a cidade, na medida em que aprofundar a formação dessas *cidadanias mestiças* que são o resultado da amálgama ou da mistura da ordem democrática moderna, centrada no cidadão, na nação e na representação, com as diversas ordens societais e étnicas ou comunitárias, historicamente constituídas por desenvolvimentos desiguais e conflitivos, formas específicas de articulação entre o Estado e a sociedade civil, o público e o privado, a guerra e a política, a palavra e o sangue[18].

18 *Ibidem.*

crises identitárias e transformações da subjetividade[1]

[1] Versão editada da comunicação apresentada no seminário internacional Subjetividades contemporáneas, organizado pelo Departamento de Investigaciones de la Universidad Central (DIUC), de 21 a 24 de abril de 2003, em Bogotá. Publicada posteriormente em: María Cristina Laverde Toscano; Gisela Daza Navarrete; Mónica Zuleta Pardo (org.). *Debates sobre el sujeto: perspectivas contemporáneas*, Bogotá: Siglo del Hombre, 2004.

introdução

Na velocidade e brutalidade dos seus movimentos, a globalização torna cada dia mais visíveis os traços societários da mudança que atravessamos. Mudança que está nos afastando da *sociedade integral*, no sentido de uma sociedade que procurava integrar em si o conjunto da população, ainda que fosse *para explorar* as pessoas. Isso significava que as transformava em trabalhadores, dava-lhes emprego, sem o qual não podia expropriar sua mais-valia. Era assim que a sociedade ocidental via a si mesma até a queda do Muro de Berlim, fato que marca o desaparecimento do mundo socialista e a partir do qual a globalização se desenfreia, exibindo o novo modelo de sociedade de mercado neoliberal, que é a *sociedade dual* — de *integrados* e *excluídos* —, na qual o mercado dita as lógicas e move as chaves da conexão/desconexão, inclusão/exclusão social[2]. Se a sociedade *integral* se caracterizava por ser eminentemente assalariada, industrial, regulada, conflitual e negociadora, a sociedade *dual* já pode ser caracterizada como terciarizada, informatizada, desregulamentada, menos conflitual e muitíssimo menos negociadora. É a sociedade que Margaret Thatcher foi a primeira a legitimar, depois de ganhar a longa batalha contra os sindicatos mineiros, ao afirmar que dois terços da sociedade inglesa só poderiam continuar levando uma vida digna de ingleses se o outro terço ficasse de fora. Se essa sentença tivesse sido dita para a América Latina, a conta seria: nossa sociedade deve excluir dois terços para que o outro terço leve uma vida digna de humanos.

Num primeiro plano, estamos, portanto, diante de uma sociedade estruturalmente cindida, na qual o divórcio entre Estado e sociedade torna-se cada dia mais profundo e mais visível. O Estado hoje está muito mais moldado pelas regras do jogo do Fundo Monetário Internacional, da Organização Mundial do Comércio e do Banco Mundial do que pelas demandas da sua própria sociedade. Na América Latina, resta-nos portanto um Estado não apenas mínimo e meio impotente, mas também incapaz e incoerente. E isso diante de uma sociedade que se degrada dia após dia em termos de aumento da exclusão e de dissolução da pequena classe média que tínhamos[3]. Pois, embora o divór-

---

[2] Gilberto Giménez; Ricardo Pozas (org.), *Modernización e identidades sociales*, México: UNAM, 1994; Daniel Mato (org.), *Políticas de identidad y diferencias sociales en tiempos de globalización*, Caracas: FACES / UCV, 2003.
[3] Michel Chossudovsky, *Globalización de la pobreza y nuevo orden mundial*, México: UNAM/Siglo XXI, 2002; Maristella Svampa (org.), *Desde abajo: la transformación de las identidades sociales*, Buenos Aires: Biblos, 2000; Margarita López Maya (org.), *Lucha popular, democracia y neoliberalismo: protesta popular en América Latina en los años de ajuste*, Caracas: Nueva Sociedad, 1999.

cio entre Estado e sociedade não seja um problema apenas latino-americano, aqui ele é mais grave, por tratar-se de um divórcio antigo que foi se aprofundando e que torna boa parte dos nossos países *ingovernáveis*.

Num segundo plano, encontramos a impossibilidade que a política tem hoje de mediar as *lógicas da economia* e as dinâmicas dos *mundos de vida*. A política, como há muito tempo nos advertem A. Touraine[4], Ch. Mouffe[5] e Z. Bauman[6], traduziu o processo de *racionalização* moderna de que falava Weber, identificando o mundo do *público* com o do homem e o do *privado* com o da mulher, com o doméstico. Desse modo, o racionalismo machista reserva *o sério às tarefas do homem*, relegando o resto da vida fora da racionalidade e privando de racionalidade própria as dinâmicas fortes das identidades cotidianas, dos mundos de vida das pessoas. Hoje em dia, e não só na América Latina, a política também se tornou *dual*: incapaz de mediar a economia e as forças da identidade cotidiana. O exercício da política se reduz a uma atividade administrativa e publicitária, preso num discurso altamente masturbatório. Ou seja, um discurso em que os políticos falam entre si e para si mesmos sobre o que interessa a eles. E a sociedade vai ficando cada dia mais longe, mais vasta e estranha, assim como o vocabulário com que tentam nomeá-la.

Num terceiro plano está a crescente sensação de impotência entre os indivíduos, ou melhor, o misto de frustração, desconfiança social e impotência política. Cada dia mais dimensões da própria vida não dependem de mim, e não chego a entender de quem dependem. Fico sem emprego porque alguém num país distante tomou decisões que resultaram na redução ou no fechamento da empresa em que eu trabalhava, alguém que não conheci nem nunca conhecerei. Não tenho acesso à saúde porque mudaram as regras do jogo de quem tem direito à saúde e quem não tem e, como o orçamento nacional já não é suficiente para pagar as aposentadorias... Cada vez mais indivíduos vivem essa profunda sensação que liga a impossibilidade de trabalhar, ou de ganhar um salário digno, a outra impossibilidade: a de entender o que de fato está acontecendo, e por quê. E podemos juntar a essas questões esta outra pergunta que tantas vezes nos fazemos na Colômbia: por que o Equador ou o Panamá, que não são países menos excludentes, menos injustos e desiguais que a Colômbia, não têm nem dez por cento da violência, dos mortos e se-

---

[4] Alain Touraine, ¿Qué es la democracia?, México: FCE, 2001.
[5] Chantal Mouffe, *El retorno de lo político: comunidad, ciudadanía, pluralismo, democracia radical*, Barcelona: Paidós, 1999.
[6] Zygmunt Bauman, *En busca de la política*, Buenos Aires: FCE, 2001.

questrados que temos na Colômbia? Por quê? E as Ciências Sociais[7] têm muita dificuldade em fornecer alguma pista para esclarecer essas indagações; elas já têm bastantes problemas com suas próprias complicações para ainda por cima dedicar seu precioso tempo para responder às ingênuas inquietações do pobre indivíduo que lida com elas nas ruas. Tudo isso agravado no caso das pessoas *de certa idade*, que, ainda por cima, sentem o mundo desmoronar, pois "tudo está mudando": muda a maioria dos *hábitos*, que já nem sequer são chamados assim, mas *estilos de vida*; mudam os motivos pelos quais as coisas são feitas; muda o que era bem-visto e agora é malvisto, e vice-versa.

Manuel Castells completa esse mapa de questões vitais, transfigurado pelos movimentos da globalização, apontando que, se a maioria das pessoas não pode mais procurar o sentido da própria vida *naquilo que faz*, ou seja, no trabalho e na política, não tem outro remédio senão procurá-lo *naquilo que é*, que é a única coisa que lhes resta: homem, mulher ou homossexual; branco, indígena ou negro; budista, cristão ou muçulmano. A identidade, que foi durante os últimos dois séculos uma dimensão do laço social, hoje ameaça esse laço com sua exacerbação individual e implosiva: só me sinto eu se desalojar o outro, se o rebaixar e expulsar do meu mundo de pertencimento. A emergência dos fundamentalismos identitários faz parte da forma como os sujeitos individuais e coletivos reagem à ameaça que faz cair sobre eles uma globalização mais interessada nos "instintos básicos" — impulsos de poder e cálculos estratégicos — do que nas sociabilidades. Isto é, uma globalização que pretende dissolver a sociedade enquanto comunidade de sentido e substituí-la por um mundo feito de mercados, redes e fluxos de informação. De modo especial, nos países periféricos, onde a *desconexão* se traduz cada dia mais abertamente em exclusão social e cultural, na piora das condições de vida da maioria, na ruptura do contrato social entre trabalho, capital e Estado, o que há, "compartilhado por homens, mulheres e crianças", é "um medo profundamente assentado do desconhecido, tanto mais amedrontador quando ligado ao cotidiano pessoal [...], aterrorizados pela solidão e pela incerteza numa sociedade individualista e ferozmente competitiva"[8].

São essas as coordenadas de um fundamentalismo que é feito ao mesmo tempo de furiosas resistências e de ardentes buscas de sentido. Resistências ao processo de individualização e atomização social, à intangibilidade de fluxos que em sua interconexão borram os limites do perten-

---

7 Cf. Daniel Pécaut, *Guerra contra la sociedad*, Bogotá: Espasa, 2001.
8 Manuel Castells, *La Era de la Información: economía, sociedad y cultura*, Madrid: Alianza, 1999, v. 2: *El poder da la identidad*, p. 49.

cimento e tornam instáveis as tessituras espaciais e temporais do trabalho e da vida. E buscas de uma identidade social e pessoal que, ainda que baseadas em imagens do passado, projetam no futuro a necessidade de superar tudo o que o presente tem de insuportável. Diferentemente do que ocorre com a elite que habita o espaço atemporal das redes e dos fluxos globais, as maiorias nos nossos países ainda habitam o espaço/tempo local das suas culturas e, contrapostas à lógica do poder global, refugiam-se na lógica do poder comunal.

Por um lado, temos a explosão dos fundamentalismos identitários e, por outro, a fragilidade da identidade individual[9]. Ao mesmo tempo que a identidade desencadeia fortíssimas formas de aglutinação social — que em boa parte têm sua justificativa histórica na falta de reconhecimento e nas humilhações às quais certas minorias foram submetidas historicamente —, a identidade individual se fragmenta e debilita, torna-se precária. Assim, a ideia secular de que o valor de uma personalidade era a fidelidade a si mesma está deixando de ter sentido hoje. Pois fiel a quê? Fiel a qual das referências que me fragmentam? A idealizada unidade do sujeito cartesiano moderno, que tinha como único referencial a razão, já se perdeu há muito tempo, e o que temos hoje é uma enorme dificuldade em relação a ela, sobretudo entre os jovens tensionados por uma identidade polimorfa e flexível, que lhes permite ser, ao mesmo tempo, locais, nacionais, globais, mas que também os expõe às desancoragens e aos desgarramentos mais paralisantes. O transitar por diferentes identificações ao longo do dia é mais fácil para os jovens do que para os adultos, mas essa facilidade não os poupa das tensões e dos dilemas, da confusão e da incoerência.

o que resta do sujeito no trabalho?

A partir desse mapa social, enunciarei dois campos de transformação da subjetividade: o das condições do trabalho e o "novo" mundo da técnica.

A partir de meados dos anos 1970, especialmente com a crise do petróleo, começa a vislumbrar-se uma série de mudanças que desorganizam o mundo do trabalho: o aumento na *terciarização* do emprego e a legitimação da sua *precariedade*. Diminui drasticamente o número de trabalhadores nas áreas da grande indústria tradicional — mineração, siderurgia, metalurgia,

---

9 Jesús Martín-Barbero, "Identities: Traditions and New Communities", *Media, Culture & Society*, v. 24, n. 5, 2002, pp. 621-41; *idem*, "Desencuentros de la socialidad y reencantamientos de la identidad", *Análisi-Quaderns de comunicació i cultura*, Bellaterra: 2002, n. 29, pp. 45-62.

agroindústria etc. — enquanto aumentam os postos de trabalho nos campos da educação, saúde, segurança, comércio, além de outros que se abrem ou potencializam: informática, consultoria, pesquisa, gestão. O problema é que os empregos criados nos últimos quatro campos não passam a ser ocupados pelos desempregados das indústrias tradicionais, já que se trata de *novas profissões*.

    A ideia que sintetiza os movimentos contraditórios que atravessam o trabalho e a empresa é a *flexibilidade laboral*. Estamos diante de um novo estatuto social do *trabalhador*[10], que, por um lado, acarreta passar de um trabalho caracterizado pela execução mecânica de tarefas repetitivas a um trabalho com um componente de iniciativa maior por parte do trabalhador, ao deslocar o exercício predominante da mão para o cérebro mediante novos modos do fazer que exigem um *saber-fazer*, mobilizando um leque de destrezas com maior componente mental. Mas, por outro lado, isso não significa uma verdadeira liberação da iniciativa do trabalhador, da sua capacidade de inovação e criatividade, e sim seu *controle* pela lógica da rentabilidade empresarial, que a subordina à "avaliação dos resultados". A *flexibilidade* nomeia, ao mesmo tempo, um processo de emancipação — a passagem da potência muscular à destreza mental — e a *precarização* do emprego em termos tanto da duração do contrato de trabalho quanto dos benefícios trabalhistas de saúde, aposentadoria, educação, férias etc. A flexibilidade converte-se assim no dispositivo de engrenagem do trabalho nas novas *figuras de empresa*. Em primeiro lugar, o trabalhador ou o empregado não é liberado para inventar de fato, mas apenas para ter a possibilidade de competir melhor com seus próprios colegas de trabalho, e a competitividade é elevada à categoria de *condição primeira* de existência das próprias empresas. Em segundo lugar, o trabalhador é submetido à lógica férrea da *competitividade*, o trabalho sofre uma forte diminuição do vínculo societal — espacial e temporal — entre o trabalhador e a empresa. Isso afeta profundamente o equilíbrio psíquico do trabalhador: ao deixar de ser um campo fundamental de comunicação social, do reconhecimento social de si mesmo, o trabalho perde também sua capacidade de ser um lugar central de significação do viver pessoal, do *projeto e do sentido da vida*[11].

    Estamos diante de um desconcertante paradoxo: as empresas pedem profissionais com projeto e iniciativa, quando o que a sociedade em seu conjunto

---

[10] Richard Sennett, *A corrosão do caráter: consequências pessoais do trabalho no novo capitalismo*, Rio de Janeiro: Record, 1999; Ulrich Beck, *Un nuevo mundo feliz: la precariedad del trabajo en la era de la globalización*, Barcelona: Paidós, 2000.

[11] Claude Dubar, *La crise des identités: interprétation d'une mutation*, Paris: PUF, 2000.

produz são indivíduos inseguros, cheios de incertezas e com fortes tendências à depressão, ao estresse afetivo e mental. Até o próprio ambiente de trabalho está deixando de ser um ambiente-chave de comunicação, de reconhecimento social de si mesmo e, portanto, de afirmação pessoal. Aí estão os cada dia mais frequentes *grupos/projeto*, os "círculos de qualidade", em que o funcionário é posto para competir com seus próprios colegas dentro do grupo e cada grupo com outros grupos, não só fora, mas também dentro da própria empresa. Na estrutura profissional da empresa "tradicional" não havia duas equipes fazendo a mesma coisa em situações que permitissem avaliar permanentemente qual delas era a mais competitiva. Agora podemos afirmar que a liberdade de fazer, a inventividade e a criatividade são incentivadas e, ao mesmo tempo, postas constantemente à prova sob a régua da competitividade. E, em condições de competitividade cada vez mais acirrada, a criatividade se transforma, se traduz em *fragmentação* não só da profissão, mas também das *comunidades de profissão*. O novo capitalismo[12] não pode funcionar com sindicatos fortes, que ele não só torna desnecessários, mas também impossíveis, já que a verdadeira *iniciativa*, agora outorgada ao indivíduo, consiste em responsabilizá-lo enquanto tal pelas atividades que antes eram assumidas pela empresa: da formação ou aquisição de competências e destrezas à duração do contrato de trabalho. Na atual sociedade de mercado, a nova empresa, organizada pelas competências dos *grupos-projeto*, impossibilita o tempo longo, tanto o do pertencimento a uma coletividade empresarial como o da carreira profissional, deixando sem sentido a empresa como comunidade e a carreira profissional como temporalidade individual. No Vale do Silício, que não faz parte da nossa sociedade, mas constitui a ponta de lança das mudanças nesse campo, a média de contratação de profissionais é de oito meses e, embora não seja nossa realidade, isso já está sendo visto como modelo por não poucas empresas transnacionais localizadas na nossa região. O mesmo ocorre atualmente com o nível salarial, que cada vez tem menos a ver com os anos de trabalho na empresa e mais com a aquisição das competências requeridas pela reengenharia da gestão. E com o que corresponde à nova palavrinha mágica: *empregabilidade*. Qual é seu grau de empregabilidade?, perguntam os encarregados de selecionar o pessoal a contratar. Ficam de fora, ou em grande medida desvalorizados, quando não invalidados, os anos trabalhados e os graus adquiridos em escolas profissionalizantes/técnicas ou universidades. Agora *o que você vale* é aquilo que pode ser medido em *competências avaliáveis* em termos de *empregabilidade* pelas empresas.

---

[12] Peter F. Drucker, *La sociedad postcapitalista*, Buenos Aires: Sudamericana, 1999.

Aqui há uma mudança radical no que significa ser sujeito, o sujeito do tempo longo no estudo e do tempo longo na profissão, seja de torneiro ou de professor, pois ocorre que o tempo longo era sinônimo de *tempo de vida*, e era por isso que alguém podia fazer projetos, porque sabia que *com o tempo* ia *subindo* na escala de cargos e salários. Era isso o que se entendia por *segurança social*, e quando é o senso de segurança o que se rompe, o sujeito desaba, se desnorteia, arrebenta.

e se a tecnologia fizesse parte da nossa mais inteira corporalidade?

A tecnologia é hoje uma das metáforas mais potentes para entender o tecido — as redes e interfaces — de que é feita a subjetividade. Mas contra a potência dessa metáfora erguem-se dois adversários aguerridos: os que ainda *creem* na existência do sujeito moderno dotado de um eu autônomo, identificado com a razão e capaz de dominar as paixões, as emoções, os desejos; e os que estão convencidos de que a tecnologia, especialmente a audiovisual e a digital, são a última encarnação da decadência e da corrupção moral do Ocidente.

Os primeiros ainda professam o racionalismo que identifica o sujeito humano com *o sujeito do conhecimento* cunhado por Descartes, ao identificar o conhecimento com aquilo que dá "realidade e sentido" a toda a existência humana. Nesse sujeito, a capacidade de refletir sobre seu próprio saber vem de um gesto de separação radical entre mente e corpo: o axioma "penso, logo existo" é a postulação de um eu independente de todas as demais dimensões da vida, especialmente as corporais, sejam elas paixões ou sentimentos, fobias ou afetos. O sujeito moderno do conhecimento é assim definido num espaço de relações geométricas, mas sem *profundidade de campo*. Similar ao efeito de realidade que a *perspectiva* renascentista produz na pintura, a *racionalidade do conhecimento* propicia uma *sensação de realidade* mais forte que a própria realidade: ou Hegel não identificou o real com o racional, e vice-versa? Assim como na pintura, na medida em que o que se vê é o real, o olho do pintor desaparece do quadro que o espectador olha, como se ali não houvesse um ponto de vista nem um sujeito observador, o mundo, o real, é constituído pelo sujeito em sua própria capacidade de pensar, de raciocinar. É essa pretensa autonomia que hoje está em crise e se converte em recusa da razão totalizante e do seu sujeito: o *cogito* fundante da modernidade.

Essa aparente divagação filosófica põe em questão, e em debate, a soterrada base sobre a qual boa parte dos adultos, especialmente os professores, ainda constrói a visão dos jovens e dos alunos enquanto *sujeitos do aprender*. E isso hoje, quando o *sujeito real* que habita nossas cidades, nossos lares e nossas escolas está a anos-luz da estabilidade do sujeito cartesiano. A identidade do sujeito que habita nosso mundo ocidental é a de um indivíduo que padece de uma constante instabilidade identitária e uma fragmentação da subjetividade cada dia maior. Até pessoas tão pouco pós-modernas como Habermas aceitam que nas nossas sociedades, onde já não há uma instância central de regulação e autoexpressão — como foram a Igreja e o Estado —, as identidades, sejam elas individuais ou coletivas, estão submetidas à oscilação do fluxo dos referenciais e das interpretações e se ajustam à imagem de uma rede frágil, sem centro e em constante mobilidade. Do mesmo modo, Stuart Hall, o grande herdeiro da pesquisa cultural de esquerda na Inglaterra, aponta a necessidade de assumir essa mudança estrutural que está fragmentando as paisagens culturais de classe, pois o que é a identidade de classe quando as identidades de gênero, de etnia, de nação e região, que no passado nos forneciam sólidas localizações como indivíduos sociais, hoje em dia se veem transformadas na experiência que os indivíduos têm delas?[13]. Ou seja, estamos diante de um sujeito cuja autoconsciência é enormemente problemática porque o mapa de referência da sua identidade já não é somente um, porque os referenciais dos seus modos de pertencimento são múltiplos e, portanto, é um sujeito que se identifica com diferentes projetos, com diferentes espaços, profissões, papéis. Hoje em dia, uma mulher não é apenas mãe dos seus filhos nem esposa do seu marido, é também uma profissional que tem sua própria visão de mundo, sua própria posição em termos políticos, ideológicos e estéticos, e cada uma dessas filiações significa uma desestabilização daquela mesmice do sujeito a partir da qual falava um eu de dona de casa e mãe de família. Uma prova cotidiana disso é a crise de muitas mulheres que hoje, aos 45 anos e com os filhos já criados, se encontram num mundo para o qual não se prepararam, e embora tenham muita vida pela frente não sabem o que fazer com ela. O que significa ser mulher somente em termos das relações familiares quando a prole já não responde à família patriarcal e a figura do pai se apaga como referência opressora e construtor básico da identidade do filho? Hoje nos encontramos com um sujeito muito mais frágil, mais dividido e, no entanto, paradoxalmente, muito mais obrigado a assumir a responsabilidade sobre si mesmo, num mundo onde há cada vez menos certezas, tanto no plano do saber como no plano ético ou político.

---

13 Cf. Stuart Hall, *A identidade cultural na pós-modernidade*, Rio de Janeiro: DP&A, 1999.

Os sujeitos com que convivemos, especialmente das novas gerações, percebem e assumem a relação social enquanto uma experiência que passa basicamente por sua *sensibilidade*, sua *corporeidade*, já que é por meio dessa experiência que os jovens — que em sua maioria falam muito pouco com os pais — estão dizendo muitas coisas aos adultos por meio de *outras linguagens*: as dos rituais das vestimentas, das tatuagens e dos adereços, ou do emagrecimento perseguindo padrões corporais que a sociedade lhes pro-põe por meio da moda e da publicidade. Não são apenas as mulheres ou os milhões de adolescentes no mundo que sofrem gravíssimos transtornos físicos e psíquicos de anorexia e bulimia, presos no paradoxo já apontado de que, enquanto a sociedade exige que assumam a responsabilidade sobre si mesmos, essa mesma sociedade não lhes oferece a menor clareza sobre seu futuro laboral ou profissional.

Daí o movimento dos jovens entre a recusa da sociedade e seu refúgio na fusão tribal. Milhões de jovens ao redor do mundo se reúnem sem falar, apenas para compartilhar música[14], para estar juntos por meio dela e da empatia corporal que ela gera. Essa palavrinha que hoje nomeia uma droga, o *êxtase*, transformou-se em símbolo e metáfora de uma *situação extática*, isto é, do estar fora de si, do estar fora do eu que a sociedade atribui aos jovens e que eles se negam a assumir. Não porque sejam desviados sociais, mas porque sentem que a sociedade não tem o direito de exigir deles uma estabilidade que nenhuma das grandes instituições modernas confere, pois a política, o trabalho e a escola atravessam a mais profunda e longa das suas crises... de identidade. O que é a política hoje, quando a corrupção veio preencher o vazio ideológico, a ausência de densidade simbólica dos partidos e sua incapacidade de mobilização? Os partidos se corromperam quando se esvaziaram ideológica e simbolicamente, e não o contrário, como pretende uma forte corrente politicista. E que exemplo as gerações mais velhas estão dando aos jovens em termos de ética, de fidelidade, de solidariedade, quando o que seus filhos veem crescer e reinar por toda parte é o afã de enriquecimento fácil e o conformismo irresponsável?

---

14 Franco Ferrarotti, *Homo sentiens. Giovani e musica: la rinascita della comunità dallo spirito della nuova música*, Nápoles: Liguori, 1995; Michel Maffesoli, *La contemplation du monde: figures du style communautaire*, Paris: Grasset, 1993; Francisco Cruces (org.), *Antropología. Revista de Pensamiento Antropológico y Estudios Etnográficos,* Madrid: 1998, n. 15-16, número dedicado a: *El sonido de la cultura. Textos de antropología de la música*; Pablo Vila, "Música e identidad: la capacidad interpeladora y narrativa de los sonidos, las letras y las actuaciones musicales", em: Mabel Piccini; Ana Rosas Mantecón; Graciela Schmilchuk (org.), *Recepción artística y consumo cultural*, México: CNCA/INBA/CENIDIAP/Ediciones Casa Juan Pablos, 2000, pp. 331-69.

O sujeito que hoje emerge de um entorno fortemente imaginal e emocional, a casa e, sobretudo, a escola, ainda se aferra a uma racionalidade que, em nome do *princípio de realidade*, expulsa *o corpo da sua sensibilidade*. Por isso o mundo que o sujeito jovem *habita* é principalmente o do grupo de pares, a turma, o *parche*, ou o gueto, a seita e o mundo da droga. É daí que nos olham e ouvem sujeitos íntima e estruturalmente *mediados por suas interações na e com a tecnologia*. Trata-se de um sujeito não mais pensável de dentro para fora, e sim o contrário, de fora para dentro. Um sujeito tanto mais *formado* quanto mais densa e forte é a trama das interações que mantém com outros sujeitos. E é nessa trama de interações entre sujeitos que as mediações tecnológicas revelam seu potencial, por mais que, para os atuais apocalípticos, as mediações tecnológicas signifiquem justamente o contrário: a tendência dos adolescentes ao ensimesmamento, o computador tornando-os agoráfobos, dominando-os como um vício que os isola, que os desliga da realidade. Algo de verdade há nesses temores, algo eles dizem de certas tendências, mas o que as pesquisas revelam sobre os usos que os jovens fazem do computador mostram outro panorama. A começar pela pesquisa que faço há um ano em Guadalajara, México, sobre *Los usos jóvenes de Internet*[15], na qual nem a dependência, nem o isolamento, nem a perda do senso de realidade são a tendência dominante. Os jovens que usam a internet com frequência continuam, do mesmo modo, a frequentar a rua, a se divertir nas festas de fim de semana e a preferir a companhia ao isolamento. Há uma certa dependência, sim, mas ela não é a única nem a mais forte e, certamente, não é desse vício que *se morre*, mas de outros bem diferentes. Um exemplo entre tantos da sociabilidade não perdida: jovens que têm computador em casa e, no entanto, vão à *lan house* para ver certos programas e para jogar, porque é onde eles podem *compartilhar* os achados da navegação e as aventuras do jogo com os amigos presentes.

A maioria das pessoas que têm uma visão apocalíptica sobre o modo como as mediações tecnológicas se inserem nas interações sociais parte de uma noção do normal *identificado com o natural*. E, como muito bem apontou Arturo Escobar[16], a ideia de *natureza* que se conserva nas dobras da moderna raciona-

---

15 Jesús Martín-Barbero; Irma Amézquita; Daniel Medina; Yadel Aréchiga, *Usos adolescentes de Internet. Cibernautas y cibercreadores* (projeto de pesquisa), Guadalajara, ITESO, Departamento de Estudios Socioculturales, 2002-2004.
16 Cf. Arturo Escobar, "¿De quién es la naturaleza? La conservación de la biodiversidad y la ecología política de los movimientos sociales" e "El mundo postnatural: elementos para una ecología política anti-esencialista", em: *idem, El final del salvaje: naturaleza, cultura y política en la antropología*, Bogotá: ICAN/CEREC, 1999, pp. 233-315.

lidade é seu último resíduo metafísico: muitos adultos e professores pensam as tecnologias como o *artificial*, opondo-o a relações sociais que *seriam naturais*. A pergunta é: quando as relações sociais foram naturais? Talvez antes de sairmos das cavernas, porque, depois, o bichinho que ficou em pé começou a se comunicar, tornando-se humano no ritmo da sua socialização. E se o sujeito humano tem uma natureza — tanto a corporal como a espiritual —, ela certamente é social e tão artificial quanto a tecnologia com a qual se veste, constrói e sonha. Mas essa oposição é tão velha quanto o pesadelo metaforizado por Frankenstein: a máquina/monstro que criamos e se volta contra nós para nos devorar é a mais clara *versão moderna* da visão metafísica do mundo.

Se há algo que demonstra a criatividade humana, o mais profunda e longamente humano, é a invenção de tecnologias, desde o arado do neolítico até o computador contemporâneo. Se há algo de maravilhosamente humano é a *invenção*[17], da roda ao satélite, do alfabeto à imprensa, do telescópio ao computador. E isso não tem nada a ver com a fetichização da tecnologia nem com a aceitação dos determinismos tecnológicos, hoje tão de mãos dadas com imobilismos políticos. Pois se não sabemos para onde nos leva a tecnologia, sabemos, sim, ao menos, o que não podemos esperar dela: que por si mesma resolva nossos problemas sociais, que renove nossa democracia ou nos torne imortais. Não existe potência na tecnologia que não seja moldada, mediada por tendências sociais profundas, tanto as que apontam para a emancipação quanto as que apontam para a dominação e a exclusão. É uma sociedade estruturalmente excludente que, neutralizando as possibilidades de conexão que a tecnologia digital encerra, faz desta um *meio de agravamento* da desigualdade social. Mas não é a tecnologia que cria a desigualdade, a tecnologia apenas reforça a exclusão que a própria sociedade gera em suas relações para manter o poder e o saber no seu lugar e reproduzir a submissão.

Além disso, o que hoje chamamos de *tecnologia* precisa ser pensado fora do tempo da *máquina*, já que o computador não é uma máquina, mas uma *tecnicidade cognitiva*[18], e, portanto, longe da relação corpo-máquina, o que a virtualidade digital instaura é uma *liga entre cérebro e informação*. Claro que podemos e devemos nos perguntar o que acontece com o corpo quando passa tantas horas

---

17 Bernard Stiegler, *La technique et le temps. Tome 3: Le temps du cinéma et la question du mal-être*, Paris: Galilée, 2001; Tomás Maldonado, *Técnica y cultura: el debate alemán entre Bismarck y Weimar*, Buenos Aires: Infinito, 2002.
18 Pierre Lévy, *Les technologies de l'intelligence: l'avenir de la pensée à l'ère informatique*, Paris: La Découverte, 1990; idem, *Cyberculture: rapport au Conseil d'Europe*, Paris: Odile Jacob, 1997; idem, *Cyberdemocratie: essai de philosophie politique*, Paris: Odile Jacob, 2001.

diante de uma tela, mas o problema não é o que o computador faz ao corpo, como se se tratasse de uma máquina. O problema é *o que entendemos por saber* na sociedade da informação, ou melhor, a que chamamos conhecimento quando sua produção é mediada não mais instrumental e sim estruturalmente pela interação entre cérebro e informação digital. Não é de estranhar que o pesadelo se transforme em pânico, como o provocado pelo *cyborg*[19], porque o *cyborg* não é um homem com um braço mecânico ou um pulmão eletrônico, é um homem com cérebro eletrônico. E isso apavora todos os adultos da minha geração porque é a liga que mais desafia o relato racionalista que temos contado a nós mesmos no Ocidente, ao menos desde Platão. Enquanto toda a história da evolução do humano foi uma história de hibridações, de transfusões do natural no artificial e do artificial em natural, o racionalismo em que o idealismo antigo se converteu pretendeu manter em mundos separados *episteme* e *techné*, o conhecimento e a técnica, dotando o primeiro de toda a potencialidade e criatividade e reduzindo a segunda a mero instrumento ou utensílio. O que nos impede radicalmente de pensar as *relações constitutivas*, que sempre houve, mas que nunca como hoje foram tão patentes, entre ciência e técnica e a existência da *tecnociência* desafiando-nos a pensar não mais a singularidade do "mundo da técnica" e sim, como notou Heidegger[20], *a tecnicidade do mundo*, isto é, a técnica como dimensão constituinte do humano. É esse desafio para o qual apontam os esforços para pensar a técnica como *entorno tecnológico*[21] e *ecossistema comunicativo*, hoje socialmente tão estratégico quanto o ecossistema natural. E se o ambiente natural foi redesenhado pelo homem, para o bem e para o mal, e foi transformado, tanto que até a Amazônia já é em grande medida um pulmão *artificial*, é o ambiente técnico que se torna para nós rapidamente *natural*, pois cada vez mais faz parte da nossa corporeidade, da nossa mobilidade e da nossa cognição.

Nisso se baseia minha reflexão sobre a subjetividade mediada pela tecnicidade comunicativa. Refiro-me em particular ao fenômeno do *chat*[22], transformado numa das mais precisas e preciosas metáforas do pesadelo dos

---

19 Antoine Picon, *La ville, territoire des cyborgs*, Besançon: Les Éditions de l'Imprimeur, 1998.
20 Martin Heidegger, *Filosofía, ciencia y técnica*, Santiago do Chile: Editorial Universitaria, 1997.
21 Javier Echeverría, *Los señores del aire: Telépolis y el Tercer Entorno*, Barcelona: Destino, 1999.
22 Joan Mayans, *Género chat. Ensayo antropológico sobre socialidades cibertextuales*, Barcelona: Gedisa, 2002; Manuel Castells, *La galaxia Internet: reflexiones sobre Internet, empresa y sociedad*, Barcelona: Areté, 2001; Patrice Flichy, *L'imaginaire d'Internet*, Paris: La Découverte, 2001.

"velhos" e dos sonhos das novas gerações. Na comunicação que possibilita o *chat* se diluem, em primeiro lugar, as linhas de demarcação entre oralidade e escrita. O *chatting* não é inteiramente escrito nem inteiramente oral, e sim uma hibridação que mobiliza o escrito a partir da temporalidade e da informalidade do oral. Em segundo lugar, de ambos os lados, alguém inventa um personagem para falar com pessoas que conhece apenas no *chat*. Isto é, alguém aproveita o *anonimato-do-chat* para escapar das constrições sociais que sua identidade individual carrega mediante a invenção de *outro eu* por trás do qual pode viver uma singular experiência de liberdade. Estamos diante da possibilidade de *uma subjetividade sem identidade*, ou melhor, de uma subjetividade que se dota de *uma identidade completamente construída*, ficcional. No *chat* eu posso ser uma garota de dezoito anos ou um velho de setenta. Criar esse personagem e que os outros me escrevam como se eu fosse uma garota de dezoito anos só depende da minha capacidade imaginativa e da minha criatividade comunicativa. A identidade se revela aí como pura criatividade narrativa, como expressividade interativa.

Segundo esse antropólogo catalão[23], o *chat* vai ao encontro da necessidade de anonimato produzida por uma sociedade em que as pessoas se sentem cada dia mais uniformizadas, vigiadas, teleguiadas. O *chat* é um modo de *comunicação* que nos permite interagir no espaço do anonimato. Um espaço de anonimato que posso habitar na minha própria casa, sem sair para a rua ou ir ao aeroporto, ao supermercado. Ou seja, um dos maiores luxos trazidos pela modernidade, o anonimato em meio à multidão da grande cidade[24] agora no espaço privado, doméstico, da casa, que é onde a identidade é mais densa e pesada, onde todos sabem quem, o que e como eu sou. E o *chat* me permite justamente fugir desse peso, dessa carga da minha identidade, mobilizando as potencialidades da minha subjetividade. Nas pesquisas que estamos realizando em Guadalajara, há meninas de catorze anos que batem papo diariamente em salas de *chat* com japoneses e suecos usando identidades que são moldadas à medida que a *comunicação avança*, isto é, vão sendo refeitas conforme o rumo da interação.

Mas a metáfora do *sujeito-do-chat* encobre uma traiçoeira contradição. Porque, se por um lado a tecnologia possibilita novas experiências de

---

23 Joan Mayans, *Género chat. Ensayo antropológico sobre socialidades cibertextuales*, op. cit.
24 Charles Baudelaire, *El pintor de la vida moderna*, Bogotá: El Áncora, 1995; Walter Benjamin, "El París del Segundo Imperio en Baudelaire", em: *idem, Iluminaciones*, Madrid: Taurus, 1980, v. 2, *Poesía y capitalismo*.

subjetivação, e não apenas por meio do *chat*, mas também em muitas outras formas de interatividade, por outro lado se trata de uma *expressividade funcional*, na direção projetada pelo mercado. Nada mais enganoso nesta sociedade do que *sentir-se um personagem fora de controle*! É isso justamente o que o marketing e a publicidade procuram: fazer-nos sentir senhores de nós mesmos graças aos *gadgets* — aparelhos, espelhos, cremes, autoajudas — com que o mercado molda até nossa intimidade mais profunda. O indivíduo inseguro e deprimido sente-se livre e senhor de si mesmo na solidão da sua imagem que a tela do seu próprio computador projeta: que mais pode querer essa entidade que antes chamávamos de *sistema*? O paradoxo não pode ser mais cruel, pois a mesma tecnologia que nos possibilita novas experiências de criatividade pode criar em nós a ilusão mais ilusória de uma autonomia que nada tem a ver com a inércia e a submissão cotidianas que nos regem na vida social.

jovens: entre a cidade letrada e o mundo digital[1]

---
[1] Conferência proferida em Bogotá, em novembro de 2008. Publicada em Gemma Lluch (org.), *Las lecturas de los jóvenes: un nuevo lector para un nuevo siglo*, Barcelona: Anthropos, 2010, pp. 39-58.

Agora sabemos que o presente é tão complexo que não pode ser reduzido à lógica narrativa, caracterizada pela continuidade linear. Por isso devemos aprender de novo a ler o livro da realidade, mas lendo-o agora nas entrelinhas, para descobrir o ilegível que possa pulsar atrás delas: uma matéria escura (nem branca como as páginas nem preta como as letras), potencial e proteica, mas informe e amorfa, que nos ameaça com sua brutal capacidade de mutação. Pois o que se aninha atrás da metáfora é a metamorfose: a ruptura da continuidade, a mudança súbita e imprevista da realidade para formas irreconhecíveis por serem monstruosas, ilógicas, disformes ou grotescas.[2]

Há cerca de quinze anos, quando fiz minha primeira incursão no tema *jovens e mudanças culturais*, parti da seguinte questão: existe algo de *realmente novo* na juventude atual? E, se existe, como pensá-lo sem hipostasiar desonestamente *a juventude* nem reduzir *sua diversidade* àquilo que encerram as classes, as raças ou as nações? Penso que a resposta para essas perguntas passa, primeiro, por aceitar a existência nas nossas sociedades de fenômenos trans-classistas e trans-nacionais e, segundo, por entender que esses fenômenos são sempre experimentados em modulações introduzidas pela diferença cultural e pela divisão social. Essa pergunta pede, portanto, que assumamos a lucidez de Margaret Mead[3], quando afirmou que estamos diante de uma mudança na *natureza do processo*: o surgimento de uma "comunidade mundial em que pessoas de tradições culturais muito diversas *migram no tempo*, como imigrantes que chegam a uma nova era: uns como refugiados, outros como proscritos", mas todos compartilhando os mesmos "rótulos" e sem modelos para o futuro. Um futuro que, no entanto, é balbuciado pelas narrativas de ficção científica, nas quais os jovens encontram muito da sua experiência cultural, a de habitantes de um mundo cuja incerteza e heterogeneidade não se deixam exprimir nas "sequências lineares que eram ditadas pela palavra impressa". Uma *experiência* que remete a uma aprendizagem baseada menos na dependência dos adultos do que na própria exploração que os jovens, habitantes do novo mundo tecno-cultural, fazem da visão, da audição, do tato e da velocidade. Assim, minha pergunta foi se transformando nesta outra: qual das mudanças de época que atravessam nossas sociedades encontra seu lugar mais sensível nos corpos e na psique dos jovens?

---

[2] Enrique Gil Calvo, *Los depredadores audiovisuales: juventud urbana y cultura de masas*, Madrid: Tecnos, 1988.
[3] Margaret Mead, *Cultura y compromiso: estudios sobre la ruptura generacional*, Buenos Aires: Gránica, 1971.

A prova de que as mudanças que os jovens estão experimentando têm uma secreta ligação com a mudança de época está na conversão da *juventude* em elemento constitutivo de identidade. Penso que o melhor *argumento* acerca dessa mudança não são os lemas dos jovens — que têm seu início nos grafites de 1968 —, mas os testemunhos dos adultos explicitando como a juventude não marcou identidade para eles[4].

a *cidade letrada* e sua continuidade na escola

A ideia é de Ángel Rama. *Cidade letrada* nomeia, na sociedade colonial, não só o lugar dos letrados, mas também "uma ordem dos signos"[5] mediante a qual todos os âmbitos da vida social refletiam *a colocação de todas as coisas no seu devido lugar*: desde "a localização das pessoas conforme seu *status*" no traçado em tabuleiro de damas que dava forma à cidade física, até os múltiplos dispositivos de *escrita* com que se preveniam e castigavam as diversas *desordens*. "Cidade letrada" fala, portanto, do tecido de escritas que ordena e estabiliza uma sociedade, *submetendo estruturalmente ao poder* o ameaçador mundo da oralidade plebeia e majoritária. Cidade letrada é, no tempo colonial:

> *esse conjunto de religiosos, administradores, educadores, escritores e demais servidores intelectuais que manejam a escrita e que teve na América Latina, desde as origens, uma dimensão desmesurada dentro da totalidade cidadã.*[6]

Cidade dentro da cidade, não menos amuralhada que a outra, insiste Ángel Rama, e até mais agressiva, já que exerce o poder *superior*, o da letra numa sociedade analfabeta. Com a modernização colonial que atravessa a independência, a *cidade letrada* se perpetua transformando-se em "uma espécie de religião secundária que ocupa o lugar das religiões quando estas começam seu declínio no século XIX, época em que o lema foi a *religião da arte*"[7]. Entende-se assim a *reverência pela escrita* inculcada por todas as instituições educacionais, tanto religiosas como laicas, e entende-se também o fato de que ao acatamento da *letra/lei* correspondesse seu não cumprimento, a *ladina* resistência dos analfabetos à minuciosidade prescritiva

---

[4] O autor reproduz aqui passagens de "Visibilidade social e densidade cultural da juventude" (p. 69), às quais remetemos. [N.O.]
[5] Ángel Rama, *La ciudad letrada*, Buenos Aires: Ediciones del Norte, 1985, p. 21.
[6] *Ibidem*, p. 18.
[7] *Ibidem*, p. 21.

dos escritos, deslegitimando assim, na prática cotidiana, o pretensamente onímodo poder da letra.

Também resulta daí a batalha cultural que passa pela *irreverência popular* para com o falar letrado, seu deboche de uma *correção* e uma *concordância* que, proveniente da escrita, encontrou seu antídoto no carnavalesco idioma desse inesquecível personagem tão densamente latino-americano que é Cantinflas. *A sacralização da escrita em povos analfabetos produzirá e consolidará a diglossia* que mina por dentro a fala nacional na América Latina: a ruptura entre a língua oficial das instituições do Estado e dos aparelhos culturais e a língua cotidiana das maiorias. E que, com o passar do tempo, se transmutará nessa *escrita bastarda* dos grafites que subverte a legítima, nesse discurso em que a incorreção ortográfica e sintática se torna aliada e cúmplice da insubmissão sexual e da rebeldia política. A esse respeito, nada pode ser mais significativo que o fato de, no centro do projeto e do escorço educativo de Dom Simón Rodríguez para reinventar essas nações não com doutores, e sim com cidadãos, encontrar-se a proposta de escrever "com pinturas dos signos que representem a boca", pois só assim chegaríamos à arte de que mais necessitávamos: "a arte de desenhar Repúblicas"[8].

Do século XIX ao XX, essa *ordem dos signos* permaneceu vigente por meio da instituição escolar, como demonstra o seguinte testemunho: um amigo psicólogo que está fazendo seu doutorado em Ciudad Bolívar — essa enorme localidade de Bogotá, repleta de deslocados da guerra, do país inteiro e especialmente da Costa Caribe — observou como os professores e professoras de uma escolinha tentavam domesticar a linguagem oral e gestual das crianças costeiras, cujo vocabulário tem muito pouco a ver com o vocabulário dos bogotanos e muito menos com o dos livros lidos nas escolas de Bogotá. E isso com a peculiaridade de que a riqueza do seu vocabulário está profundamente ligada a uma grande criatividade narrativa e a uma rica expressividade corporal. Pois bem, como as crianças costeiras falam mal, seus professores procuram *educá-las* ensinando-as a falar bem, isto é, *ensinando-as a falar como se escreve*. E desse modo a aprendizagem da leitura se fará à custa de um brutal empobrecimento da riqueza oral das crianças. Essa investida chegou a tal ponto que, alguns anos mais tarde, o que meu amigo psicólogo encontrou nessa escola foi um lugar cheio de crianças costeiras, mas mudas e corporalmente inexpressivas. Estamos, portanto, diante de um sistema escolar que cumpre agora a tarefa da cidade letrada, pois não apenas não conquista os

---

[8] *Apud* Ángel Rama, *La ciudad letrada*, op. cit., p. 29.

adolescentes para uma leitura e uma escrita expressivas e enriquecedoras da sua experiência, mas, ao desconhecer a cultura oral enquanto matriz constitutiva da cultura viva e da experiência cotidiana nos setores populares, acaba com sua expressividade e criatividade sociocultural, rebaixadas pelo tenaz preconceito que confunde oralidade cultural com analfabetismo.

Um preconceito que continua moldando por inteiro o sistema escolar desses países ao somar ao anteriormente citado uma profunda incapacidade para entender a densidade cultural das transformações que atravessam os modos de comunicar quando essas transformações fazem parte da configuração do *ecossistema comunicativo*, esse *terceiro entorno* de que fala Javier Echeverría[9]. Hoje tão vital e estrutural para a sociedade quanto o ecossistema ambiental e o urbano/institucional[10].

Em vez de ser percebida como um apelo para repensar o modelo pedagógico, a descentralização de saberes que o ecossistema comunicativo possibilita provoca o endurecimento da disciplina do colégio para controlar esses jovens, cada dia mais frívolos e desrespeitosos com o sistema sagrado do saber escolar, um saber que acredita ingenuamente estar "se modernizando" enchendo-se de aparelhos tecnológicos que, no entanto, continua vendo como mera "ajuda didática". Que ninguém entenda mal: a generalização que faço da escola não ignora a luta renhida de não poucos professores que, por sua própria conta e risco, procuram escutar o que o mundo jovem tenta dizer e engajá-los por meio do seu "ruído e da sua fúria", pois eu estava me referindo ao *sistema escolar* e a sua tenaz inércia, reforçada hoje pelo cerco que vem sofrendo e que o mantém desorientado e na defensiva.

Finalmente, a cidade letrada se reproduz na escola ignorando uma terceira dinâmica cultural: a que reconsidera o atual estatuto cognitivo da imagem. É antiga e persistente a desconfiança da escola em relação à *imagem*[11], por causa da sua incontrolável polissemia. A escola procurou durante muito tempo controlar a imagem, seja subordinando-a à função de mera *ilustração* do texto escrito, seja acompanhando-a de uma *legenda* que indicasse ao aluno *o que ela diz*. Mas, mesmo sob forte assédio, esse modelo de comunicação pedagógica continua vivo hoje nas pretensas "novas" pedagogias que usam e abusam das imagens, negando-se, porém, a aceitar a des-

---

[9] Javier Echeverría, *Los señores del aire: Telépolis y el Tercer Entorno*, Barcelona: Destino, 1999.
[10] O autor reproduz aqui passagens de "Novas linguagens e formação de cidadãos" (p. 74), à qual remetemos. [N.O.]
[11] Ángel Rama, *La ciudad letrada*, op. cit., p. 21.

-centralização cultural que atravessa o que foi seu eixo tecno-pedagógico, o *livro*. Pois "a aprendizagem do texto (do *livro-texto*) associa por meio da escola um modo de transmissão de mensagens e um modo de exercício do poder baseados, ambos, na escrita"[12]. Ignora-se que, enquanto *transmissora* de conhecimentos, a sociedade conta hoje com dispositivos de armazenamento, classificação e circulação muito mais versáteis, disponíveis e individualizados que a escola. E atribui-se a crise da leitura de livros entre os jovens exclusivamente à maligna sedução exercida pelas tecnologias da imagem, o que poupa a escola de ter que encarar a profunda reorganização que atravessa o mundo das linguagens e das escritas, e a consequente *transformação dos modos de ler* que está deixando sem chão a obstinada identificação da leitura com o que diz respeito somente ao livro, e não à pluralidade e heterogeneidade de textos, narrativas e escritas (orais, visuais, musicais, audiovisuais, digitais) que hoje circulam.

Impedindo-se de interagir com o mundo do *saber imaginado* na multiplicidade dos meios de comunicação, a escola subsiste ancorada numa concepção pré-moderna da *tecnologia*, que não permite que se veja senão como algo exterior à cultura, "desumanizante" e perversa enquanto desequilibradora dos contextos de vida e das aprendizagens herdadas. Concepção e atitude que, paradoxalmente, produzem nos jovens um fosso cada dia mais profundo entre sua cultura e a que é ensinada por seus professores, o que os deixa inermes diante da atração exercida pelas novas tecnologias e incapazes de se apropriar delas de forma crítica e criativa.

Claro que, na sua incapacidade de entender o que ocorre no *mundo das imagens* — chegando ao cúmulo de ignorar por completo, ainda hoje, a câmera fotográfica como recurso expressivo! —, a escola viu-se legitimada por uma tradição que tem sua mais nobre origem na condenação platônica da imagem ao mundo do engano, sua reclusão/confinamento ao campo da *arte*, e sua assimilação a instrumento de persuasão religiosa ou ideológica. Numa civilização logocêntrica, a imagem não podia ser senão sucedâneo, simulacro ou malefício, não pertencendo à ordem do ser, e sim à da aparência, nem à ordem do saber, e sim à da enganosa opinião. Até seu valor estético viu-se impregnado de resíduos mágicos ou ameaçado de travestismos do poder político ou mercantil.

É contra toda essa longa e pesada *carga* de suspeitas e desqualificações que um olhar novo abre caminho, resgatando, por um lado, a imagem

---

[12] José Joaquín Brunner, "Fin o metamorfosis de la escuela", *David y Goliath*, Buenos Aires: 1991, n. 58, p. 60.

como espaço de uma estratégica *batalha cultural* e, por outro, des-cobrindo a envergadura da sua *mediação cognitiva* na lógica tanto do pensar científico como do fazer estético. Como entender a descoberta, a conquista, a colonização e a independência do Novo Mundo sem a *guerra de imagens* que todos esses processos mobilizaram?, pergunta-se Serge Gruzinski[13]. Como compreender as estratégias do dominador ou as táticas de resistência dos povos indígenas, desde Cortés até a guerrilha zapatista, sem fazer referência à história que nos leva da imagem didática franciscana ao barroco da imagem milagrosa e de ambas ao maneirismo heroico da iconografia libertadora, ao didatismo barroco do muralismo e à iconografia eletrônica da telenovela? Como penetrar nas oscilações e alquimias das identidades sem auscultar a mescla de imagens e imaginários a partir da qual os povos vencidos plasmaram suas memórias e inventaram uma história própria? Aí está o sincretismo de simulação/subversão cultural contido na imagem milagrosa da Virgem de Guadalupe — "padroeira das Américas" —, esplendidamente decifrado por Paz[14] e por Bartra[15]. A guerra de imagens que perpassa esse ícone não se restringe à aparecida do Tepeyac e à deusa de Tonantzin ou à Malinche, mas continua ocorrendo hoje nas hibridações iconográficas de um mito que reabsorve a linguagem das histórias em quadrinhos e produções televisivas, fundindo a Guadalupana com a fada madrinha de Walt Disney, com a Heidi japonesa e até com a Mulher Maravilha[16]. Isso pelo lado das imagens *populares*, porque também do lado culto o pintor Rolando de la Rosa expôs, em 1987, no Museu de Arte Moderna de Nova York, uma Virgem de Guadalupe com o rosto de Marilyn Monroe. Blasfêmia que, de certo modo, empata com a que paradoxalmente subjaz ao lugar que a Guadalupana ocupa na Constituição mexicana de 1873, que *consagra* seu dia como festa nacional e, ao mesmo tempo, a mais radical separação entre Igreja e Estado.

Outro cenário dessa batalha das imagens é o da recuperação dos imaginários populares pelas *iconografias eletrônicas da telenovela*, nas quais o cruzamento de arcaísmos e modernidades que fazem seu sucesso só é compreensível a partir dos nexos que enlaçam as sensibilidades a uma *ordem visual social* na qual as tradições se desviam mas não são abandonadas, antecipando nas trans-

---

13 Serge Gruzinski, *La guerra de las imágenes: de Cristóbal Colón a "Blade Runner" (1492–2019)*, México: FCE, 1994.
14 Octavio Paz, *El laberinto de la soledad*, México: FCE, 1978.
15 Roger Bartra, *La jaula de la melancolía: identidad y metamorfosis del mexicano*, México: Grijalbo, 1985.
16 Margarita Zires, "Cuando Heidi, Walt Disney y Marilyn Monroe hablan por la Virgen de Guadalupe", *Versión*, México: 1992, n. 4, pp. 47-53.

formações visuais experiências que ainda não têm discurso nem conceito. A atual des-ordem pós-moderna do imaginário — desconstruções, simulacros, descontextualizações, ecletismos — remete ao *dispositivo barroco* "cujos nexos com a imagem religiosa anunciavam o corpo eletrônico unido a suas próteses tecnológicas, *walkmans*, videocassetes, computadores"[17].

o mundo audiovisual e sua reconfiguração digital

A experiência cultural que possibilitou a desancoragem da "ordem da letra" na América Latina é a que emerge das cumplicidades históricas entre a oralidade cultural e a alfabetização audiovisual. O mal-estar na cultura que os mais jovens experimentam se expressa em sua radical reformulação dos modos tradicionais de continuidade cultural: mais do que procurar seu nicho entre as culturas já legitimadas, a *experiência audiovisual* redefine as próprias formas de relação com a realidade das transformações que aquela introduz na nossa percepção do espaço e do tempo. Do *espaço*, aprofundando a *desancoragem*[18] das particularidades dos contextos de presença produzida pela modernidade, des-territorializando as formas de perceber o próximo e o distante até tornar o vivido "à distância" mais próximo do que o que cruza nosso espaço físico cotidianamente. *Telépolis* é ao mesmo tempo uma metáfora e a experiência cotidiana do habitante de uma cidade/mundo "cujas delimitações não se baseiam mais na distinção entre interior, fronteira e exterior, nem portanto nas parcelas do território"[19]. Paradoxalmente, essa nova espacialidade não emerge do percurso viajante que me tira de meu pequeno mundo, mas do seu contrário, de uma *experiência doméstica* transformada pela aliança televisão/computador, nesse território virtual ao qual, como expressivamente disse Virilio[20], "tudo chega sem ter que partir".

Os meios audiovisuais (cinema, televisão, vídeo) são, ao mesmo tempo, o discurso por excelência da *bricolagem* dos tempos e o discurso que melhor expressa a *compressão* do presente, transformando o tempo extensivo da história no intensivo do instantâneo, cujo valor e cujo ritmo são dados pelo *fluxo*[21]: esse *continuum* de imagens que não diferencia os gêneros e constitui "a

---

17 Serge Gruzinski, *La guerra de las imágenes, op. cit.*, p. 214. [O autor reproduz aqui uma passagem do capítulo 1, à qual remetemos. N.O.]
18 Anthony Giddens, *Consecuencias de la modernidad*, Madrid: Alianza, 1994; David Harvey, *The Condition of Postmodernity: An Enquiry into the Origins of Cultural Change*, Oxford: Blackwell, 1989.
19 Javier Echeverría, *Telépolis*, Barcelona: Destino, 1994, p. 72.
20 Paul Virilio, *La máquina de visión*, Madrid: Cátedra, 1989.
21 Guido Barlozzetti (org.), *Il Palinsesto: testo, apparati e generi della televisione*, Milão: Franco Angeli, 1986.

forma" da tela ligada. Por mais escandaloso que nos possa parecer, o precursor disso que chamamos *fluxo* encontra-se na literatura de vanguarda — Joyce e Proust —, que deu pela primeira vez rédea solta ao *monólogo interior*, esse fluxo que articula fragmentos de memória com *flashes* do presente, pedaços de discursos tirados do jornal ou inventados, tudo isso dando corpo à fugacidade do tempo que adensa e acelera a memória. No outro extremo do campo cultural, o rádio veio ritmar a jornada doméstica dos setores populares, dando forma pela primeira vez, com seu fluxo sonoro, ao *continuum* da rotina cotidiana. De uma ponta a outra do espectro cultural, o *fluxo* significa hoje a dissolução dos gêneros e a exaltação expressiva do efêmero, constituindo-se na metáfora mais *real* do fim das "grandes narrativas", tanto das religiosas/políticas como das estéticas. Pois, ao propor a equivalência de todos os discursos — informação, drama, ciência, pornografia ou dados financeiros — e a interpenetrabilidade de todos os gêneros — tragédia, comédia, romance policial ou ficção científica —, encontramo-nos diante da exaltação do móvel e do difuso, da falta de desfecho e da indeterminação temporal como chave de produção e proposta do prazer estético.

"São as redes audiovisuais que efetuam, a partir de sua própria lógica, uma nova diagramação dos espaços e intercâmbios urbanos."[22] A disseminação/fragmentação da cidade contemporânea espessa, adensa a mediação da experiência tecnológica até tornar vicária a experiência do laço social. É nesse novo *espaço* comunicacional, tecido não mais de encontros e multidões, mas de *conexões*, *fluxos* e *redes*, que emergem novos "modos de estar juntos" e outros dispositivos de percepção mediados, num primeiro momento, pela televisão, depois, pelo computador e, depois ainda, pela imbricação entre televisão e informática numa acelerada aliança entre velocidades audiovisuais e informacionais: "Um ar de família vincula a variedade das telas que reúnem nossas experiências laborais, domésticas e lúdicas"[23]. Atravessando e reconfigurando até as relações com nosso corpo, *a cidade virtual* não requer mais corpos reunidos e sim interconectados. Enquanto o cinema catalisava a "experiência da multidão" na rua, pois era em multidão que os cidadãos exerciam seu direito à cidade, o que a televisão catalisa agora é, ao contrário, a "experiência doméstica" e domesticada: é "de casa" que, agora, as pessoas exercem cotidianamente sua

---
22 Néstor García Canclini; Mabel Piccini, "Culturas de la ciudad de México: símbolos colectivos y usos del espacio urbano", em: Néstor García Canclini; Mabel Piccini, *El consumo cultural en México*, México: Conaculta, 1993, p. 49.
23 Christian Ferrer, "Taenia saginata o el veneno en la red", *Nueva Sociedad*, Caracas: 1995, n. 140, p. 155.

conexão com a cidade. Do *povo* que tomava a rua ao *público* que ia ao cinema, a transição era transitiva e conservava o caráter coletivo da experiência; já dos públicos de cinema às *audiências* de televisão, o deslocamento marca uma profunda transformação: a pluralidade social submetida à lógica da desagregação faz da diferença uma mera estratégia do *rating*. Impossível de ser representada na política, quem se incumbe da fragmentação da cidadania é o mercado. É dessa mudança que a televisão é a principal mediação.

Diferentemente da *dispersão* e da *imagem múltipla* que, segundo Walter Benjamin, constituíam os dispositivos da experiência social mediada pelo cinema e vivida pelo transeunte nas avenidas da cidade grande, os dispositivos que agora conectam a estrutura comunicativa da televisão com as chaves que ordenam a nova cidade são outros: a *fragmentação* e o *fluxo*. Falamos de *fragmentação* para nos referirmos não apenas à forma da narrativa televisiva, mas também à *des-agregação social*, à atomização consagrada pela privatização da experiência televisiva. Constituídas no centro das rotinas que ritmam o cotidiano em dispositivo de asseguração da identidade individual[24], a internet e a televisão também convertem o espaço doméstico em território virtual.

Falamos em *fluxos* para nos referirmos ao regime econômico da temporalidade, que acelera a obsolescência dos objetos, assim como ao regime estrutural da televisão, que torna indiferenciáveis, equivalentes e descartáveis todas as suas narrativas e os seus discursos. Tem toda a razão Beatriz Sarlo ao afirmar que, sem o *zapping*, a televisão estava incompleta[25], pois a metáfora do *zappear* ilumina duplamente a cena social. É com pedaços, restos e descartes que boa parte da população arma os *cambuches*[26] em que habita, concatena os bicos com que sobrevive e mescla os saberes com que enfrenta a opacidade urbana. E há também certa eficaz travessia que liga os modos de ver a partir dos quais o telespectador explora e atravessa o palimpsesto dos gêneros e dos discursos aos modos nômades de habitar a cidade, tanto os do emigrante a quem cabe continuar emigrando indefinidamente dentro da cidade à medida que as invasões vão se urbanizando e os terrenos se valorizam, quanto os deslocamentos do *bando juvenil* que muda constantemente seus pontos de encontro.

---

24 Hugo Vezzetti, "El sujeto psicológico en el universo massmediático", *Punto de Vista*, Buenos Aires: 1993, ano 16, n. 47, pp. 22-5; Adauto Novaes, *Rede imaginária: televisão e democracia*, São Paulo: Companhia das Letras, 1991.
25 Beatriz Sarlo, *Escenas de la vida posmoderna: intelectuales, arte y video-cultura en la Argentina*, Buenos Aires: Ariel, 1994, p. 57.
26 Moradias de autoconstrução. [N.O.]

As mudanças no mundo dos jovens nos defrontam com uma "geração cujos sujeitos culturais não se constituem a partir de identificações com figuras, estilos e práticas de antigas tradições que definem 'a cultura', mas a partir da conexão/desconexão (jogos de interação) com os aparelhos"[27]. Uma maior *plasticidade neuronal* parece estar dotando as gerações mais novas de uma enorme facilidade para as linguagens da tecnologia e de uma empatia que se evidencia na enorme capacidade de absorção de informação via televisão ou videogames computadorizados, junto com a facilidade para entrar e transitar na complexidade das redes, facilitada pelo *bate-papo* via *chat*. Em contraste com a distância que grande parte dos adultos mantém dessa nova cultura — que desvaloriza e torna obsoletos muitos dos seus saberes e destrezas —, resistindo a ela com ressaibo, os jovens respondem com uma proximidade feita não só de facilidade em lidar com as tecnologias audiovisuais e digitais, mas também de *cumplicidade expressiva*: é nas suas narrativas e imagens, nas suas sonoridades, fragmentações e velocidades que eles encontram seu ritmo e sua linguagem[28].

Linguagem na qual a *oralidade* que perdura nesses países como experiência cultural primária das maiorias entra em cumplicidade com a *oralidade secundária*[29] tecida e organizada pelas gramáticas tecnoperceptivas da visualidade eletrônica: televisão, computador, vídeo. Trata-se de uma visualidade que passou a fazer parte da *visibilidade cultural*, ao mesmo tempo ambiente tecnológico e novo imaginário "capaz de falar culturalmente — e não só de manipular tecnicamente —, de abrir novos espaços e tempos para uma nova era do sensível"[30]. As novas gerações sabem ler, mas sua leitura está reconfigurada pela pluralidade de textos e escritas hoje em circulação, daí que a cumplicidade entre oralidade e visualidade não remeta ao analfabetismo e sim à persistência de estratos profundos da memória e da mentalidade coletivas "trazidos à tona pelas bruscas alterações do tecido tradicional que a própria aceleração modernizadora comporta"[31].

27 Sergio Ramírez; Sonia Muñoz, *Trayectos del consumo: itinerarios biográficos, producción y consumo cultural*, Cali: Univalle, 1995, p. 60.
28 Raymundo Mier; Mabel Piccini, *El desierto de espejos: juventud y televisión en México*, México: Plaza y Valdés, 1987; Mario Margulis et al., *La cultura de la noche: vida nocturna de los jóvenes en Buenos Aires*, Buenos Aires: Espasa Hoy, 1994; Carles Feixa, *De jóvenes, bandas y tribus: antropología de la juventud*, Barcelona: Ariel, 1998.
29 Walter J. Ong, *Oralidad y escritura: tecnologías de la palabra*, México: FCE, 1987.
30 Alain Renaud, *Videoculturas fin de siglo*, Madrid: Cátedra, 1989, p. 17.
31 Giacomo Marramao, "Metapolítica: más allá de los esquemas binarios acción/sistema y comunicación/estrategia", em: Xabier Palacios; Francisco Jarauta (org.), *Razón, ética y política: el conflicto de las sociedades modernas*, Barcelona: Anthropos, 1989, p. 60.

E para que o anteriormente exposto adquira a densa significação social que tem na vida dos jovens, nada melhor que retomar aqui a pioneira pesquisa de Gil Calvo, publicada em meados da década de 1980. Trabalhando com os três "modos de regulação da conduta" propostos por W. Ashby — os *primários*, que são os morais e rituais (mitologias, religiões, nacionalismos); os *secundários*, que são modais e mimético-exemplares (moda, opinião pública, comunicação massiva), e os *terciários*, que são numéricos e experimentais (ciência, técnica e dinheiro) —, Gil Calvo[32] propõe que entre os jovens os *reguladores secundários são os que melhor fornecem a informação necessária para articular os dinâmicos interesses de hoje em dia*. O que significa que são a televisão, a publicidade, a moda, a música e os espetáculos — e não a moral tradicional, que é, ao contrário, um obstáculo para a mudança, nem a razão técnico-científica, pois por seu custo elevado só está ao alcance de uma pequena elite — que constituem para a imensa maioria a fonte de informação mais adequada para "saber quem é quem" na sociedade de mercado e na defesa de interesses, para se informar a respeito das mudanças de comportamento "que acontecem nesta temporada", para saber como varia a conduta das pessoas "ao compasso da mudança social". A cultura audiovisual torna-se assim a única capaz de instruir a maioria "não sobre a natureza da mudança social, mas sobre os efeitos que a mudança social gera nas condições de vida das pessoas"[33].

O que Gil Calvo propõe para o caso dos jovens quanto ao *regulador terciário*, em sua figura do ensino médio e universitário, confirma que as críticas que fizemos à escola na América Latina podem estender-se à escola na Europa.

Os estudos secundários e universitários poderiam ser determinantes, mas se mostram, ao contrário, claramente incapazes de inculcar a mentalidade científica e até de fornecer informação técnico-científica séria, e, portanto, *seus diplomas valem cada dia menos na hora de conseguir emprego*. Então, se a escola ou a universidade não servem para os jovens se informarem sobre o futuro ocupacional, estes acabam ressignificando esse regulador terciário, *transformando-o em secundário*, isto é, *servirá para se informarem* sobre o repertório dos grupos de referência que, por seus êxitos, são os que devem imitar. E o mundo do ensino/aprendizagem se verá assim internamente conectado ao mundo audiovisual e tecnológico no que ele hoje tem de coesionador juvenil

---

[32] Enrique Gil Calvo, *Los depredadores audiovisuales, op. cit.*
[33] *Ibidem*, p. 94.

e, ao mesmo tempo, de divisor social, que não apenas reproduz, mas também agrava as diferenças abissais entre os muito diversos modos sociais de relação com a tecnologia e com sua proclamada interatividade.

Os paradoxos que a "condição jovem" carrega nessa situação foram assim sintetizados por Martín Hopenhayn[34]: estamos diante de uma juventude com maior acesso à educação e à informação, mas muito menos acesso ao emprego e ao poder; que é dotada da maior aptidão para a mudança produtiva e, no entanto, é a mais excluída desse processo; que desfruta de maior acesso ao consumo simbólico, mas com uma forte restrição ao consumo material; com grande senso de protagonismo e autodeterminação, enquanto a vida da maioria se desenvolve na precariedade e na desmobilização; em suma, uma juventude que é mais objeto de políticas que sujeito-ator de mudanças. Esse cúmulo de tensões, formuladas de modos muito diversos, levou a pesquisa a deslocar seu foco para a *informalidade*[35] – que poderíamos denominar *estrutural* pela globalidade de atividades que abrange na sociedade atual — de vidas e comportamentos especialmente marcados por esta dualidade: de um lado, a mais severa instabilidade laboral; do outro, um consumo cultural — de música, cinema, roupas e entretenimento em geral — realizado por vias ilegais, especialmente mediante o uso intensivo da pirataria, uma prática subjetiva e coletivamente legitimada como estratégia dos despossuídos para se *conectarem* e *sobreviverem* como indivíduos e grupos. Gil Calvo assinala que "as marcas e sinais audiovisuais, como as marcas e sinais acadêmicos traçados pelas instituições de ensino, não só marcam o lugar que cada jovem ocupa na estrutura social, mas também contribuem para perenizar a estrutura social desigual"[36].

Mas em seguida também se ressalta a *diferença* entre esses dois tipos de reguladores: enquanto o *campo do ensino* não consegue acompanhar o ritmo das mudanças na estrutura produtiva e ocupacional e, portanto, trava a mobilidade social, as marcas do *mundo comunicativo audiovisual* — muito mais próximo da evolução produtiva e ocupacional — permitem uma mobilidade social muito maior. E essa pesquisa, que começa caracterizando os jovens a partir do desemprego, e da *fila* que fazem para procurar trabalho,

---

34 Martín Hopenhayn (org.), *La juventud en Iberoamérica: tendencias y urgencias*, Santiago do Chile: CEPAL/OIJ, 2004, pp. 17-21.
35 Néstor García Canclini, "La modernidad en duda", em: IMJUVE, *Jóvenes Mexicanos. Encuesta Nacional de Juventud 2005*, México: Instituto Mexicano de la Juventud, 2007, p. 10.
36 Enrique Gil Calvo, *Los depredadores audiovisuales*, op. cit., p. 100.

acaba ressaltando outro traço, sintomático como poucos das peculiaridades de fundo que sua caracterização apresenta hoje: o papel que a *música* desempenha entre os jovens enquanto *organizador social do tempo*.

Podemos afirmar que, diante das duas facetas que *a condição jovem* apresenta — o excesso de tempo livre e o comprimento da "fila de espera" para encontrar emprego —, os jovens encontraram o modo de organizar, ou melhor, de *dar forma*, ao amorfo tempo do lazer/sem trabalho, desdobrando-o *ritmicamente* para erradicar seu tédio intrínseco. E não há melhor ritmador/dador de forma às mais diversas atividades/conteúdos que a música, pois ela mesma é uma organização abstrata do tempo e revelação da mais profunda especificidade do estético: "A música é a tecnologia que permite fazer desenhos abstratos de temporalidade experimental [...], e por isso esses desvalorizados milionários de *tempo de espera* que são os jovens aguardam — matam o tempo da espera —, famintos de música"[37].

A contratiempo é o título do pioneiro livro, em castelhano, que investiga as temporalidades juvenis[38], com uma primeira parte inteiramente dedicada a estudar o alcance e os sentidos do *ritmo* nas modernas sociedades arrítmicas. Não teremos aí um veio profundo para indagar por que os jovens encontraram na música *sua linguagem* por excelência — pela primeira vez na história do Ocidente — tanto para consumir como para criar? E não será a música a *interface* que permite aos jovens *conectar-se* a, e conectar entre si, referências culturais e domínios de práticas e saberes que para os adultos parecem tão heterogêneos e impossíveis de reunir?

para não concluir: um projeto

Enquanto a cultura letrada, em sua longa hegemonia, tem sido muitas vezes, na América Latina, cúmplice e engrenagem de uma radical desigualdade social — como a que separa as imensas maiorias, que mal soletram e sabem escrever seu nome apenas para *assinar*, de uma ínfima minoria que *sabe escrever*, usufruindo assim do direito de dizer sua palavra e, em não poucas ocasiões, de fazer passar sua palavra pela palavra dos outros, dos que nem sabem nem podem escrever —, as mutações tecno-culturais em curso nas nossas sociedades estão proporcionando às maiorias uma mudança plena de contradições, mas nem por isso menos configuradora da "segunda oportunidade sobre a

---

37 *Ibidem*, pp. 114-5.
38 Amparo Lasén Díaz, *A contratiempo: un estudio sobre las temporalidades juveniles*, Madrid: CIS, 2000.

terra" invocada por García Márquez[39] como direito destes povos depois de cem anos de solidão. Ao des-localizar os saberes e subverter as velhas mas ainda prepotentes hierarquias, disseminando os espaços onde o conhecimento se produz e os circuitos por onde transita, *as atuais transformações tecno-culturais da comunicação estão possibilitando aos indivíduos e às coletividades incluir suas culturas orais cotidianas, sonoras e visuais nas novas linguagens e nas novas escritas*. Na América Latina, nunca o *palimpsesto* das múltiplas memórias culturais das pessoas comuns teve maiores possibilidades de se apropriar do *hipertexto* em que se entrecruzam e interagem leitura e escrita, saberes e fazeres, artes e ciências, paixão estética e ação cidadã.

É nessa direção que aponta o projeto patrocinado pelo Centro Regional para o Fomento do Livro na América Latina e o Caribe (Cerlalc), em parceria com a Agência Espanhola de Cooperação Internacional (AECI), *Lectoescritas y desarrollo en la Sociedad de la Información*[40], cujas chaves são as seguintes:

1. O letrado e rentável mito de que "só se leem livros" está impedindo que as políticas do fomento à leitura abarquem a multiplicidade e diversidade de escritas com as quais os cidadãos se deparam cotidianamente hoje, dos *outdoors* aos quadrinhos, do telejornal ao filme de cinema, do videoclipe ao hipertexto. Trata-se de uma verdadeira perversão sociocultural por trás da qual se mascara, em primeiro lugar, a defesa a qualquer preço da autoridade dos letrados, diminuída pela des-centralização cultural do livro introduzida pelas tecnologias digitais e pelo acelerado empoderamento que as gerações mais jovens estão fazendo das suas novas linguagens e escritas. Por trás dessa perversão esconde-se alvoroçadamente o cada dia mais gigantesco e concentrado poder dos grandes conglomerados econômicos que hoje fazem e vendem livros com os mesmos critérios e as mesmas lógicas mercantis com que fabricam e vendem refrigerantes ou cremes emagrecedores. Sem esquecer a cumplicidade que, de fato, muitos letrados e até mesmo a escola têm com os conglomerados comerciais da edição e distribuição de livros.

2. O que nosso projeto procura é propor uma perspectiva a partir da qual a lectoescrita possa se transformar em espaço estratégico do cruzamento e da interação entre as diversas linguagens, culturas e escritas que povoam os âmbitos cidadãos; ou seja, propõe pensar políticas de lectoescritas para diversos mundos de vida, como a família, o bairro, a prisão, o hospital ou o museu. Pois, no século XXI, não há cidadania sem alguma forma de exercício

---

39 Gabriel García Márquez, *Cien años de soledad*, Barcelona: Seix Barral, 1967.
40 VV.AA., *Lectoescritura y desarrollo en la Sociedad de la Información*, Bogotá: CERLALC/AECI, 2007.

da palavra, mas esse exercício e essa palavra transbordam hoje, por todos os lados, o livro, projetando-se em oralidades e sonoridades, em literalidades e visualidades a partir das quais, não só mas especialmente, os mais jovens escrevem e compõem suas narrativas, isto é, contam suas histórias. A alternativa é séria: ou a escola e as políticas de fomento da lectoescrita possibilitam uma aprendizagem integral dos modos de ler e escrever na sociedade da informação, ou estarão sendo responsáveis pelo crescimento e aprofundamento da exclusão social, cultural e laboral nos nossos países. Os filhos dos ricos fazem essa integração a seu modo — com a osmose que sobre eles exerce seu ambiente familiar e social —, mas os filhos das maiorias, que em nossos países são pobres, não têm outra via de acesso à sociedade da informação além da que lhes é oferecida pela escola e pela biblioteca pública.

3. O sentido deste projeto aponta, portanto, para inserir as políticas e projetos de lectoescrita num horizonte culturalmente mais interativo e politicamente ousado: o de proporcionar, tanto às crianças e jovens como aos adultos, novos espaços de aprendizagem e exercício da interação social mediante a potencialização do que a leitura e a escrita têm de expressão criativa dos sujeitos e de conversa, de interação, entre cidadãos.

Esse sentido marca duas direções. A primeira, fazer de toda leitura — incluída a escolar — um exercício do direito à palavra própria, isto é, de escrita como espaço de aprendizagem socialmente solidário, e a segunda, pôr para interagir as diversas culturas que hoje habitamos e as que a escola continua mantendo fora do seu mundo: as orais e as sonoras, as musicais, as audiovisuais e as digitais, e isso tanto na sua projeção laboral como na sua fruição lúdica e de ação cidadã e participação política.

Tudo isso implica a superação do que ainda resta de dispositivos mascarados de exclusão social nas práticas de leitura que a escola propõe e as instituições de promoção da leitura propiciam. Pois, se as maiorias aprenderam ou estão aprendendo a ler, sua leitura nos nossos países se acha redutoramente presa entre um *exercício escolar* — dissociado da vida e da cultura cotidianas — e uma *leitura/consumo* ligada ao mero entretenimento uniformizador e banalizador. Prevendo, cinquenta anos atrás, essa esquizofrenia social, Paulo Freire[41] incluiu sua "alfabetização de adultos" numa proposta completamente diferente, na qual se aprende a ler para escrever/contar a própria história, pois só então a vida dos excluídos passará a contar, isto é, a ser levada em conta pelos outros, os que governam e dominam. Pois a apren-

---

[41] Paulo Freire, *Pedagogía del oprimido*, México: Siglo XXI, 1970.

dizagem da leitura se acha hoje intrinsecamente ligada ao exercício cidadão da escrita, que é justamente o contrário do "exercício escolar da lectoescrita", já que, numa sociedade cada dia mais moldada pela informação e seus ambientes de redes virtuais e novas destrezas cognitivas e comunicativas, o direito à palavra e à escuta públicas passa inevitavelmente pela escrita tanto fonética como hipertextual.

memórias jovens, estéticas políticas e cidadanias mestiças[1]

[1] Texto escrito em dezembro de 2010.

introdução: carta a Alonso Salazar, de Guadalajara (México), em agosto de 2001

Amigo Alonso, vou contar para você um pouco do muito que eu gostei e aprendi da sua Parábola de Pablo, a começar por estes três prazeres: O primeiro resultou de "ver juntos", caminhando pelo parque de Envigado, o filósofo Fernando González e o contrabandista don Alfredo Gómez. A imagem que você construiu "dá pano para manga"! Para além do toque kitsch, é a antioqueñidad que tem um encontro histórico nessa tarde, desdobrando doblezes e mostrando uma das mais decisivas e contraditórias encruzilhadas do país do sagrado coração.

O segundo resulta da densa trama de crueldade e honra altiva que a vida-metáfora de Pablo projeta sobre a história social da Colômbia: se o país não entender a explosiva trama tecida pelos ressentimentos sociais, os ajustes de contas políticas e os sórdidos interesses comerciais que o narcotráfico trança na Colômbia, será impossível entender uma das camadas mais profundas do seu peculiaríssimo "ser-no-nacional" (como diria um Heidegger greco-caldense[2]).

E o terceiro é a paisanidad[3] como escrita, ao mesmo tempo estilo e ritmo, forma e cadência, isto é, uma espécie de oralidade com que vocês, paisas, continuam a contar histórias, ou melhor, a nos narrar o país. É a oralidade escrita que dá forma ao fundo, ou seja, sem querer querendo, enreda tudo, entrelaça corrupção política com vocação de serviço à pátria, e esta com saberes de rolistas/contrabandistas/narcotraficantes, que por sua vez desfrutam tanto de "putarias" luxuriantes e gozosas como de devoções religiosas e amores familiares indeclináveis.

Essa mixórdia sublime "ilustra" na inextricável urdidura de males e bens que o Senhor concedeu ao torrão colombiano, não como "generalidade hegeliana", mas como uma particularidade histórica bem singular: em poucos países é tão difícil distinguir a política pública dos interesses mais privados, a canalhice econômica da carolice moral, o mais rançoso senso de honra do pós-moderno "vale-tudo"! E você nos apresenta essa densa junção de opostos cheia de lições não morais, mas

---

2 Caldense: natural do departamento colombiano de Caldas. [N.T.]
3 *Paisa* é sinônimo de antioquenho, não apenas das pessoas nascidas no departamento de Antioquia, mas na região desse mesmo nome, ou "Antioquia la Grande", que inclui os departamentos de Caldas, Risaralda, Quindio, parte do Valle del Cauca e de Tolima. [N.T.]

políticas e éticas, junção possibilitada por sua oral-escrita paisa. Assim é o nosso país, amigo Alonso, e não à toa vos chamais como aquele fidalgo de sobrenome Quijano!
Obrigado mais uma vez por sua imensa contribuição, e espero que saibamos individualmente desfrutar dela e aproveitá-la coletivamente.

Abraço do Jesús exilado e tapatío[4] **por adoção**

as memórias dos jovens

Foi em Medellín que a Colômbia usou a palavra *desechables* [descartáveis] para chamar os jovens sicários que o narcotráfico instrumentalizou para sua guerra contra o Estado colombiano. Mas foi também em Medellín que foi escrito o primeiro livro dedicado ao estudo desses jovens, intitulado *No nacimos pa' semilla*[5], a mais imaginativa réplica latino-americana ao anglo--saxão *No Future*, no qual Alonso Salazar — o mesmo que, alguns anos mais tarde, escreveria *La parábola de Pablo*[6] — ousou pela primeira vez investigar o mundo das gangues juvenis urbanas não com uma concepção epidemiológica dos jovens, mas a partir da hibridação das suas culturas. Enfrentando a violência juvenil decorrente da injustiça social, da violência política e do dinheiro fácil oferecido pelo narcotráfico, a pesquisa relatada por Alonso Salazar, sem ignorar essas realidades, demonstrou que a violência juvenil se inscreve num contexto mais amplo e de mais longa duração: o do complexo e delicado tecido sociocultural de que são feitas as violências que atravessam por inteiro a vida cotidiana das pessoas na Colômbia e na sociedade antioquenha em particular. Revelava-se assim a complexidade e a espessura cultural dos rituais de violência e morte dos jovens articulando-os aos rituais de solidariedade e de expressividade estética, reconstruindo o tecido do que esses jovens vivem e sonham: as memórias do ancestral *paisa* com seu anseio de lucro, sua forte religiosidade e o dever de retaliação familiar, mas também os imaginários da cidade moderna, com seus ruídos, seus sons ensurdecedores, sua correria e sua visualidade eletrônica. Esse livro de Alonso Salazar ajudou os colombianos a entenderem a densidade de sentido de que estava carregado o adjetivo *descartáveis*, pois descarte é tudo aquilo

---
4 Natural do estado de Jalisco, México. [N.O.]
5 Alonso Salazar, *No nacimos pa' semilla: la cultura de las bandas juveniles*, Bogotá: Cinep, 1990.
6 Idem, *La parábola de Pablo: Auge y caída de un gran capo del narcotráfico*, Bogotá: Planeta Colombiana, 2001.

que uma sociedade quer jogar fora porque a incomoda ou atrapalha, e os jovens sicários constituem *o descarte da sociedade* quando *descartável* passou a nomear também a aplicação na vida das pessoas da rápida obsolescência que se outorga à maioria dos objetos produzidos pelo mercado.

Foi assim que na Colômbia começamos a compreender de que dolorosas e, ao mesmo tempo, prazerosas experiências, de que sonhos, frustrações e rebeldias era feito esse *descarte social* que compõe as gangues juvenis, essas que levam o pesadelo — nas formas do sicário de moto, mas também do rock e do rap mais pesados — dos bairros populares até o *centro* da cidade e seus bairros de bem-nascidos e bem-pensantes. A visibilidade social dos jovens emerge cada dia mais forte pela mão e pela voz desses nômades urbanos que se mobilizam entre o dentro e o fora da cidade, montados nas canções e nos sons dos grupos de rock ou no rap das turmas e dos *parches* dos "bairros de invasão". Veículos, todos eles, de uma consciência dura da degradação da cidade, da falta de emprego, da presença cotidiana da violência nas ruas, da exasperação e do macabro.

Quinze anos depois, outra pesquisa, a mais recente e profunda sobre a juventude de Medellín, foi realizada pela antropóloga Pilar Riaño[7], que mora e trabalha em Vancouver e, para esse estudo, viajou periodicamente entre as duas cidades durante cinco anos. Nesse livro se encontra a mais complexa amarração da análise sobre a condição social dos jovens, a reconstituição das subjetividades e a mediação constitutiva da visibilidade e da sonoridade na transformação das sensibilidades contemporâneas.

Radicalmente afastada da imagem *light* que a publicidade cria do *jovem*, mas também confrontada com a grande simplificação crítica com que é *vitimizado*, tirando-lhe qualquer responsabilidade, a antropóloga delineou uma figura da juventude de Medellín densa e tensa, em que há esquecimento e também memória, um forte sentido do efêmero e muito sofrimento, em que o anseio de viver se choca intimamente com um permanente sentimento de morte. Uma das maiores contribuições do seu estudo reside em olhar a vida cotidiana dos jovens a partir do choque e do entrelaçamento de temporalidades muito diversas que, se por um lado dilaceram, por outro dinamizam poderosamente a busca pela sobrevivência potencializando a criatividade. Porque falar em memória implica falar de *memórias* muito diferentes, de curto e longo alcance, umas ligadas a um sórdido ressentimento e outras

---

[7] Pilar Riaño, *Jóvenes, memoria y violencia en Medellín: una antropología del recuerdo y el olvido*, Medellín: Universidad de Antioquia, Instituto Colombiano de Antropología e Historia, 2006.

a uma perseverança vital, capazes de alentar a esperança ou de matar qualquer iniciativa. Do mesmo modo que em seus *parches* e turmas se entrelaçam *milícias* guerrilheiras ou paramilitares, organizações comunitárias de serviço ao bairro e movimentos culturais ou contraculturais de rock e de teatro. É à luz dessa complexa trama que se mostra compreensível, e indispensável, romper um dos preconceitos mais arraigados entre os adultos a respeito dos jovens: sua irremediável falta de memória. Daí a fecundidade de uma pesquisa que tematiza explicitamente a relação entre jovens e memória, já que nela emergem, sem o menor ressaibo de culturalismo, as *dimensões culturais da violência*. E talvez o melhor modo de adentrar naquilo que esse olhar permitiu desentranhar seja formulando a pergunta, ou melhor, a *questão*, da qual Pilar Riaño partiu para, participante e participada, adentrar em alguns dos bairros mais violentos de Medellín: os jovens sabem por que arriscam sua vida diariamente, ou a arriscam sem razão? Neste último caso, qual o papel do esquecimento nisso? Como ele se dá? Ou seja, que visões/representações do país disputam essa memória?

Essas perguntas encontraram sua pista de elucidação em outro paradoxo desconcertante: enquanto vivemos num dos países onde há mais mortes, mas também onde a sociedade tardo-moderna que nos molda procura obsessivamente ocultar, encobrir qualquer sinal ou alusão da morte — como corajosamente denunciaram Susan Sontag e Zigmunt Bauman —, *os jovens de Medellín fazem da morte uma das chaves mais expressivas da sua vida*. Primeiro, visibilizando-a com barrocos rituais funerários e múltiplas formas de recordação que vão das marchas e procissões, dos grafites e monumentos de rua, às lápides e colagens dos altares domésticos. Segundo, transformando-a em marco e eixo *organizador das interações cotidianas* e em *fio condutor* da narrativa com que tecem suas memórias. Todo o esforço de busca realizado na pesquisa teria valido a pena mesmo que fosse apenas para revelar o rosto oculto de uma juventude insistentemente acusada de frívola e vazia. Pois num país onde são tantos os mortos sem luto, sem a menor cerimônia humana de velar, é na juventude dos bairros mais pobres, *populares*, com todas as contradições que isso implica, que encontramos autênticas cerimônias coletivas de luto, de funeral e recordação, por mais heterodoxas e excêntricas que elas sejam. O que se constata é que entre os jovens de bairro em Medellín "o que mais se recorda são os mortos". E isso por meio de uma *fala visual* que não se limita a evocar, mas procura *convocar*, reter os mortos entre os vivos, dar rosto aos desaparecidos, contar com eles para urdir projetos e empreender aventuras. E o mais surpreendente: as *práticas de memória* com as quais os jovens "ressignificam os mortos no mundo dos vivos, [...] conferem à vida diária um sentido de continuidade e coerência"[8].

As pistas e travessias da pesquisa convergem para esta outra pergunta: de onde e com que materiais simbólicos essa juventude constrói o sentido de sua vida? E a resposta não é completa nem clara, mas certeira: em vez de esvaziar a vida de sentido justificando qualquer conduta, a morte trama um tecido de memórias e fidelidades coletivas com as quais se constrói o futuro e se dota a vida dos indivíduos de um sentido de dignidade humana. O que há de certeiro nesse modo de compreensão é que ele torna legíveis e inteligíveis algumas das narrativas mais aparentemente opacas. Refiro-me àquela que trata da recuperação, por parte dos jovens urbanos, dos mais antigos e tradicionais casos rurais de medo e de mistério, de fantasmas, de almas e de ressuscitados, de figuras satânicas e corpos possuídos, em "tenaz amálgama" com as narrativas provindas da cultura afro-cubana e a da mídia, do rock e do merengue, do cinema e do vídeo.

Evocadores de "mapas do medo", esses casos e lendas, amalgamados ecleticamente, passam a se converter em geradores de "um terreno sensorial comum" para expressar emoções, em figuras reivindicadoras das façanhas *non sanctas* dos seus heróis, conferindo certa coerência moral, e alguma estabilidade, a vidas situadas nos mais obscuros turbilhões de inseguranças e medos. Ao mesmo tempo que servem de dispositivo de *deslocamento* (Freud) dos terrores vividos na cruel realidade cotidiana para outras esferas e planos de mediação simbólica — memória, magia, sobrenatural, teatralidade emocional —, com os quais é possível exorcizar e controlar de certo modo a delirante violência em que essas vidas se desenrolam. E vai-se mais longe ainda ao encontrar nessa amálgama de narrativas rurais e urbanas um espaço estratégico de *modelagem ativa das suas culturas* para dotá-las de sobrevivência, tanto nas suas dimensões mais longas e de raiz como nos seus valores mais utilitários: aqueles ligados ao sucesso nos namoros ou nas operações do contrabando. Mas, em todo caso, o que aparece mais valioso nessas narrativas é o exercício de um saber especial provindo de uma *experiência sensorial*- os modos como o jovem habita o território e suas memórias — e de uma competência coletiva que é capaz de tornar visível a geografia da memória coletiva e indicar sua temperatura no termômetro das violências e dos gostos, especialmente os do som, do cheiro e do sabor.

---

8 *Idem, Antropología del recuerdo y el olvido: jóvenes, memoria y violencia en Medellín*, Medellín: Universidad de Antioquia, Instituto Colombiano de Antropología e Historia, 2007, p. 110.

as novas estéticas políticas

Se essas duas primeiras "experiências" de Medellín correspondem ao país que os jovens tornam visível, a terceira que vou narrar tem a ver com experiências, ou melhor, experimentações estéticas que visibilizam outras violências.

Convidado pelos coordenadores do Encuentro Internacional de Arte Contemporáneo Medellín 2007, fui testemunha de uma experiência estética radical: a coleção de fotografias feitas por Libia Posada, expostas na sala onde se exibem as pinturas dos e das personagens da alta burguesia *paisa*, e não só expostas, mas também confundidas com essas pinturas, já que as fotografias estavam montadas com o mesmo tipo de moldura que os "quadros". E por que falo em experiência radical? Porque o que essa *confusão* entre pintura e fotografia ressaltava era a metáfora do trabalho médico/artístico da sua criadora. *Evidencia clínica I* pusera para desfilar por algumas ruas e praças de Medellín cinquenta mulheres de diversas idades, raças e profissões, com o rosto espancado, marcado... por efeitos da maquiagem, dando assim visibilidade à mais solapada e humilhante das violências sociais, a violência doméstica. *Evidencia clínica II* foi o título da dupla reelaboração estética que implicou transformar os rostos de mulheres anônimas em fotografias e, travestidas de "quadros", misturá-los com os rostos insignes dos homens e mulheres que "lavraram a Antioquia fecunda". Na mesma tarde em que vi essa exposição, eu iria participar de uma conferência/bate-papo com os artistas convidados para o Encontro, e isso ficou marcado a fogo pelo que eu acabava de viver. A tal ponto que criei um nome para o novo "realismo" inventado por Libia Posada, já que este não cabia nem no realismo da *perspectiva* renascentista que, com a pintura a óleo, se tornou *ilusão de ótica* por seu "efeito de realidade", e muito menos no tosco "realismo socialista", cujo verdadeiro nome já tinha sido previsto por Lukács, que o chamou de "realismo conteudista". Eu propus chamá-lo — sem muita originalidade — "realismo do soco no olho", no olho das mulheres maltratadas e no olho de quem olha, já que, depois de ver aquela exposição, o espectador também sai com hematomas, nos olhos, na alma, também se dói por dentro, também tem que se adaptar por um tempo para poder continuar a ver... o que o rodeia. Depois fiquei sabendo que a própria Libia Posada estava presente no bate-papo e tive a chance de conhecer algumas vicissitudes de uma médica cirurgiã que, ao mesmo tempo que exercia sua profissão, dava aula de história da arte e há anos transformava a arte no ofício de *nos dar a ver a envergadura política* da mais despolitizada e invisibilizada das violências em todas as classes, raças e ideologias: a violência doméstica.

A outra experiência estética que Medellín me proporcionou para continuar investigando as visibilidades dos nossos medos e violências é uma instalação de Lucrecia Piedrahíta chamada *La memoria decapitada*. Na origem dessa instalação encontra-se uma pesquisa da autora em torno da pergunta pelo sentido da presença dos deslocados no cotidiano das nossas cidades: por que eles estão aí? O que eles estão fazendo aí? Uma pergunta que é respondida majoritariamente de duas maneiras. Uma é a especialista, que chega até a minoria educada por meio de jornais e revistas, mediante informação sociopolítica e econômica com estatísticas de quantos são, de que regiões provêm, em que cidades se distribuem etc. Trata-se de uma resposta que elabora análises sobre o conflito (as guerras) que assola este país, suas causas e consequências, e chega até a promover debates sobre as exigências da Corte Constitucional, o descaso do governo nacional ou local etc. A segunda maneira de responder é aquela utilizada pela mídia — rádio e televisão —, que chega à imensa maioria dos colombianos, e que, também majoritariamente, responde folclorizando essa presença ao transformar os deslocados em elementos da nova paisagem ou do mobiliário urbano, povoado por montes de "desocupados" — gente sem emprego que ganha a vida fazendo malabarismos, acrobacias ou outras coisas estranhas nos semáforos e cruzamentos.

A primeira produz, não apenas mas com frequência, um catastrofismo medroso que, somado à sensação de caos urbano, está levando a legitimar a polarização extrema que este país vive. A segunda, pelo contrário, exorciza o medo habituando-nos de tal maneira à presença dos deslocados que já não os vemos nem os ouvimos.

Contraposta a essas duas maneiras de dotar de algum sentido a crescente presença dos deslocados, a abordagem de Lucrecia Piedrahíta — com sua pesquisa/ação/instalação — inaugura outro caminho e emprega *meios* muito diferentes. Pois se trata de responder a duas perguntas muito diferentes daquelas que se fazem tanto as pessoas comuns como os especialistas em violências e deslocamentos. As perguntas que perfuram e moldam a experiência estética são: primeira, do que os deslocados são protagonistas? Segunda, como falar deles sem exacerbar o medo ou aumentar a surdez, ou melhor, o contrário: despertando-nos da anestesia coletiva e desestabilizando nossa "boa" consciência moral?

A pergunta sobre o protagonismo dos deslocados é respondida por Lucrecia Piedrahíta com aquilo que o antropólogo indiano, hoje professor em Nova York, Arjun Appadurai[9] chamou de *imaginação social*: aquela sobre cuja base sobrevive física e culturalmente um número cada dia maior de populações e comunidades humanas no mundo. Ocorre que a imaginação deixou de ser propriedade exclusiva (e excludente) de poetas e artistas para ser a matriz criativa sobre a qual os desarraigados e despossuídos reconstroem seu *habitat* e sua vida. É por isso que só mesmo uma artista que pesquisa e uma pesquisadora que cria com todo tipo de materiais e espíritos poderia nos contar e nos pôr a pensar sobre a capacidade dos *des-plazados* [des--locados] (pirueta semântica muito colombiana para não nomeá-los com a velha e crua palavra *des-terrados*) para reinventar seus mundos de vida sobre o qual retrançam suas memórias, refazem suas sensibilidades rurais num ambiente suburbano, reutilizam seus poucos pertences ao mesmo tempo como objetos úteis e como lembranças vitais e reconstroem seus "velhos" modos de habitar, suas "casas", agora feitas com os mais diversos tipos de *des-hechos* [des-cartes] modernos. Outra vez, a visibilidade degradante ou incômoda dos descartes.

É disso que os deslocados são protagonistas, de uma criatividade, uma ousadia e uma tenacidade apenas comparáveis à dos mais autênticos artistas. É disso que eles falam, para quem sabe escutar, claro, não apenas suas narrativas verbalizadas, mas também os materiais e objetos com os quais refazem suas vidas, as modalidades dos seus assentamentos-alojamentos, os desenhos das suas casas ou os remendos das roupas. E tudo isso atravessado por uma luta mortal contra o estigma que os transforma em estrangeiros perigosos dos quais se deve desconfiar ou em invisíveis aos quais só o medo dos demais, dos outros, dá corpo.

Uma luta na qual eles se valerão de todas as artimanhas (arte-com--manhas, ou seja, artes populares no seu sentido mais pleno), não apenas para sobreviver nas condições mais difíceis, mas também para *serem levados em conta* por quem manda na cidade, para se tornarem sujeitos com direitos, cidadãos no verdadeiro sentido da palavra.

E arte-com-manhas é também a proposta estética que permite a *La memoria decapitada* entretecer os mais diversos materiais e linguagens para tornar visível o rosto ausente dos deslocados — ausente pelo apagamento que tanto os números das estatísticas como as telas de televisão fazem desse rosto —, um rosto que é des-velado e ex-posto mediante uma enorme pluralidade

---

9 Arjun Appadurai, *La modernidad desbordada: dimensiones culturales de la globalización*, Buenos Aires: Trilce/FCE, 2001.

de recursos, dos quais mencionarei apenas três. Primeiro, a coleta e *assemblage* da palavra viva que habita os relatos-histórias por meio das quais os deslocados contam, dão conta da espessura experiencial do desarraigamento. Segundo, a imagem fotográfica das materialidades de descarte com que essas pessoas fazem sua vida, um tipo de imagem que golpeia o olho do espectador até que este consiga re-conhecer o que, na verdade, está vendo, o que está cifrado na imagem e precisa, portanto, do desconcerto e do olhar como umbral para acessar *o mundo de vida* do deslocado. E terceiro, as imagens pintadas pelas crianças deslocadas em que os grossos traços da cor também trançam histórias, estas mais do futuro que do passado, compondo ícones/marcos (e cacos) da memória que já habita o futuro, memória reencarnada em esperança e imaginação de vida nova. Uma nova vida, diz Lucrecia Piedrahíta, não apenas para eles, os golpeados até o insuportável, mas também para nós, que olhamos pensando que estamos fora, quando esses relatos e essas imagens nos confrontam com o desafio de nos re-conhecermos parte ativa, ou ao menos reativa, desse mundo--de-vida do deslocado e, portanto, exigindo-nos tomar posição.

cidadanias mestiças: um novo horizonte de pensamento colombiano

A *modernidade* não está em nenhum dos títulos das suas publicações, e, no entanto, foi no pensamento de María Teresa Uribe que encontrei a compreensão mais complexa e coerente da modernidade colombiana. Por isso começo esta reflexão com três frases-chave que condensam suas contribuições mais importantes para a construção da minha própria compreensão do país:

> *Mais que diante de uma crise política de traços apocalípticos [...], estamos diante de uma crise de interpretação e apreensão das mudanças e transformações do Estado e do sistema político; crise de interpretação que tange à análise de novos fenômenos recorrendo a velhos referenciais, antigas gramáticas [...]. A desordem e o caos que alguns analistas proclamam como o sinal dos tempos se deve, em parte, à incapacidade de reconhecer uma ordem diferente que surge das entranhas do velho e à ausência de códigos, sinais, referenciais e sentidos para ler e interpretar a nova imagem que o político projeta em seu conjunto.*[10]

---

[10] María Teresa Uribe, *Nación, ciudadano y soberano*, Medellín: Corp. Región, 2001, p. 141.

Essa primeira citação — como é curiosa a polissemia do castelhano, que faz da palavra *cita*, ao mesmo tempo, convite/compromisso para um encontro e referência às palavras, convocando quem as escreveu — nos situa no mundo. Isso é vital para as ciências sociais colombianas, que permaneceram isoladas durante tanto tempo, como ocorre com as ciências sociais pelo mundo afora: que a envergadura das transformações que atravessam as sociedades seja identificada com o caos e, portanto, com posições apocalípticas, quando o que a compreensão das mudanças está exigindo é que abandonemos a inércia que nos faz pensar o novo como mera derivação do velho e reconhecer a ausência que padecemos "de códigos, sinais, referenciais e sentidos para ler e interpretar a nova imagem que o político projeta em seu conjunto". A primeira questão é de caráter radicalmente epistêmico: *o que entendemos por conhecimento do social hoje.*

> *As deslegitimações do Estado Nacional não se referem unicamente a situações de crise, a conjunturas em que a ordem política perde credibilidade, perde o monopólio das armas e precipita a violência de forma generalizada, pelo contrário, as deslegitimações, nesta parte do mundo, estão ligadas também a processos de longa duração que se encontram na raiz mesma do nosso devir como povos e como nações; nas dificuldades para instaurar uma ordem política que consiga coesionar as diversidades socioculturais, as fragmentações econômicas, as divergências políticas...*[11]

Esta segunda citação nos situa novamente nas entranhas do país, tão dado não apenas ao conjuntural curto-prazismo dos políticos, mas a pensar os movimentos da própria vida social como feitos de explosões, terremotos, erupções, que os intelectuais chamam de *crises*, levando-nos a olhar o outro lado da questão, para o que é construído, primeiro, por processos de longa duração e, segundo, pela conflituosa complexidade da sua *diversidade sociocultural*. E a terceira citação:

> *Durante muito tempo, a esquerda colombiana concebeu sua luta contra o sistema de fora, do exterior, do não nacional; e na definição dos seus princípios ideológicos, de suas práticas políticas e dos seus projetos alternativos pesaram mais as referências externas que aquelas derivadas da realidade que habitam.*[12]

---

[11] *Ibidem*, p. 24.
[12] *Ibidem*, p. 29.

Essa citação nos faz *aterrissar politicamente*, obrigando-nos a olhar de frente para a esquizofrenia de boa parte do pensamento social que, no movimento da sua oposição ao sistema, só pode iluminar alternativas para um país que ele *nega em suas especificidades* ao tecer a trama dos seus conceitos e generalizações sobre uma multiplicidade de *importações referenciais*.

Estamos, portanto, diante de um pensamento social que religa explicitamente esses três planos que possibilitam uma pesquisa social *radicalmente crítica*, aquela que, como disse Marx, "vai às raízes". Uma pesquisa hoje constituída pela profunda comoção que as mudanças do *real-social* produzem sobre categorias e paradigmas que julgávamos inamovíveis; a que, assumindo a velocidade das mudanças que nos desconcertam, insere sua compreensão na análise de processos tectônicos de longa e lenta maturação; e a que ousadamente revaloriza, em tempos marcados a fogo por uma mundialização sistêmica e global, o *conhecimento local* e a *imaginação social* como únicos capazes de nos conectar à "inteligência coletiva" que se articula nas redes digitais, tornando realidade algo que vem de tão longe que um camponês ensinou a Juan de Mairena (pseudônimo de Antonio Machado quando escreve prosa): "tudo o que sabemos sabemos entre todos".

A coerência de pensamento a que nos abrem essas ideias-força alimenta-se secretamente de ter perdido o medo daquilo com que, nas palavras de Hannah Arendt, nem o cristianismo nem o marxismo nos prepararam para conviver: a incerteza. Incerteza que, no entanto, é o terreno no qual se arraigam e se desenvolvem as práticas e os processos de constituição das *cidadanias mestiças*, que, segundo María Teresa Uribe, tecem a trama da nossa modernidade política e também cultural, pois até as mais brutais e sórdidas violências precisam ser investigadas a partir do que a guerra, todas as nossas guerras, têm *de palavra*. Já era hora de que o "princípio da incerteza" — descoberto por um físico, no início do século passado — chegasse às ciências sociais neste país. Se não, como seria possível escrever isto?:

> *O que ocorre com a filosofia e a ciência política quando se aventuram para além das racionalidades e das normatividades e passam a indagar também pelas paixões e pelos sentimentos, pelas memórias e pelos vestígios [...]? E a sociologia, ocupada com as instituições e os sistemas, como pode lidar com esse móvel e cambiante universo das culturas, dos símbolos, das metáforas, dos discursos e das palavras?*[13]

---

[13] *Idem*, "Las palabras de la guerra", *Estudios políticos*, Medellín: jul.-dez. 2004, n. 25, p. 11.

É outro o país que emerge quando visto desses outros ângulos e perspectivas, um país que começa a conectar, a pensar juntas as *narrações* contadas pelos milhões de deslocados das mil guerras que habitam nossas heterogêneas e descentradas cidades com as *histórias* construídas pelos pesquisadores na academia. E é tentando compreender essas híbridas e turvas tramas da nossa modernidade que este texto quer homenagear María Teresa Uribe, não só quando fala dela, mas também por meio de tudo aquilo que deve a ela.

Nos trabalhos de María Teresa Uribe, encontro a mais inovadora leitura das especificidades colombianas que atravessam seus processos de modernização, que lhe permitiram cunhar uma figura precisa e preciosa: a das *cidadanias mestiças*. O ponto de partida é uma dupla crítica e uma proposta. Crítica a uma esquerda que durante muito tempo olhou o país de um horizonte de referências externas e dogmas ideológicos mais que da realidade que habitava, e crítica de uma academia dominada por fórmulas quase sacramentais transformadas em verdadeiros freios do pensamento. E a proposta de pensar a modernidade na Colômbia, indagando:

> *a partir da história e da cultura, a maneira como surgiram, se arraigaram e se difundiram as instituições liberais modernas em países concretos; o resultado da amálgama ou da mescla entre a ordem democrática moderna, centrada no cidadão, na nação e na representação, e as diversas ordens societais e étnicas ou comunitárias, historicamente constituídas [...] [por] desenvolvimentos desiguais e conflituosos, [...] formas específicas de articulação entre o Estado e a sociedade civil, o público e o privado, [...] a guerra e a política, a palavra e o sangue.*[14]

Sob essa luz, os processos de modernização deixam de ser vistos como um processo esquizofrênico ou adiado, para serem pensados como um processo híbrido e desigualmente desenvolvido, enlace de aberturas e fechamentos, de lógicas cruzadas que podem dar conta das crises de valores e da deterioração da ordem política.

O projeto de pesquisa que daí deriva organiza-se em torno de três eixos: a *nação* configurada, em contraponto com a formalidade do Estado, por atores sociais regionais e locais, todos eles mesclas, tanto no cultural como no econômico e no político; o *cidadão*, mostrando que a democracia na Colômbia não pode ser compreendida por suas carências e ausências, mas pelas ordens

---

[14] María Teresa Uribe, *Nación, ciudadano y soberano*, op. cit., p. 197.

normativas e societais, de direitos e movimentos, que especificam sua trama e seus processos políticos; e a *soberania*, essa figura central da modernidade que se torna especialmente visível agora, no tempo do seu declínio e parcial colapso. Contrapondo-se sobretudo àqueles que continuam aferrados à ideia de que não existe modernidade política na Colômbia, Uribe revela as profundas e desconcertantes mestiçagens entre as *ordens normativas* que formalizam e legalizam o sistema como garantia coercitiva central e as *ordens societais* conformadas pelas "constelações de sentido" que orientam a ação, as práticas, as crenças e os valores. Pois é das peculiaridades dessa densa mistura, e não das suas semelhanças ou distâncias com a *democracia moderna*, que é feita a modernidade política na Colômbia. Mistura da qual resultou uma política que apresenta, ao mesmo tempo, uma das mais longas durações de estabilidade e permanência de um regime político liberal, de uma tradição republicana eficaz contrastada com os autoritarismos ditatoriais tão frequentes na América Latina. Uma política capaz de manter certa governabilidade até nas situações de turbulência social mais extrema, a par de uma prolongada guerra interna na qual se enlaçam as mais brutais e irracionais violências. A *ordem política realmente existente*, ou seja, aquela formada pelas *cidadanias mestiças*, foi, na prática, capaz de resolver o que o aparelho público não conseguiu transformar em normas aceitáveis e acatadas pelos atores sociais. É por isso que, na Colômbia, não há uma mera extensão da *guerra* e da *política* por outros meios (Clausewitz), e sim cumplicidades e imbricações numa estranha trama de fatos e discursos, de intermediações semipúblicas e semiprivadas, em espaços que vão do mais local e regional ao nacional, ou melhor, que entretecem as muito diversas *ordens políticas* locais, regionais e (também no plural) nacionais[15].

O que traz à tona essa visão híbrida da modernidade do país é uma *mudança profunda na própria ideia de nacionalidade*, uma mudança experimentada como movimento de mesclas culturais que, como as assinaladas por Germán Colmenares[16] a propósito do século XIX, desafiam tanto as categorias como os vocabulários que permitiam pensar e nomear o nacional:

> *A escola, o rádio, depois a televisão, a imprensa nacional, a migração acelerada [...], as empresas, os consumos e a publicidade, tudo vai criando pela primeira vez uma unidade vivida e simbólica colombiana para toda a população, não apenas para setores mais ou menos elitistas.*

---
15 O autor reproduz aqui passagens de "Mudanças culturais e formação de cidadãos" (p. 88), à qual remetemos o leitor. [N.O.]
16 Germán Colmenares, *Las convenciones contra la cultura*, Bogotá: Tercer Mundo, 1987.

> *É evidente que a cultura "colombiana" já inclui de tudo: até rancheras e tangos e patos donalds [...].*
> *Esta cultura de massas é problemática na medida em que as mensagens que transmite alteram radicalmente as culturas populares e na medida em que aparecem novos problemas para a definição do nacional.*[17]

Quem fala assim não é nenhum *especialista* em comunicação de massas, e sim o historiador J. O. Melo, para quem é a partir da cultura de massas que pode ser pensada hoje uma identidade que queira ser, ao mesmo tempo, nacional e popular, pois é nessa cultura que as distâncias que separavam a cultura de elite europeizante e a cultura popular tradicional e folclórica foram convertidas nos *extremos de um* continuum *cultural*. Mas a percepção desse *continuum* pelos pesquisadores sociais se viu obstaculizada na Colômbia por dois fortes vazios conceituais: o da *análise cultural* e o da ausência da perspectiva gramsciana sobre *hegemonia*. Na Introdução à edição de 1995 de *Colombia hoy*, Melo escreve:

> *O estudo da mudança cultural não alcançou um nível mínimo de desenvolvimento no país, e isso fez com que fosse impossível incluir um artigo no qual se tentasse oferecer uma primeira visão de como evoluiu, em seu sentido mais geral, esse mundo de intercâmbio de signos, de crenças e de formas de comportamentos coletivos, da produção de bens culturais, ideias e discursos.*[18]

O dito acima se complementa com a ausência da "virada gramsciana", que Uribe explicita justamente ao questionar a estreiteza dos marcos a partir dos quais foi pensada a dominação na Colômbia e assumir plenamente o deslocamento que leva:

> *dos enfoques estruturais para as dimensões subjetivas que põem em destaque os atores sociais, suas práticas e seus discursos; [...] [e] as buscas na cultura, essa dimensão esquiva, fugidia, feita de aparências e representações, de imaginários e máscaras que mostram e ao mesmo*

---

17 Jorge Orlando Melo, "Etnia, región y nación: el fluctuante discurso de la modernidad", em: *Memorias del V Congreso Nacional de Antropología*, Simposio sobre Identidad, Bogotá, 1989, pp. 42-3.
18 *Idem* (org.), *Colombia hoy: perspectivas hacia el siglo XXI*, Bogotá: Biblioteca Luís Ángel Arango, 1995, p. 1.

tempo ocultam, num jogo de espelhos, por vezes fascinante, mas do qual nunca se obtém as certezas dos mundos empíricos e das demonstrações matemáticas.[19]

Em outras palavras: a debilidade dos estudos culturais na Colômbia está ligada à fraca presença nas ciências sociais do conceito gramsciano de *hegemonia*, com sua capacidade de reformular a compreensão da dominação como uma imposição meramente exterior, para torná-la pensável como *processo mediante o qual uma classe domina na medida em que é capaz de representar interesses que as classes subalternas reconhecem de algum modo como seus*. Pois o processo de hegemonia é feito tanto de força como de sentido, apropriação de um sentido do poder em disputa por processos de contra-hegemonia que, de um lado e de outro, envolvem sujeitos e discursos pelos quais passa a sedução e a cumplicidade. A *hegemonia* é jogada no lábil terreno do *simbólico* que constitui o eixo do *campo cultural*, ao mesmo tempo reprodução e subversão, campo estratégico de lutas enquanto lugar de articulação do sentido da vida social.

Estou misturando intencionalmente a reflexão sobre o vazio cultural nas ciências sociais com a tribalização e a retração dos intelectuais, porque por esse cruzamento passam chaves de compreensão do seu próprio "mal-estar na modernidade". A valoração do que merece ser estudado cruza com a percepção que se tem do lugar do intelectual na sociedade. E isso se projeta sobre os fatos ou fenômenos que se tornam significativos para entender a transformação do país. Presa ao peso ou ao valor dos grandes problemas, inércias ou acontecimentos políticos e econômicos, a análise da vida nacional ressente-se na hora de dar conta das mudanças nos referenciais cotidianos de identidade que as pessoas têm. Até faz bem pouco tempo, só poucas pesquisas da historiografia e da sociologia indagaram sobre as cambiantes significações do nacional que emergem na vida cotidiana, assumindo-a, mais que como tema, como *lugar metodológico* de onde se possibilita uma virada nos ângulos do olhar e um desordenamento das escritas que possibilite a interdisciplinaridade dos discursos sociais.

---

19 María Teresa Uribe, *Nación, ciudadano y soberano*, op. cit., p. 12.

jovens, sociedades e tecnicidades[1]

[1] Conferência realizada no colóquio "Estudios de Recepción y Audiencias: hacia una nueva agenda para América Latina", que aconteceu em Quito (Equador), em julho de 2010. Posteriormente publicada em: Nilda Jacks (org.), *Análisis de recepción en América Latina*, Quito: CIESPAL, 2011, pp. 451-62.

Minha reflexão procura examinar um espaço mais amplo de debate, pois o que está em questão excede *esse* campo para conectá-lo ao *descampado* onde se situa a mutação cultural vivida pelas nossas sociedades.

Chamo de "debate de fundo" aquele que hoje ressitua nossa pesquisa em duas *frentes* decisivas. A primeira é aquela já detectada por Néstor García Canclini[2], ao colocar os *espectadores* como a mediação-chave entre os leitores tradicionais e os novíssimos internautas, e que adquiriu explícita espessura política e cultural no pensamento de Alessandro Baricco[3] e de Jacques Rancière[4]. Trata-se da recuperação de uma das categorias mais duramente criticadas pela esquerda marxista e situacionista, que leram Bertolt Brecht mais a partir do ascetismo católico que do seu parentesco intelectual com Benjamin: a categoria do *espectador*. No final da década de 1990, Baricco, na sua crítica da pretensa continuidade entre a "música nova" culta e a música clássica, traslada a ideia do *espetáculo* do âmbito da passividade cúmplice, ou o do mero ver, para o das *experiências constitutivas dos públicos contemporâneos*. Ou, melhor dizendo, responde à pergunta: *que público habita o agora da música ou do cinema?*, remetendo à necessidade de estudar as complexas relações entre práticas de consumo, gostos coletivos e condições sociais. Pois, assim como a imagem do artista criador solitário entrou em crise, a noção de *obra* também sai do seu isolamento para se converter em cristalização do imaginário coletivo, de seus desejos e suas expectativas, o que só é possível se as obras de arte se transformarem em "seres anfíbios nos quais se entrelaçam a vulgaridade e a nobreza, o descarte e a poesia, a mercadoria e o sentido". Há arte musical se esta assume o novo *universo sonoro* que emerge no denso e ambíguo entrechoque das muito diversas músicas que soam no mundo com os novos ruídos que suas hibridações produzem.

Já Rancière localiza a questão do espectador no explícito campo da reinvenção da política, ou seja, dos movimentos que devolvem a ela seu sentido emancipador. Fazendo a crítica da famosa crítica que Guy Debord[5] fez da *sociedade do espetáculo*, o ex-aluno de Althusser desmonta sua ideia-eixo: a (platônica) doença do olhar subjugado pelas sombras, pois "quanto mais o homem olha, menos é". Se o olhar é a projeção do sujeito fora de si,

---

2 Néstor García Canclini, *Lectores, espectadores, internautas*, Barcelona: Gedisa, 2007.
3 Alessandro Baricco, *Los bárbaros: ensayo sobre la mutación*, Barcelona: Anagrama, 2008; idem, *El alma de Hegel y las vacas de Wisconsin*, Madrid: Siruela, 1999.
4 Jacques Rancière, *Le partage du sensible. Esthétique et politique*, Paris: La Fabrique, 2000; idem, *Le spectateur emancipé*, Paris: La Fabrique, 2008.
5 Guy Debord, *La société du spectacle*, Paris: Champ Libre, 1967.

a essência da alienação, o que se constitui no *espetáculo* é a separação radical entre o ver e o fazer. E então não é possível sair desse círculo vicioso sem re-situar a relação do ver e do fazer na *partilha do sensível*. Em francês, a palavra *partage* (partição) já contém por inteiro a contradição que mobiliza toda essa proposta: as íntimas e conflituosas relações entre o compartilhar e o compartimentar, entre o repartir e o demarcar. Pois a repartição opera como divisão do sensível: isto é, como "o sistema de formas do que se dá a sentir", daquilo que cada um pode ver, pode dizer, e, na sua base, do espaço que um ou outro podem ocupar e do tempo que podem ter.

É, portanto, um determinado regime do sensível, um regime estético, que faz do campo político um espaço de democracia, pois o demos-povo não é a população nem tampouco os pobres, e sim as pessoas comuns, *os que não contam*. E a política começa, na verdade, com novos sujeitos políticos, ou seja, que não se definem por nenhuma particularidade, mas, pelo contrário, são eles que definem o poder de qualquer um[6].

Trata-se, então, de um tipo de ação paradoxal, já que implica uma dupla ruptura: com a distribuição "normal" das posições entre quem exerce o poder e quem o sofre, e com a concepção segundo a qual são as *disposições* que tornam as pessoas "adequadas" para ocupar determinadas *posições*. Desde a Grécia Antiga são dois os modelos antagônicos de *configuração* da política a partir da estética: um configurado *pelos atores de teatro e pela escrita*, legitimando o controle da circulação da palavra e da ação, os efeitos da palavra e as posições dos corpos no espaço comum; outro, o que dá figura, "a comunidade que canta e dança sua própria unidade" nos ritmos do *coro*, que são os do "corpo comunitário" do povo.

Contrariamente aos apocalípticos, que não veem na mutação cultural nada de realmente novo, apenas trapaças e degradação; e contrariamente aos que exigem evidências empíricas sobre onde a ação na internet deixa de ser mero consumo disfarçado e começa realmente a produção e a criação, Rancière projeta seu inovador *olhar político* dizendo-nos que o que há de interessante na arte e nas técnicas hoje é *o apagamento das fronteiras entre o que é e o que não é arte*, pois vem a reinstituir a espessura das mediações onde reinavam as separações e as oposições: entre aparência e realidade, entre olhar e saber, entre passividade e atividade. Assimilar o olhar e o escutar à passividade responde ao mesmo preconceito que vê na palavra o contrário da ação e no trabalho manual o contrário do trabalho intelectual. A música eletrônica é

---
6 Cf. Jacques Rancière, *Le partage du sensible, op. cit.*

música culta ou popular? Ao que Rancière responde: não sei, nem me importa, porque o importante são todas as formas de deslocamento e apagamento das fronteiras que colocavam de um lado a arte e do outro o espectador, já que nesses movimentos é que emergem novas formas da experiência que transformam os regimes do sensível, ou seja, da percepção e do afeto, do pensamento e da palavra. Que é por onde passam os caminhos da emancipação social, ao mesmo tempo cultural e política.

A segunda frente é a dos novos sentidos da *convergência tecnológica* quando esta é situada no plano dos *desafios e oportunidades que ela implica na mudança do modelo de educação*, como fazem hoje Henry Jenkins[7] e Alejandro Piscitelli[8]. É rompendo a oposição avassaladora que separa o mundo dos videogames do mundo da interação na internet que Jenkins começa a aventura, ao mesmo tempo investigativa e cidadã, que lhe permite construir uma proposta de transformação de fundo da educação baseada no conceito de convergência digital e de transmidialidade. Se Clifford Geertz afirmou que as mudanças de fundo em qualquer âmbito do conhecimento começam por uma mudança nas metáforas, Jenkins introduziu duas das mais irreverentes: a que torna os fãs uma "comunidade interpretativa" e uma verdadeira "rede social" antes mesmo de a internet existir: o que os fãs fazem nas redes digitais é "passar a ser os grandes multiplicadores culturais". Pois fãs, blogueiros e *gamers* constituem o modelo dos consumidores de cultura popular mais ativos, mais criativos, criticamente mais comprometidos e socialmente mais conectados, e que representam a vanguarda de uma nova relação com os meios de comunicação de massa. Esse trio, considerado transgressor e altamente perigoso por seus compartilhamentos "ilegais" de arquivos, é visto por Jenkins como o que possibilitou aos adolescentes norte-americanos verem filmes de Bollywood, assistirem telenovelas latinas e lerem mangás. E isso beneficia as indústrias indiana, sul-americana e japonesa, pois amplia seu público potencial, por mais que os compartilhamentos "ilegais" de arquivos tenham pre-

---

7 Cf. Henry Jenkins, "Sobre cómo sacar provecho de las nuevas competencias mediáticas en la escuela", *Educ.ar*, 5 mar. 2008, disponível em: <https://www.educ.ar/recursos/113373/henry-jenkins-sobre-como-sacar-provecho-de-las-nuevas-compet>, acesso em: 22 jul. 2017; *idem*, "Le game design: une architecture narrative", *site* da exposição Arcade! Jeux vidéo ou pop art?. Théâtre de l'Arcade, scène nationale d'Evry et de l'Essonne, 2010, disponível em: <http://arcade-expo.fr/?page_id=206>, acesso em: 22 jul. 2017.

8 Alejandro Piscitelli, *Ciberculturas 2.0: en la era de las máquinas inteligentes*. Buenos Aires: Paidós, 2002; Alejandro Piscitelli; Iván Adaime; Inés Binder (org.), *El proyecto Facebook y la posuniversidad: sistemas operativos sociales y entornos abiertos de aprendizaje*, Madrid: Ariel/Telefónica, 2011.

judicado alguma produtora em momentos pontuais. Os fãs têm uma história de apenas cinquenta anos, portanto é difícil prever os próximos cinquenta. Talvez em sete anos tenham mudado por completo. O que parece evidente para Jenkins é que eles ganharão peso como epicentro da indústria cultural[9].

A segunda metáfora, *transmidiática*, com a qual Jenkins elabora sua reflexão sobre a *convergência cultural*, não só não deve nada à ideia estruturalista de "intertextualidade", como também inaugura um veio só explorado explicitamente pela revista *Intermédialités*, do CRI de Montreal, que desde 2003 é dirigida por Éric Méchoulan, em cujo primeiro número, que significativamente se intitulou "nascer", pode-se ler:

> *A intermedialidade estuda como textos, imagens e discursos não pertencem apenas à ordem da linguagem e dos símbolos, mas também à dos suportes e dos modos de transmissão, das aprendizagens de códigos, das lições de coisas.*[10]

Jenkins[11], por seu turno, apoiando-se em Michel de Certeau e John Fiske, propõe uma reflexão pioneira sobre a relação entre jogo e narração, publicada vários anos depois de circular pela web. Jenkins começa expondo a forte oposição, existente tanto no campo dos especialistas em jogos como no dos especialistas em hipertextos, à ideia de que apropriação/interação possa ser usada para compreender o que os adolescentes fazem com os videogames. Como se a simples presença da palavra *jogo* já carregasse de passividade o que ali acontece, quando o jogo foi e continua sendo a mãe da atividade motora e intelectual das crianças e da curiosidade e criatividade dos adolescentes. Mas, onde estão, nas nossas latitudes, os estudos de comunicação que pensaram o jogo como a matriz comunicativa mais poderosa *para transformar o anacrônico modelo da comunicação escolar*? Eu só conheço um testemunho, que recolhi verbalmente e mais tarde seria escrito e publicado: o trabalho da pesquisadora mexicana Sarah Corona[12], sustentando, em meados da década de 1980, que "as crianças não brincam *com* a televisão, mas brincam *de* televisão". É justamente entrelaçando jogo e *narrativa* — separados por outra oposição também dada de antemão —

---

9 Henry Jenkins, *Fans, blogueros y videojuegos: la cultura de la colaboración*, Barcelona: Paidós, 2009.
10 Éric Méchoulan, "Intermédialités: le temps des illusions perdues", *Intermédialités/Intermediality*, Montreal: 2003, n. 1 [*Naître*].
11 Henry Jenkins, "Le game design: une architecture narrative", cit.
12 Sarah Corona Berkin, *Televisión y juego infantil: un encuentro cercano*, México: Universidad Autónoma Metropolitana-Xochimilco, 1990.

que Jenkins oferece uma ampla trilha de compreensão e ação transformadora da educação. Mas, atenção, pois o mais importante dessa proposta não é aquilo que, de início, causou mais escândalo — introduzir os videogames na sala de aula —, e sim a hipótese de trabalho inicial: que no videogame existe um tipo de narração *ambiental* e *performativa* que mobiliza tanto habilidades manuais como intelectuais, estimulando não apenas a agilidade no manuseio, mas também a imbricação dos sujeitos na re-criação do próprio jogo. Jenkins apresenta testemunhos não só de pesquisas que comprovam esse fato, mas também de novos tipos de jogos que souberam apostar na interação pedagógica, pois conseguiram se transformar — como vislumbrou Sarah Corona — em *narrações jogadas*. É formidável a mescla de fontes usada por Jenkins, pensador contemporâneo dos adolescentes como poucos, como quando recupera a ideia que o diretor de cinema Sergei Eisenstein tinha da "atração" como *catalisador e compactador emocional*, relacionando-a com o papel dos "momentos memoráveis" na construção dos percursos narrativos dos videogames.

A *transmidialidade* e a *convergência* remetem a duas novas ordens de coisas, de processos e de práticas. Uma primeira ordem rege o novo tipo de interação entre meios, gêneros e formatos com os sensoriais de uma sonoridade, uma oralidade e uma visualidade que atuam como vírus infecciosos que contaminam as linguagens apagando as fronteiras e fecundando embriões de narrativas e escritas híbridas, e como tais bastardas, pois, enquanto a intertextualidade conservava as linhas da linhagem e dos parentescos dos textos, a transmidialidade produz uma convergência de inovação e até de invenção que faz nascer ao mesmo tempo novas coisas e novos usuários. A segunda ordem é justamente a que emerge de *usos sociais* cuja criatividade não é mensurável em termos estatísticos — quantos são "os verdadeiros" usuários? —, e sim nos termos das novas *partilhas do sensível*.

As propostas de transformação da educação escolar esboçada na introdução desses usos do jogo e da transmidialidade apontam para algo que o próprio Jenkins duvida que seja possível:

> *Tenho minhas reservas quanto à possibilidade real de que a escola mude. Claro que encontro docentes que põem em prática as ideias que propomos e que estão motivados, portanto não podemos negligenciar esses professores, e é nosso dever oferecer a eles os recursos, o apoio e a autoridade moral de que necessitam para planejar os currículos em escala local. Mas receio que a verdadeira surpresa virá das casas, dos programas extracurriculares, das escolas particulares e de todo espaço que*

não dependa de uma autoridade institucional que restrinja o design de conteúdos e a margem de ação do docente.[13]

Pois, por mais paradoxal que possa parecer, é tão ou mais difícil pôr em prática uma *cultura participativa* que uma política de participação, e as armadilhas que as instituições escolares mobilizam para mudar tudo o que lhes permita não mudar nada são tão engenhosas e perversas como as usadas pelos políticos.

Alejandro Piscitelli, um dos poucos pesquisadores latino-americanos que é, ao mesmo tempo, produtor (do site *Educar*, do Ministério da Educação argentino), que acaba de organizar, com uma equipe internacional e transdisciplinar, o livro *El proyecto Facebook y la posuniversidad*, tem algumas poucas coisas bem claras, portanto comecemos por duas: que o sistema escolar não tem a possibilidade de se autorreinventar porque a escola tem uma peculiaridade que a torna intocável: é um monopólio natural, a cargo do Estado; e que o Estado nunca vai mudar isso endogenamente, não sabe nem lhe interessa. Desse modo, a linha divisória não passa pela escolha entre papel ou tela, entre imagem ou palavra, e sim pelo pertencimento, pela filiação e defesa das arquiteturas de controle ou participação[14].

Também para Piscitelli a questão de fundo que a mutação cultural traz à tona remete mais ao plano político-ético do que ao teórico-metodológico. E a partir daí se desdobra uma bateria de experiências e práticas já suficientemente comprovadas.

1. O completo fracasso — não só nos nossos países do sul, mas também nos Estados Unidos — de encher as escolas de computadores, inclusive com internet, quando nem os ministérios da educação nem os professores sabem realmente o que fazer com eles, e, depois de poucas semanas, a excitação com a novidade cede à pesada inércia das rotinas escolares, e a voz do professor recupera sua provada funcionalidade num sistema intocado pela modernização superficial das salas de aula "dotadas de tecnologia de ponta".

2. O problema que se evidencia não é que o professor fale, mas que *não saiba escutar o que os alunos falam, nem o que fala neles*, e assim a base das rupturas, a "cultura participativa", ou seja, a apropriação do processo de ensino-aprendizagem, a interação e a criatividade dos alunos, continua fora da

---

[13] Henry Jenkins, "Sobre cómo sacar provecho de las nuevas competencias mediáticas en la escuela", cit.
[14] Alejandro Piscitelli; Iván Adaime; Inés Binder (org.), *El proyecto Facebook y la posuniversidad*, op. cit.

sala de aula, por mais tecnologias que sejam introduzidas. O modelo escolar taylorista segue funcionando, e Mr. Ford continua tendo razão: "Você pode escolher a cor do carro, desde que seja preto".

3. A primeira mudança que o ofício e os oficiantes do ensinar devem assumir antes de qualquer adestramento digital é a de se tornarem sensíveis à *inteligência emocional* dos adolescentes, isto é, estarem mais atentos àquilo que seus alunos sentem: o desalento, quando não o desastre familiar; a solidão sentimental; a incerteza quanto ao futuro fora da escola, assim como sua habilidade musical ou gráfica, tanto ou mais do que àquilo que eles pensam.

4. Não confundir o anterior com desinteresse pelo conhecimento, pois na verdade o que acontece é justamente o contrário: a mente dos adolescentes tem hoje uma capacidade maior de processar informação, dado o estímulo permanente a que se vê submetida na vida diária, o que, somado a uma inegável confusão, produz, no entanto, uma capacidade maior para a ambiguidade. Uma prova disso é o enorme interesse com que crianças e jovens "se ligam" em séries de televisão como *A família Soprano* e, principalmente, *Lost*, em que o bom e o mau não são os dois protagonistas e sim as duas faces de todos os personagens, que, além disso, também são burros e inteligentes, espertos e lerdos, conforme as situações e os desafios que enfrentam. O que nos leva de volta àquelas novas narrativas-objeto de jogo dos adolescentes, em cuja interação são capazes não apenas de prever o que acontecerá a seguir, mas também de inventar a continuação e propô-la aos criadores das séries, como apontava Jenkins.

5. Seguindo as pistas indicadas por Benjamin nos anos 1930, quando afirmou que "os leitores estão dispostos a se tornar escritores", pois a escrita estava transbordando o domínio dos ofícios (literários) para se tornar um direito expressivo, Piscitelli[15] alerta para a presença ativa de *polialfabetismos*, nos quais o que realmente importa não são os *novos suportes*, mas *novas práticas e hábitos sociais colaborativos*: novos modos de relação com, novas dinâmicas de reapropriação do velho, novas formas de hibridação de conteúdos e gêneros. O que implica uma verdadeira "ruptura do pacto pedagógico", ou seja, da distribuição hierárquica de habilidades e inabilidades, atividades e passividades, bem como das culturas que cabem e não cabem na escola, pois faz tempo que seus muros desabaram, embora seus guardiães não tenham percebido. O pior desse pacto que continua garantindo a funcionalidade da escola ao sistema

---

[15] *Ibidem.*

social (a *reprodução*, no sentido que lhe deu Bourdieu[16]) encontra-se numa *autoridade* professoral que, em vez de derivar de *autor* — como me ensinou o professor que mobiliou minha cabeça adolescente —, baseia-se numa distância que, ao mesmo tempo que outorga credenciais profissionais e pecuniárias, impede a *empatia indispensável* para se conectar com as *sensibilidades* dos alunos e as ecologias *comunicativas* da sua sociedade.

Para encerrar, umas palavras sobre os pesados lastros que implica a palavra/ideia *audiências* para o entendimento de tudo o que aqui foi recolhido e proposto. Em seu livro, *Robinson Crusoe ya tiene celular*, Rosalía Winocur[17] rastreia e mapeia as práticas cotidianas por meio das quais as pessoas de todas as idades e classes sociais usam o celular para duas necessidades básicas hoje: enfrentar o mar de inseguranças e incertezas que as afligem e interagir afetiva, cognitiva e ludicamente. Diante da diversidade e da riqueza dessas práticas e usos sociais do celular, tais como são narrados e analisados por Winocur, perguntamo-nos como podemos continuar amarrados a uma palavra que nasceu para nomear justamente o contrário daquilo que *se faz com o celular*, pois é esse pequeno, barato e o mais multifacetado dos suportes comunicativos que nos oferece hoje a possibilidade de uma vida em comum que, como diria Kundera, *encontra-se em outro lugar*, longe, muito longe, do que foi a vida *audienciada* pelo rádio e pela televisão.

---

16 Pierre Bourdieu; Jean Claude Passeron, *La reproduction. Éléments pour une théorie du système d'enseignement*, Paris: Minuit, 1970.
17 Rosalía Winocur, *Robinson Crusoe ya tiene celular*, México: Siglo XXI, 2010.

jovens: uma cidadania de raízes móveis[1]

[1] Este texto se baseia na transcrição da conferência proferida pelo autor no seminário "Ser Joven Hoy en Medellín", promovido pela Secretaria da Juventude (16 ago. 2015), com a presença de 400 pessoas, jovens e adultos, interessados em temas da juventude, do qual também participou Carles Feixa, co-organizador deste volume. Posteriormente foi publicada na coletânea *Jóvenes: un fuego vital*, Medellín: Prefeitura de Medellín, 2015.

Como os jovens se tornaram protagonistas, no sentido complexo da palavra, da história da Colômbia?

Em 1984, dois jovens montados numa moto assassinaram, em Bogotá, o ministro da Justiça, Lara Bonilla, que tinha apenas 37 anos. Pablo Escobar mandou uma dupla de adolescentes matar o ministro que atrapalhava manobras no Congresso — pois havia sido eleito para o Congresso colombiano, como suplente de deputado. Esse fato tornou os jovens visíveis em todo o país, por meio de uma série de pesquisas. Então ser jovem era uma epidemia nefasta, "perdiam a memória", "viviam no meio do barulho"... Ser jovem era uma desgraça. Eram as pessoas que tinham perdido o respeito pelos pais. Eram violentos, drogados, e não tinham memória... Não sabiam nem as capitais dos países. E aqui entre nós: "uma das maiores falhas da educação colombiana é os estudantes não saberem de cor os nomes das capitais de todos os países do mundo". E de que serve para os jovens de hoje saber os nomes das capitais do mundo?

Pois bem, esse fato causou grande comoção, como provam muitas pesquisas, antes de mais nada entre os jovens de Medellín, nas suas comunidades, com o agravante de que, naquela época, Escobar resolveu pagar uma recompensa a quem matasse um policial, pelo menos um policial. E mais de um rapazinho conseguiu. Essa foi a figura do jovem. O jovem existe na Colômbia como uma espécie de classe social nefasta, uma espécie de purulência que saiu no corpo de um país chamado Colômbia.

E aí, pouco depois mataram Galán[2]. Galán filho, ao enterrar o pai, transformou Gaviria em presidente da Colômbia[3]. Não houve grandes reuniões políticas, porque as bombas de Pablo Escobar obrigaram que todas se realizassem em locais fechados, onde houvesse um mínimo de segurança. Gaviria e o filho de Galán propõem a criação de uma secretaria do Ministério da Educação que se ocuparia da juventude, e o filho mais velho de Galán foi nomeado secretário. Ou seja, criaram até uma secretaria para os jovens. As mulheres não têm uma secretaria nem nada parecido, e são muito mais importantes que os jovens!

no nacimos pa' semilla

Alguém que entendia dessas coisas aconselhou Juan Manuel Galán a chamar Alonso Salazar e conversar com ele. Salazar já havia publicado *No nacimos pa'*

---

[2] Luis Carlos Galán, político colombiano, candidato à presidência da República pelo Partido Liberal, assassinado em 1989. [N.O.]
[3] César Gaviria, presidente da Colômbia de 1990 a 1994. [N.O.]

semilla[4]. É preciso muita imaginação para fazer um livro com esse título, que é como uma versão local de *No future*. Para os colombianos, o *no future* significaria alguma coisa como "não nascemos pra semente", e sem semente não há mais vida, não há crescimento. Ele levantou uma questão impressionante para este país, demonstrando que os jovens, pelo menos em Antioquia, não tinham nada a ver com os estereótipos, e o sentido das coisas era muito diferente do que aparentava ser. Demonstrou, por exemplo, que os jovens das comunidades tinham três culturas: uma que vinha dos seus antepassados camponeses; outra cultura oferecida pela cidade, que era o tango, a salsa, o rock e o cinema; e uma terceira e última cultura, ligada à terrível violência dos milhares e milhares de deslocados do campo, com toda essa figura psiquiátrica. Salazar se meteu a psiquiatra e montou uma hipótese muito estranha, partindo do desprezo pelo pai (esse ser ausente ou presente com maus-tratos) contraposto à cultura da mãe (por quem se faz tudo e que vale tudo)... Ontem mesmo eu estava conversando com alguém sobre como no romance *La Casa de las dos Palmas* vi pela primeira vez uma história da Colômbia narrada a partir da vida cotidiana. Porque a história da Colômbia não tem vida cotidiana, a única cidade que tem vida cotidiana é Medellín, há uma história de Medellín na qual encontramos alguma coisa parecida com a vida cotidiana, mas normalmente a vida cotidiana não existe.

Então, vou parar na frase que ouvi de um *peladito*[5], quando Alonso Salazar me convidou para uma pesquisa que estudaria exatamente o contrário do jovem-problema, ou seja, aquilo que os epidemiologistas não pesquisam: com que o jovem sonha? O que ele canta? Do que ele gosta? Do que não gosta? Com quem convive? Que imagens tem do que é a amizade? Etc., etc., etc... Escolhemos uma empresa, não vou dizer o nome porque não quero fazer publicidade de ninguém nem de nada, mas era uma empresa que ainda estava começando e se tornou um dos mais sérios institutos de pesquisa da Colômbia; já estávamos trabalhando fazia alguns anos com eles e, quando nos entregaram o primeiro relatório dessa pesquisa, Alonso Salazar quis que não houvesse só *cuchos*[6], que os resultados não fossem lidos só por nós, os velhos, mas que os *peladitos* também participassem. E vou ler para vocês o que ouvi de um deles. Alonso talvez não se lembre mais, mas, no meu caso, o que aquele *peladito* disse me causou um impacto tão grande que transcrevi sua fala, que vou ler agora para vocês, acreditem ou não:

---

4 Alonso Salazar, *No nacimos pa' semilla: la cultura de las bandas juveniles*, Bogotá: Cinep, 1990.
5 Jovem. [N.O.]
6 Velhos. [N.O.]

Realmente é emocionante ver que os cuchos afinal estão interessados em saber como somos, mas vocês não têm a menor noção... Olhe, quando escuto vocês, adultos, tenho cada dia mais certeza de que, como o mundo hoje não sabe para onde ir, os cuchos ficam muito nervosos e perdidos. Aí, como eles não sabem por onde pegar, mandam os jovens na frente, para explorar e ver o que vem vindo, ou seja, que futuro nos espera, e, claro, quem vai na frente se perde ou descamba fácil, fácil. E é isso o que os adultos estão fazendo, confundindo o medo ou a coragem da moçada com o desvio, com as pessoas que se perdem, quer dizer, com os drogos e os violentos. Vivemos num mundo que está mandando a gente encarar, justamente, o que eles não têm coragem nem são capazes de fazer.

Isso foi bem no comecinho dos anos 1990. Um *peladito* que tinha respondido à pesquisa e que, por alguma razão, Alonso Salazar escolheu para trabalhar conosco. Realmente ficou na memória, na minha memória, e vai continuar comigo por toda a vida. Esse texto é realmente forte: "nos mandam na frente, nos jogam no fogo e depois dizem que somos assim ou assado"[7].

só a política não é mestiça

O segundo tópico vem do México, de alguém que vocês não conhecem, a menos que já estejam na universidade. Então procurem aí no Google: Guillermo Bonfil. Ele foi um antropólogo mexicano que criou um museu incrível, o Museu Nacional das Culturas Populares. E o que foi que ele disse? O que esse antropólogo latino-americano ousou dizer foi o seguinte: "só a política não é mestiça na América Latina"[8]. Os libertadores nos libertaram com ideias francesas e, por mais que se proclame a liberdade, ela é a ideia daquilo que os franceses disseram ser a liberdade. Os habitantes do resto do mundo teriam feito dela sua própria liberdade, com adaptações e mestiçagens. Mas só a política não é mestiça; eles vieram com ideias maravilhosas, mas essas ideias ficaram lá, não tinham nenhuma ligação com as culturas locais e não fizeram o menor esforço para mestiçar o que traziam da Europa com os indígenas (eles podiam ter sua religiosidade, seus cantos, seu artesanato; mas nenhum saber, porque os saberes vinham da Europa).

---

[7] O autor reproduz aqui passagens de "As memórias dos jovens" (p. 126), à qual remetemos. [N.O.]
[8] Guillermo Bonfil, *México profundo: una civilización negada*, México: Grijalbo, 1990.

as cidadanias juvenis

Mesmo agora, só a política não é mestiça, senão vejam o tratamento que o governo dispensa ainda hoje aos indígenas do vale do Cauca. Uma senhora muito melindrosa do Centro Democrático escreveu recentemente nos jornais propondo dividir o vale do Cauca: metade para os indígenas, semeando a terra, e a outra metade para os brancos, "que nos deixem em paz, cada qual vivendo a sua cultura, e esqueçam essa coisa terrível que é a mestiçagem". Só a política não é mestiça na América Latina, e assim chego, afinal, ao tema da cidadania hoje: do que falamos quando nos referimos aos jovens, seja nas comunidades, seja na universidade, seja na escola? Do que estamos falando para eles quando falamos de cidadania?

Darei aqui a minha versão. Para entender o que é cidadania, deve-se entender o que é a cidade, o que é uma cidade hoje. As cidades já foram muitas coisas, foram a metade do império, foram templos da industrialização. O que são as cidades hoje? As cidades são o lugar de uma dupla engendração. Primeiro, nos ensinaram que as culturas sobrevivem se as pessoas preservam sua identidade, e ter identidade é ser fiel a um lugar, e saber de onde se vem é muito importante. "Se você não sabe de onde vem, nunca saberá para onde vai", foi o que as avós repetiram ao longo dos séculos. Ou seja, a chave para ser um ser humano é saber que tenho uma identidade, uma, não uma e meia, nem quatro, nem duas ou cinco, apenas uma. E esse uniforme identitário foi a base de todos os fascismos e todos os nacionalismos. Foi um amigo antropólogo, que tinha estudado na Inglaterra, o primeiro que me disse: "Jesús, hoje em dia as identidades são móveis". Os ingleses cunharam um sintagma muito forte, *moving roots*.

Hoje a identidade não é um bastão fincado num lugar, a identidade é uma raiz, tem definição de raiz, tem memória, mas se move, e quando nos movemos, ela se move junto. Hoje as identidades caminham, não estão à sombra do campanário da igreja do meu vilarejo natal. Fico enormemente impressionado que haja romancistas maravilhosos como Paul Auster, que é um escritor que ama Nova York como se fosse uma aldeia. Uma das maiores cidades do mundo, uma das cidades mais diversas, onde pessoas vindas dos países mais distantes culturalmente conseguiram conviver. De fato, as raízes de Paul Auster são Nova York, por maior e mais complicada que a cidade seja em termos culturais, mas ele tem romances adorados por chineses, japoneses, latino-americanos.

Então, a palavra cidadania, primeiro, deriva de cidade, é o lugar onde se vive, não um lugar uniforme: os seres humanos não podem viver juntos só para cumprir obrigações, só com leis impostas, as pessoas não convivem. As pessoas convivem porque, de algum modo, se sentem bem estando junto com outras, ou seja, com um mínimo de pertencimento. Há uma relação com o lugar que faz com que nos sintamos bem nesse lugar. Entre o lugar e as pessoas há uma relação muito intensa, e nesse sentido digo que cidadania vem de uma cidade que só existe na medida em que não seja apenas um monte de gente, e sim um agrupamento de pessoas que se reúnem, não só fisicamente.

O pertencimento não é algo que tem a ver comigo, tem a ver com formas de confiar nos demais, de confiar nos outros, é esse o significado da cidade. Uma cidade não persiste apenas com leis impostas, uma cidade existe porque existem pessoas que se sentem bem estando juntas. Evidentemente, isso quer dizer que as pessoas fazem com que as outras pessoas se sintam bem, é o que chamamos de sociedade. Fazer com que quem vem de fora se sinta bem; eu me sinto bem porque muita gente se sente bem comigo. Essa é a base mínima do que comentávamos ao falar da confiança: a base da convivência humana é a confiança; se não houver um mínimo de confiança, não é possível conviver. Se não confio no meu pai e se meu pai não confia em mim, a casa é um inferno. A confiança é eu confiar nas pessoas, e é isso que nós perdemos no lugar onde deveria estar, na cidade.

Acontece que nossas cidades foram feitas expulsando milhões de camponeses, tomando sua terra e despejando-os em Medellín, Bogotá, Cali, Bucaramanga..., e não estou falando apenas da última onda de deslocados. A Colômbia tem guerras desde o século XIX, e por isso é o país da América Latina que tem mais cidades médias. Muitos países da América do Sul têm duas ou três cidades, a Colômbia tem cinco ou seis cidades grandes, e o restante é de médias. O motivo é que as guerras foram contra as pessoas, que tiveram que se deslocar, e então temos cidades que não tiveram tempo de se transformar num lugar onde as pessoas convivem. E assim temos bairros sem esgoto, sem água encanada, sem energia elétrica e, principalmente, sem vias de acesso para se comunicar com o resto da cidade, que é a base da convivência.

Então, cidade hoje significa ter raízes, mas raízes móveis, raízes que caminham. Uma bela expressão, "raízes que caminham": a imagem que me vem à mente é a dos bilhões de imigrantes do mundo. No Mediterrâneo há uma porção de pequenos navios que, nos últimos meses, foram parar no fundo do mar levando umas quinhentas pessoas, e nós nem ficamos sabendo. Quinhentos africanos, jovens em sua imensa maioria, se afogam no Mediterrâneo tentando chegar à Itália, à Espanha, à Grécia.

as cidadanias são feitas de raízes em fluxo

A escola não está gerando cidadãos porque a escola, na Colômbia, dedica-se a mandar fazer tarefas. A única coisa que os colombianos aprendem é fazer tarefas, não sabem escrever em outro gênero que não seja o das tarefas; tanto faz se a pessoa estuda física, história, literatura, geografia, é tudo a mesma coisa!

Uma mulher maravilhosa, María Teresa Uribe, também *paisa*, que estudou na Universidad de Antioquia, escreveu há muitos anos que a Colômbia não teve sujeitos modernos nos seus primórdios por causa de uma religiosidade que ensinava que a chave da mente era a crença, ou seja, justamente o contrário de pensar com a própria cabeça. Para ser cidadão, cada qual deve pensar com sua própria cabeça, e aqui eu faço um apelo, porque nem sequer lendo a pessoa pensa com a própria cabeça, para isso é preciso saber escrever, mas não escrever para fazer tarefas, e sim para a vida. Paulo Freire morreu, mas continua vivo, e sua vocação de adulto foi ensinar a escrever para que os velhos pudessem contar sua história. Um amigo de quem gosto muito, Juan Fernando Mero, escreveu uma coluna em *El Tiempo* parabenizando a Colômbia por já ser uma nação de leitores, e eu mandei uma mensagem para ele: por favor, Juan Fernando, a essa altura, com a internet, não importa ser leitor; o que importa é o autor, o autor!, precisamos de autores na Colômbia!, precisamos de gente que saiba contar sua própria história, saber seu sentido.

A cidadania dos jovens é muito mais possível que a dos velhos. Os velhos nasceram num país de raízes profundas, imóveis, eternas, e me desculpem, mas eu não quero um país de raízes paralíticas. Quero um país de raízes móveis, de raízes que caminham. Porque ser cidadão hoje tem a ver com pertencer a um lugar, mas a cidade hoje é atravessada por fluxos, o que há de mais fixo é cada vez mais líquido, cada vez mais fluido. Então há uma contradição: ser cidadão é um enraizamento, mas, ao mesmo tempo, conecta a gente com o mundo, e essa dupla dimensão da cidadania é hoje fundamental. O mundo começa além dos muros do nosso condomínio, precisamos de uma cidade sem muros, precisamos de uma cidade que só os jovens podem construir, porque os jovens podem conjugar o mundo com essa necessidade de raiz, de pertencer a um grupo, de pertencer a um bairro, a uma terra, a um lugar, a um horizonte, a um pôr do sol.

Eu me apaixonei pelo lugar onde estudei em Bogotá porque tive a sorte de ver os mais maravilhosos entardeceres. Isso é raiz, mas raiz que se move, raiz que está enlaçada a outro monte de raízes no mundo inteiro. A rede é feita de raízes, e é uma rede que nos conecta com o mundo inteiro, na medida em que soubermos construir cidades, em que soubermos que as pessoas vão se sentir bem estando juntas. Isso os jovens podem conseguir, porque, como explica Pilar Riaño[9], os jovens aparentemente mais violentos de Medellín eram pessoas com uma grande memória, com uma memória ampla e com uma capacidade enorme de contar, de dramatizar, de gestualizar a luta por conviver.

---

9 Pilar Riaño, *Jóvenes, memoria y violencia en Medellín: una antropología del recuerdo y el olvido*, Medellín: Universidad de Antioquia, Instituto Colombiano de Antropología e Historia, 2006.

referências

APPADURAI, Arjun. *La modernidad desbordada: dimensiones culturales de la globalización.* Buenos Aires: Trilce/FCE, 2001.

ARIÈS, Philippe. *L'enfant et la vie familiale sous l'Ancien Regime.* Paris: Plon, 1960.

AUGÉ, Marc. *Los "no lugares": espacios del anonimato.* Barcelona: Gedisa, 1993.

_____. *Hacia una antropología de los mundos contemporáneos.* Barcelona: Gedisa, 1996.

BARICCO, Alessandro. *El alma de Hegel y las vacas de Wisconsin.* Madrid: Siruela, 1999.

_____. *Los bárbaros: ensayo sobre la mutación.* Barcelona: Anagrama, 2008.

BARLOZZETTI, Guido (org.). *Il Palinsesto: testo, apparati e generi della televisione.* Milão: Franco Angeli, 1986.

BARTRA, Roger. *La jaula de la melancolía: identidad y metamorfosis del mexicano.* México: Grijalbo, 1985.

BAUDELAIRE, Charles. *El pintor de la vida moderna.* Bogotá: El Áncora, 1995.

BAUDRILLARD, Jean. "'Transestética' y 'transexual'". Em: *Idem. La transparencia del mal.* Barcelona: Anagrama, 1991.

BAUMAN, Zygmunt. *En busca de la política.* Buenos Aires: FCE, 2001.

BECK, Ulrich. *Un nuevo mundo feliz: la precariedad del trabajo en la era de la globalización.* Barcelona: Paidós, 2000.

BELL, Daniel. *Las contradicciones culturales del capitalismo.* Madrid: Alianza, 1977.

BENJAMIN, Walter. *Iluminaciones.* Madrid: Taurus, 1980, v. 2: *Poesía y capitalismo.*

BONFIL, Guillermo. *México profundo: una civilización negada.* México: Grijalbo, 1990.

BOURDIEU, Pierre. "La 'juventud' no es más que una palabra". Em: *idem, Sociología y cultura.* México: Grijalbo, 1990.

_____; PASSERON, Jean Claude. *La reproduction. Éléments pour une théorie du système d'enseignement.* Paris: Minuit, 1970.

BRITTO GARCÍA, Luis. *El imperio contracultural: del rock a la postmodernidad.* Caracas: Nueva Sociedad, 1991.

BRUNNER, José Joaquín. "Fin o metamorfosis de la escuela". *David y Goliath*, Buenos Aires: 1991, n. 58, pp. 29-63.

CANEVACCI, Massimo. *La città polifonica: saggio sull'antropologia della comunicazione urbana.* Roma: Seam, 1997.

CARRASCOSA, José Luis. *Quimeras del conocimiento: mitos y ritos de la inteligencia artificial.* Madrid: Fundesco, 1992.

CASTELLS, Manuel. *La Era de la Información: economía, sociedad y cultura*. Madrid: Alianza, 1998. v. 1: *La sociedad red*.

_____. *La Era de la Información: economía, sociedad y cultura*. Madrid: Alianza, 1999. v. 2: *El poder de la identidad*.

_____. *La galaxia Internet: reflexiones sobre Internet, empresa y sociedad*. Barcelona: Areté, 2001.

_____. *La dimensión cultural de Internet*. Comunicação no ciclo de debates Cultura XXI: ¿nueva economía?, ¿nueva sociedad?; sessão 1: Cultura y sociedad del conocimiento: presente y perspectivas de futuro, 10 abr. 2002. Barcelona, Universitat Oberta de Catalunya, Ajuntament de Barcelona, 2002. Disponível em: <https://www.uoc.edu/culturaxxi/esp/articles/castells0502/castells0502.html>. Acesso em: 20 jun. 2021.

CASULLO, Nicolás. "Argentina: el rock en la sociedad política", *Comunicación y Política*, México: out. 1984, n. 12, pp. 41-50.

CHOSSUDOVSKY, Michel. *Globalización de la pobreza y nuevo orden mundial*. México: UNAM/Siglo XXI, 2002.

COLMENARES, Germán. *Las convenciones contra la cultura*. Bogotá: Tercer Mundo, 1987.

COLOMBO, Furio. *Rabia y televisión: reflexiones sobre los efectos imprevistos de la televisión*. Barcelona: Gustavo Gili, 1983.

CORONA BERKIN, Sarah. *Televisión y juego infantil: un encuentro cercano*. México: Universidad Autónoma Metropolitana-Xochimilco, 1990.

CRUCES, Francisco (org.). *Antropología. Revista de Pensamiento Antropológico y Estudios Etnográficos*, Madrid: 1998, n. 15-16. Número dedicado a: *El sonido de la cultura. Textos de antropología de la música*.

CRUZ KRONFLY, Fernando. *La sombrilla planetaria: ensayos sobre modernidad y postmodernidad en la cultura*. Bogotá: Planeta, 1994.

DEBORD, Guy. *La société du spectacle*. Paris: Champ Libre, 1967.

DRUCKER, Peter F. *La sociedad postcapitalista*. Buenos Aires: Sudamericana, 1999.

DUBAR, Claude. *La crise des identités: interprétation d'une mutation*. Paris: PUF, 2000.

DURHAM, Eunice. *A aventura antropológica*. Rio de Janeiro: Paz e Terra, 1986.

ECHEVERRÍA, Javier. *Telépolis*. Barcelona: Destino, 1994.

_____. *Los señores del aire: Telépolis y el Tercer Entorno*. Barcelona: Destino, 1999.

ECO, Umberto. *Apocalípticos e integrados*. Barcelona: Lumen, 1965.

ESCOBAR, Arturo. "¿De quién es la naturaleza? La conservación de la biodiversidad y la ecología política de los movimientos sociales". Em: *El final del salvaje: naturaleza, cultura y política en la antropología*. Bogotá: ICAN/CEREC, 1999.

_____. "El mundo postnatural: elementos para una ecología política anti-esencialista". Em: *idem, El final del salvaje: naturaleza, cultura y política en la antropología*. Bogotá: ICAN/CEREC, 1999.

FEIXA, Carles. *De jóvenes, bandas y tribus: antropología de la juventud*. Barcelona: Ariel, 1998.

FERRAROTTI, Franco. *Homo sentiens. Giovani e musica: la rinascita della comunità dallo spirito della nuova musica*. Nápoles: Liguori, 1995.

FERRER, Christian. "Taenia saginata o el veneno en la red". *Nueva Sociedad*, Caracas: 1995, n. 140, pp. 154-64.

FLICHY, Patrice. *L'imaginaire d'Internet*. Paris: La Découverte, 2001.

FOUCAULT, Michel. *Les mots et les choses*. Paris: Gallimard, 1966.

_____. *La arqueología del saber*. México: Siglo XXI, 1971.

_____. *Vigilar y castigar*. Madrid: Siglo XXI, 1986.

FREIRE, Paulo. *Pedagogía del oprimido*. México: Siglo XXI, 1970.

GARCÍA CANCLINI, Néstor. "La modernidad en duda". Em: IMJUVE. *Jóvenes Mexicanos. Encuesta Nacional de Juventud 2005*. México: Instituto Mexicano de la Juventud, 2007.

_____. *Lectores, espectadores, internautas*. Barcelona: Gedisa, 2007.

_____; PICCINI, Mabel. "Culturas de la ciudad de México: símbolos colectivos y usos del espacio urbano". Em: *idem, El consumo cultural en México*. México: Conaculta, 1993.

GARCÍA MÁRQUEZ, Gabriel. *Cien años de soledad*. Barcelona: Seix Barral, 1967.

GIDDENS, Anthony. *Consecuencias de la modernidad*. Madrid: Alianza, 1994.

GIL CALVO, Enrique. *Los depredadores audiovisuales: juventud urbana y cultura de masas*. Madrid: Tecnos, 1988.

GIMÉNEZ, Gilberto; POZAS, Ricardo (org.). *Modernización e identidades sociales*. México: UNAM, 1994.

GIRALDO, Fabio; VIVIESCAS, Fernando (org.). *Colombia: el despertar de la modernidad*. Bogotá: Foro, 1991.

_____; LÓPEZ, Héctor F. "La metamorfosis de la modernidad". Em: GIRALDO, Fabio; VIVIESCAS, Fernando (org.). *Colombia: el despertar de la modernidad*. Bogotá: Foro, 1991, pp. 248-310.

GRUZINSKI, Serge. *La guerra de las imágenes: de Cristóbal Colón a "Blade Runner" (1492-2019)*. México: FCE, 1994.

HABERMAS, Jürgen. *Teoría de la acción comunicativa*. Madrid: Taurus, 1987.

_____. *El discurso filosófico de la modernidad*. Madrid: Taurus, 1989.

HALL, Stuart. *A identidade cultural na pós-modernidade*. Rio de Janeiro: DP&A, 1999.

HARVEY, David. *The Condition of Postmodernity: An Enquiry into the Origins of Cultural Change*. Oxford: Blackwell, 1989.

HEIDEGGER, Martin. *Filosofía, ciencia y técnica*. Santiago do Chile: Editorial Universitaria, 1997.

HOPENHAYN, Martín. "La enciclopedia vacía: desafíos del aprendizaje en tiempo y espacio multimedia". *Nómadas*, Bogotá: 1998, n. 9, pp. 10-17.

_____. "Tribu y metrópoli en la postmodernidad latinoamericana". Em: FOLLARI, Roberto; LANZ, Rigoberto (org.). *Balance sobre lo posmoderno en América Latina*. Caracas: Sentido, 1998.

_____ (org.). *La juventud en Iberoamérica: tendencias y urgencias*. Santiago do Chile: CEPAL/OIJ, 2004.

_____; OTTONE, Ernesto. *El gran eslabón: educación y desarrollo en el umbral del siglo XXI*. Buenos Aires: FCE, 2000.

JENKINS, Henry. "Sobre cómo sacar provecho de las nuevas competencias mediáticas en la escuela". *Educ.ar*, 5 mar. 2008. Disponível em: <https://www.educ.ar/recursos/113373/henry-jenkins-sobre-como-sacar-provecho-de-las-nuevas-compet>. Acesso em: 22 jul. 2021.

_____. *Piratas de textos: fans, cultura participativa y televisión*. Barcelona: Paidós, 2008.

_____. *Fans, blogueros y videojuegos: la cultura de la colaboración*. Barcelona: Paidós, 2009.

_____ "Le game design: une architecture narrative". *Site* da exposição Arcade! Jeux vidéo ou pop art?. Théâtre de l'Arcade, scène nationale d'Evry et de l'Essonne, 2010. Disponível em: <http://www.ageron.net/wp-content/uploads/2021/01/Le-game-design-_-une-architecture-narrative-Par-Henry-Jenkins.pdf>. Acesso em: 22 jul. 2021.

LASÉN DÍAZ, Amparo. *A contratiempo: un estudio sobre las temporalidades juveniles*. Madrid: CIS, 2000.

LECHNER, Norbert. "La democracia en el contexto de una cultura postmoderna". Em: *Idem* (org.). *Cultura política y democratización*. Buenos Aires: Flacso, 1987, pp. 252-62.

_____. *Los patios interiores de la democracia: subjetividad y política*. México: Fondo de Cultura Económica, 1990.

LÉVY, Pierre. *Les technologies de l'intelligence: l'avenir de la pensée à l'ère informatique*. Paris: La Découverte, 1990.

_____. *Cyberculture: rapport au Conseil d'Europe*. Paris: Odile Jacob, 1997.

_____. *Cyberdemocratie: essai de philosophie politique*. Paris: Odile Jacob, 2001.

LIPOVETSKY, Gilles. *Le crépuscule du devoir: l'éthique indolore des nouveaux temps démocratiques*. Paris: Gallimard, 1992.

LÓPEZ MAYA, Margarita (org.). *Lucha popular, democracia y neoliberalismo: protesta popular en América Latina en los años de ajuste*. Caracas: Nueva Sociedad, 1999.

LYOTARD, Jean-François. *La condición postmoderna. Informe sobre el saber*. Madrid: Cátedra, 1984.

MAFFESOLI, Michel. *El tiempo de las tribus: el ocaso del individualismo en las sociedades posmodernas*. Barcelona: Icaria, 1990.

MAFFESOLI, Michel. *La contemplation du monde: figures du style communautaire*. Paris: Grasset, 1993.

MALDONADO, Tomás. *Técnica y cultura: el debate alemán entre Bismarck y Weimar*. Buenos Aires: Infinito, 2002.

MARGULIS, Mario et al. *La cultura de la noche: vida nocturna de los jóvenes en Buenos Aires*. Buenos Aires: Espasa Hoy, 1994.

MARRAMAO, Giacomo. "Metapolítica: más allá de los esquemas binarios acción/sistema y comunicación/estrategia". Em: PALACIOS, Xabier; JARAUTA, Francisco (org.). *Razón, ética y política: el conflicto de las sociedades modernas*. Barcelona: Anthropos, 1989, pp. 23-45.

MARTÍN-BARBERO, Jesús. "De la ciudad mediada a la ciudad virtual: transformaciones radicales en marcha". *Telos*, Madrid: 1996, n. 44, pp. 15-22.

_____. "Heredando el futuro: pensar la educación desde la comunicación". *Nómadas*, Bogotá: 1996, n. 5, pp. 12-22.

_____. "Identities: Traditions and New Communities". *Media, Culture & Society*, v. 24, n. 5, 2002, pp. 621-41.

_____. "Desencuentros de la socialidad y reencantamientos de la identidad". *Análisi-Quaderns de comunicació i cultura*, Bellaterra: 2002, n. 29, pp. 45-62.

_____; AMÉZQUITA, Irma; MEDINA, Daniel; ARÉCHIGA, Yadel. *Usos adolescentes de Internet. Cibernautas y cibercreadores* (projeto de pesquisa). Guadalajara, ITESO, Departamento de Estudios Socioculturales, 2002-2004.

MATO, Daniel (org.). *Políticas de identidad y diferencias sociales en tiempos de globalización*. Caracas: FACES/UCV, 2003.

MAYANS, Joan. *Género chat. Ensayo antropológico sobre socialidades cibertextuales*. Barcelona: Gedisa, 2002.

MEAD, Margaret. *Cultura y compromiso: estudios sobre la ruptura generacional*. Buenos Aires: Gránica, 1971.

_____; WOLFENSTEIN, Martha (org.). *Childhood in Contemporary Cultures*. Chicago: University of Chicago Press, 1955.

MÉCHOULAN, Éric. "Intermédialités: le temps des illusions perdues". *Intermédialités/Intermediality*, Montreal: 2003, n. 1 [*Naître*], pp. 9-27.

MELO, Jorge Orlando. "Etnia, región y nación: el fluctuante discurso de la modernidad". Em: *Memorias del V Congreso Nacional de Antropología*, Simposio sobre Identidad. Bogotá, 1989.

_____ (org.). *Colombia hoy: perspectivas hacia el siglo XXI*. Bogotá: Biblioteca Luís Ángel Arango, 1995.

MEYROWITZ, Joshua. *No Sense of Place: The Impact of Electronic Media on Social Behavior*. Oxford/Nova York: Oxford University Press, 1985.

_____. "La télévision et l'intégration des enfants: la fin du secret des adultes". *Réseaux*, Paris: 1995, n. 74, pp. 55-88.

MIER, Raymundo; PICCINI, Mabel. *El desierto de espejos: juventud y televisión en México*. México: Plaza y Valdés, 1987.

MOLES, Abraham. *Sociodinámica de la cultura*. Buenos Aires: Paidós, 1978.

MONSIVÁIS, Carlos. "Joven-es". *Revista de Estudios sobre Juventud*, México: 1996, n. 1, pp. 8-10.

MOUFFE, Chantal. *El retorno de lo político: comunidad, ciudadanía, pluralismo, democracia radical*. Barcelona: Paidós, 1999.

NOVAES, Adauto. *Rede imaginária: televisão e democracia*. São Paulo: Companhia das Letras, 1991.

ONG, Walter J. *Oralidad y escritura: tecnologías de la palabra*. México: FCE, 1987.

PALACIOS, Marco. *Parábola del liberalismo*. Bogotá: Norma, 1999.

PAZ, Octavio. *El laberinto de la soledad*. México: FCE, 1978.

PÉCAUT, Daniel. *Guerra contra la sociedad*. Bogotá: Espasa, 2001.

PEREA, Carlos Mario. *Porque la sangre es espíritu: imaginario y discurso político en las élites capitalinas, 1942-1949*. Bogotá: Aguilar/Instituto de Estudios Políticos y Relaciones Internacionales, Universidad Nacional de Colombia, 1996.

PÉREZ GUZMÁN, Diego. "Elementos para una comprensión socio-cultural y política de la violencia juvenil". *Nómadas*, Bogotá: 1996. n. 4, pp. 195-205.

PÉREZ TORNERO, José M.; COSTA, Pere-Oriol; TROPEA, Fabio. *Tribus urbanas: el ansia de identidad juvenil, entre el culto a la imagen y la autoafirmación*. Barcelona: Gedisa, 1996.

PICON, Antoine. *La ville, territoire des cyborgs*. Besançon: Les Éditions de l'Imprimeur, 1998.

PISCITELLI, Alejandro. "De las imágenes numéricas a las realidades virtuales: esfumando las fronteras entre arte y ciencia". *David y Goliath*, Buenos Aires: 1990, n. 57, pp. 78-92.

_____. "Paleo- y neo-televisión: del contrato pedagógico a la interactividad generalizada". Em: GÓMEZ MONT, Carmen (org.). *La metamorfosis de la televisión*. México: Universidad Iberoamericana, 1996, pp. 11-30.

_____. *Ciberculturas 2.0: en la era de las máquinas inteligentes*. Buenos Aires: Paidós, 2002.

_____. *Nativos digitales*. Madrid: Santillana, 2009.

_____; ADAIME, Iván; BINDER, Inés (org.). *El proyecto Facebook y la posuniversidad: sistemas operativos sociales y entornos abiertos de aprendizaje*. Madrid: Ariel/Telefónica, 2011.

RAMA, Ángel. *La ciudad letrada*. Buenos Aires: Ediciones del Norte, 1985.

RAMÍREZ, Sergio. "Culturas, tecnologías y sensibilidades juveniles". *Nómadas*, Bogotá: 1996, n. 4, pp. 91-9.

_____; MUÑOZ, Sonia. *Trayectos del consumo: itinerarios biográficos, producción y consumo cultural*. Cali: Univalle, 1995.

RANCIÈRE, Jacques. *Le partage du sensible. Esthétique et politique*. Paris: La Fabrique, 2000.

_____. *Le spectateur emancipé*. Paris: La Fabrique, 2008.

REGUILLO, Rossana. "Violencias expandidas. Jóvenes y discurso social". *JOVENes. Revista de Estudios sobre Juventud*, México: 1999, ano 3, n. 8, pp. 10-23.

_____; HERNÁNDEZ, Margarita. *Lotería urbana: un juego para pensar la ciudad*. México: ITESO, 2001.

RENAUD, Alain. *Videoculturas fin de siglo*. Madrid: Cátedra, 1989.

_____. "L'image: de l'économie informationnelle à la pensée visuelle". *Réseaux*, Paris: 1992, v. 11, n. 61, pp. 9-32.

RIAÑO, Pilar. *Jóvenes, memoria y violencia en Medellín: una antropología del recuerdo y el olvido*. Medellín: Universidad de Antioquia, Instituto Colombiano de Antropología e Historia, 2006.

_____. *Antropología del recuerdo y el olvido: jóvenes, memoria y violencia en Medellín*. Medellín: Universidad de Antioquia, Instituto Colombiano de Antropología e Historia, 2007.

RICHARD, Nelly. *La insubordinación de los signos (cambio político, transformaciones culturales y poéticas de la crisis)*. Santiago do Chile: Cuarto Propio, 1994.

ROMERO, José Luis. *Latinoamérica: las ciudades y las ideas*. Buenos Aires: Siglo XXI, 2001.

RUEDA, Amanda. *Representaciones de lo latinoamericano: memoria, territorio y transnacionalidad en el videoclip del rock latino*. Trabalho de conclusão de curso (Comunicação Social) — Univalle Cali: 1998.

SALAZAR, Alonso. *No nacimos pa' semilla: la cultura de las bandas juveniles*. Bogotá: Cinep, 1990.

SALAZAR, Alonso. *La parábola de Pablo: auge y caída del narcotraficante más famoso de todos los tiempos*. Barcelona: Planeta, 2000.

_____. *La parábola de Pablo: auge y caída de un gran capo del narcotráfico*. Bogotá: Planeta Colombiana, 2001.

SÁNCHEZ-BIOSCA, Vicente. *Una cultura de la fragmentación: pastiche, relato y cuerpo en el cine y la televisión*. Valencia: Filmoteca de la Generalitat Valenciana, 1995.

SARLO, Beatriz. *Escenas de la vida posmoderna: intelectuales, arte y video-cultura en la Argentina*. Buenos Aires: Ariel, 1994.

SAVATER, Fernando. "¿Educar o domesticar?". *El País*, Madrid, 5 abr. 2001.

SENNETT, Richard. *A corrosão do caráter: consequências pessoais do trabalho no novo capitalismo*. Rio de Janeiro: Record, 1999.

_____. *Carne y piedra: el cuerpo y la ciudad en la civilización occidental*. Madrid: Alianza, 1997.

SHANNON, Claude E.; WEAVER, Warren. *The Mathematical Theory of Communication.* Chicago: University of Illinois Press, 1949. [Edição em espanhol: *Teoría matemática de la comunicación.* Madrid: Forja, 1981.]

SIMMEL, Georg. "La metrópolis y la vida mental" (1925). Em: BASSOLS, Mario *et al.* (org.). *Antología de sociología urbana.* México: UNAM, 1988.

STIEGLER, Bernard. *La technique et le temps. Tome 3: Le temps du cinéma et la question du mal-être.* Paris: Galilée, 2001.

SVAMPA, Maristella (org.). *Desde abajo: la transformación de las identidades sociales.* Buenos Aires: Biblos, 2000.

THOMPSON, Edward Palmer. *La formación histórica de la clase obrera en Inglaterra.* Barcelona: Crítica, 1989.

TOURAINE, Alain. *¿Qué es la democracia?.* México: FCE, 2001.

URIBE, María Teresa. "Órdenes complejos y ciudadanías mestizas: una mirada al caso colombiano". *Estudios Políticos*, Medellín: 1998, n. 12, pp. 25-46.

_____. *Nación, ciudadano y soberano.* Medellín: Corp. Región, 2001.

_____. "Las palabras de la guerra". *Estudios Políticos*, Medellín: jul.-dez. 2004, n. 25, pp. 11-34.

_____. *Las palabras de la guerra. Metáforas, narraciones y lenguajes políticos: un estudio sobre las memorias de las guerras civiles en Colombia.* Medellín: Carreta/Instituto de Estudios Políticos/Universidad de Antioquia/Corp. Región, 2006.

VATTIMO, Gianni. *El fin de la modernidad: nihilismo y hermenéutica en la cultura posmoderna.* Barcelona: Gedisa, 1985.

VELHO, Gilberto (org.). *Antropologia urbana: cultura e sociedade no Brasil e Portugal.* Rio de Janeiro: Zahar, 1999.

VEZZETTI, Hugo. "El sujeto psicológico en el universo massmediático". *Punto de Vista*, Buenos Aires: 1993, ano 16, n. 47, pp. 22-5.

VILA, Pablo. "Música e identidad: La capacidad interpeladora y narrativa de los sonidos, las letras y las actuaciones musicales". Em: PICCINI, Mabel; ROSAS MANTECÓN, Ana; SCHMILCHUK, Graciela (org.). *Recepción artística y consumo cultural.* México: CNCA/INBA/CENIDIAP/Ediciones Casa Juan Pablos, 2000.

VIRILIO, Paul. *La máquina de visión.* Madrid: Cátedra, 1989.

VV.AA. *Lectoescritura y desarrollo en la Sociedad de la Información.* Bogotá: CERLALC/ AECI, 2007.

WEBER, Max. *La ética protestante y el "espíritu" del capitalismo.* México: Premia, 1979.

WINOCUR, Rosalía. *Robinson Crusoe ya tiene celular.* México: Siglo XXI, 2010.

ZIRES, Margarita. "Cuando Heidi, Walt Disney y Marilyn Monroe hablan por la Virgen de Guadalupe". *Versión*, México: 1992, n. 4, pp. 47-53.

sujeitos juvenis e protagonismo social em Jesús Martín-Barbero[1]

Nilda Jacks
Daniela Schmitz

introdução: de coadjuvantes a protagonistas

Ao longo de sua carreira de pesquisador e pensador da cultura e comunicação, Jesús Martín-Barbero tratou de temas e questões de amplo espectro que dizem respeito às condições da modernidade e pós-modernidade na América Latina: culturas populares, política cultural, meios de comunicação, consumo cultural e recepção de meios, novas tecnologias de comunicação e informação, educação, ética etc.

Do interesse pelas culturas populares e pelos segmentos sociais a elas vinculadas, chega aos sujeitos e sua relação com a cultura de massas no contexto da vida cotidiana, às oralidades, às identidades culturais etc., secundarizando paulatinamente os meios de comunicação como eixo para entender a comunicação, o que resultou numa guinada em seus estudos e preocupações. Foi no âmbito dos estudos de recepção e consumo cultural que o encontro com os sujeitos ocorreu de forma concreta, entre outros, com o segmento das classes populares, das mulheres, dos grupos familiares, dos indígenas, dos jovens[2] etc.

Estes últimos, na visão do autor, são elencados na categoria de "novo ator social"[3] somente em meados de 1980, quando assumem um protagonismo até então inexistente no mundo social e nos meios de comunicação latino-americanos. Esse protagonismo foi antecedido de um processo lento, que tem seu

---

1 Pesquisa financiada pelo CNPq.
2 Jesús Martín-Barbero, "Yo no fui a buscar los efectos, sino los reconocimientos. Prólogo/Entrevista", em: Jorge Bonilla; Mónica Cataño; Omar Rincón; Jimena Zuluaga, *De las audiencias contemplativas a los productores conectados. Mapas de los estudios y de las tendencias de ciudadanos mediáticos en Colombia*, Bogotá: Sello Editorial Javeriano, 2012.
3 *Idem*, "Teenagers as Social Agents", *Peace Review Journal*, University of San Francisco, California: 1997, v. 9, n. 4; *idem*, "Jóvenes: des-orden cultural y palimpsestos de identidad", em: Humberto Cubides Cipagauta; María Cristina Laverde Toscano; Carlos Eduardo Valderrama (org.), *"Viviendo a toda": jóvenes, territorios culturales y nuevas sensibilidades*, Bogotá: Siglo del Hombre, 1998.

ponto de inflexão na passagem dos anos 1960 para os 1970, como repercussão do maio de 68. É apenas na década seguinte, contudo, que Martín-Barbero passa a refletir sobre este novo ator e os significados dele no desordenamento cultural do período. Seu primeiro texto focado exclusivamente nos jovens é lançado em uma coletânea[4] ibero-americana para abordar o tema de uma maneira diferente, desde uma perspectiva cultural, e sua argumentação, por conseguinte, desvincula esses sujeitos da noção de ameaça social e violência a que comumente eram relegados. E ali, na busca por uma conceituação acerca da juventude, já surgem todas as (in)definições sobre este objeto nômade, difuso e plural, cuja falta de relevância social se dá pela condição "etapista" de sua existência: a transição entre a infância e a vida adulta, ambas socialmente reconhecidas. É numa discussão que mescla identidade juvenil, revolução tecnocultural, novas sociabilidades e a participação dos meios, mais especificamente da televisão, na criação deste "ator social jovem", que o autor dá entrada na reflexão sobre a juventude.

Muito antes de se tornar protagonista da cena que discute cultura e comunicação contemporâneas, pelo eixo da convergência midiática, a juventude, entretanto, foi se tornando pauta por ele trabalhada. Isso ocorre na medida em que a temática da educação nas relações com o campo da comunicação ganha vigor com a desestabilização ocasionada pela revolução tecnológica, o que inclui as práticas de leitura.

Ao refletir sobre comunicação e educação[5], o autor reconhece a pluralidade de inteligências que estão em jogo quando se fala de conhecimento, e que o jovem transita com muita habilidade na construção cotidiana dos "saberes--mosaico" dispersos e fragmentados de nosso tempo. Situação muito distante da clássica hegemonia do livro e da centralização escolar do saber. Ao ser aceito que transite fora dos circuitos sagrados e das figuras sociais que detinham e administravam o conhecimento, o jovem já não aprende apenas diante do professor, mas por "osmose com o meio ambiente comunicativo 'empapado' de outras linguagens, saberes e escritos que circulam na sociedade"[6]. Por isso, uma de suas principais reivindicações ao discutir comunicação e educação é que seja superado seu papel como "sujeitos do aprender"[7].

4 Segundo Martín-Barbero, *"Viviendo a toda": jóvenes, territorios culturales y nuevas sensibilidades*, op. cit., é a primeira iniciativa com um novo enfoque e traz um elenco de autores ainda hoje relevantes no tratamento da problemática juvenil, entre eles Mario Margulis e Carles Feixa Pampols.
5 Jesús Martín-Barbero, *A comunicação na educação*, São Paulo: Contexto, 2014.
6 Idem, "Jóvenes: comunicación e identidad", *Pensar Iberoamérica. Revista da Cultura*, n. 0, fev. 2002, p. 6.
7 Idem, "A mudança na percepção da juventude: sociabilidades, tecnicidades e

No que se refere à educação[8] como um todo e à leitura, em particular, Martín-Barbero diz que, diante das mutações culturais, a reação da escola geralmente leva a um fatalismo tecnológico e a um pessimismo político e cultural:

> *Uma reação, que põe essas instituições na defensiva, está impedindo de compreender a envergadura das mudanças que atravessamos. Pois o denso entorno de informação, que recobre e impregna todas as atividades do viver social, mescla saberes muito distintos e formas muito diversas de aprender, o que o descentra em relação ao sistema educativo que ainda nos rege. [...] uma transformação nos modos de circulação do saber, como a que estamos vivendo, é uma das mais profundas transformações que uma sociedade pode sofrer.*[9]

Nesse contexto de mudanças culturais e cognitivas, e quase em consequência do que ocorre com o sistema educacional, o hábito de leitura tem nele o cenário principal de sua formação, mas não pode ser reduzido ao universo escolar. Diz o autor:

> *Atribuindo a crise da leitura de livros entre os jovens exclusivamente à maléfica sedução exercida pelas tecnologias da imagem, a escola se exime de encarar a profunda reorganização que afeta o mundo das linguagens e da escrita, e a consequente transformação dos modos de ler que está deixando sem chão a obstinada identificação da leitura com o que corresponde somente ao livro, e não à pluralidade e heterogeneidade de textos, narrativas e escritas (orais, visuais, musicais, audiovisuais, digitais) hoje em circulação.*[10]

Para o autor, essa atitude por parte dos educadores produz nos jovens uma brecha cada vez maior entre a cultura audiovisual/digital e a ensinada

---

subjetividades entre os jovens", em: Silvia H. S. Borelli; João Freire Filho (org.), *Culturas juvenis no século XXI*, São Paulo: EDUC, 2008, p. 21.
8 No texto "Reubicando el campo de las audiencias en el descampado de la mutación cultural" (em: Nilda Jacks *et al.*, *Análisis de recepción en América Latina: un recuento histórico con perspectivas al futuro*, Quito: CIESPAL, 2011), o autor aponta para a necessidade de compreender os novos sentidos da convergência tecnológica diante dos desafios e oportunidades que ela propõe e reivindica aos modelos de educação.
9 Jesús Martín-Barbero; Gemma Lluch, *Proyecto: lectura, escritura y desarrollo en la sociedad de la información*, Bogotá: CERLALC, 2011 p. 18.
10 *Ibidem*, p. 23.

nas escolas, impedindo-os de se apropriar mais criativamente delas. Aponta, entretanto, que isso é parte de um contexto maior, pois,

> o que entra em crise são as instituições e as "fontes de significado" com e sobre as quais se constituiu a modernidade industrial: o trabalho, a política, a família, isto é, "o sistema nervoso da ordem social cotidiana", as bases mesmas da vida em comum. O que é afetado por esse desarranjo é o mundo interior, a intimidade das pessoas, o âmbito da subjetividade e da identidade.[11]

Além da reconfiguração da subjetividade e das novas identidades, outros temas que o fizeram ir prestando especial atenção aos jovens foram a violência urbana e a nova sensibilidade coletiva de que fala Walter Benjamin, um dos autores-chave de Martín-Barbero. Ele destaca que a velocidade e a sonoridade são dois elementos que distanciam os jovens dos mais velhos. O primeiro diz respeito às imagens, aos relatos, à publicidade e aos videoclipes; o segundo refere-se à música, que os adultos às vezes veem apenas como "ruídos"[12]. Dessa forma, Martín-Barbero aponta para uma cumplicidade expressiva por meio dos relatos, imagens, sonoridades e fragmentações dos jovens, que constituem seu idioma e seus ritmos[13], além de terem novos modos de perceber o espaço e o tempo. "Trata-se de uma experiência cultural nova ou, como W. Benjamin chamou, um *sensorium* novo, uns novos modos de perceber e de sentir, de ouvir e de ver, uma nova sensibilidade que em muitos aspectos se choca com o *sensorium* dos adultos e rompe com ele"[14].

O que segue é uma tentativa de focalizar na obra do autor alguns aspectos, apontados por ele, no tratamento da questão juvenil, alertando que são elementos que se sobrepõem, se entretecem, se cruzam e se mesclam, intensificados e perpassados pelo desenvolvimento das tecnologias da comunicação e informação, e dimensionados pela empatia dos "[...] jovens com a cultura tecnológica, que vai da informação absorvida pelo adolescente em sua relação com a televisão à facilidade de entrar e transitar na complexidade

---

[11] Jesús Martín-Barbero, "Identidades: tradiciones y nuevas comunidades", *Comunicação e Política*, Rio de Janeiro: jan.-abr. 2002, v. IX, n. 1, p. 169.
[12] Jesús Martín-Barbero; Gemma Lluch, *Proyecto: lectura, escritura y desarrollo en la sociedad de la información*, op. cit.
[13] Cf. Jesús Martín-Barbero, "La ciudad virtual. Transformaciones de la sensibilidad y nuevos escenarios de comunicación", *Revista de la Universidad del Valle*, Cali: ago. 1996, n. 14, pp. 26-38.
[14] *Idem*, "Retos culturales: de la comunicación a la educación", *Revista Nueva Sociedad*, n. 169, set./out. 2000, p. 36.

das redes informáticas"[15]. Tudo isso caminha lado a lado com a própria configuração do sujeito juvenil em um processo de mudança social e cultural que demarca a contemporaneidade.

sujeitos juvenis: sociabilidades e identidades em jogo

Por diversas angulações, Martín-Barbero observa os jovens há muito tempo, com o intuito de saber quais sujeitos estão começando a se reconfigurar diante da grande transformação da sociedade contemporânea, onde se tornam protagonistas. O autor já apontava para esse segmento desde o início da cultura digital, concomitante à afirmação dos movimentos de globalização econômica e tecnológica dos meios de comunicação de massa, pois observava que os jovens colombianos já exploravam

> *as cumplicidades da oralidade cultural com a visualidade eletrônica, na empatia expressiva com as fragmentações e velocidades da cultura tecnológica, nas hibridações que amalgamam no rock os sons e ruídos das cidades com as sonoridades e ritmos das músicas regionais, indígenas e negras, nas mestiçagens das estéticas transnacionais do cinema e do vídeo com os cenários de decomposição e violência do país, e também com a recriação das imagens que põem em cena a pluralidade de culturas de que somos feitos e as frágeis utopias que surgem da angústia moral e da vertigem informacional.*[16]

A origem dessa reflexão encontra-se em vários textos[17] nos quais Martín-Barbero aponta tanto para um novo *sensorium* a partir de Walter Benjamin, como já dito anteriormente, quanto para as discussões de Margaret Mead, especialmente no que tange às grandes mudanças nas experiências geracionais. Dizia ela que "Os jovens da nova geração [em troca] se asseme-

---

15 *Idem*, "Identidades: tradiciones y nuevas comunidades", *op. cit.*, pp. 187-8.
16 *Idem*, "El miedo a los medios. Política, comunicación y nuevos modos de representación", em: *idem et al.*, *La nueva representación política en Colombia*, Bogotá: IEPRI/ FESCOL, 1997 p. 20.
17 Cf. Jesús Martín-Barbero, "Identidad, comunicación y modernidad en América Latina", *Revista Contratexto, Comunicación y Cultura*, Facultad de Ciencias de la Comunicación, Universidad de Lima, Lima: jul. 1989, n. 4, pp. 31-56; *idem*, "Comunicación e imaginarios de la integración", *Revista Intermedios*, México: jun.-jul. 1992, n. 2, pp. 6-11; *idem*, "Comunicación fin de siglo. ¿Para dónde va nuestra investigación?", *Revista Telos*, Madrid: 1996, n. 47, pp. 58-64; *idem*, *Al sur de la modernidad: comunicación, globalización y multiculturalidad*, Pittsburgh: Instituto Internacional de Literatura Iberoamericana, 2001; entre tantos outros.

lham aos membros da primeira geração em um novo país"[18]. Com base na argumentação da autora, Martín-Barbero afirma que a novidade trazida pela juventude está centrada no corte com a cultura calcada no saber e na memória dos mais velhos e nos padrões de comportamentos dos pais, que por sua vez traziam de seus pais essas referências.

Essa ruptura, que os torna os "primeiros habitantes de um país novo", como disse Mead, abre espaço para as explorações tecnoculturais da imagem, da sonoridade, do tato e da velocidade. E nesta nova ordem se reorganizam os modelos de socialização[19]: os pais já não são modelos de conduta, a escola não é o único lugar de legitimidade para a construção do saber, o livro deixou de ser o centro a partir do qual a cultura se articula. São novos sujeitos. O ponto fundamental em suas reflexões, portanto, é a noção de sujeito juvenil, que para ele não é mais uma categoria fixa, determinada pela idade, e que deve ser aliada a muitos outros fatores vinculados ao contexto sociocultural, tratado no plano de uma teoria dos atores sociais e da cultura[20]. Entretanto, esse não é o ponto crucial de seus apontamentos, uma vez que é necessário levar em conta os novos ambientes virtuais. Assim, é preciso entender os jovens também como nômades, que já não habitam a cidade como espaço territorial, pois desde a infância estão no mundo. Eles têm sua própria geografia, que é traçada pela música, por personagens/personalidades etc. Uma geografia a-social, de pura cosmologia, vivida em um tempo presente. Martín-Barbero os considera, tanto quanto as crianças, criaturas do tempo e nômades do espaço.

Essas novas experiências, práticas e percepções com e por meio das tecnologias digitais os tornam, entre muitas outras coisas, não apenas multitarefeiros, mas também multiofício, pois sabem fazer muitas coisas e são empreendedores. "O que quero dizer é que o que muda é o sujeito que usa isso: agora é alguém que joga na mescla, que faz muito, que entra e se coloca em outro lugar. Mas a chave é que o que está fazendo o está fazendo com outros, o faz em perspectiva comunitária, colaborativa"[21].

---

18 Margaret Mead, *apud* Jesús Martín-Barbero; Gemma Lluch, *Proyecto: lectura, escritura y desarrollo en la sociedad de la información*, op. cit., p. 19.
19 Jesús Martín-Barbero, "Teenagers as Social Agents", op. cit. idem, "Jóvenes: desorden cultural y palimpsestos de identidad", op. cit.
20 Rossana Reguillo, "Rompecabezas de una escritura: Jesús Martín-Barbero y la cultura en América Latina", em: María Cristina Laverde Toscano; Rossana Reguillo (org.), *Mapas nocturnos. Diálogos con la obra de Jesús Martín-Barbero*, Bogotá: Siglo del Hombre/Universidad Central, Departamento de Investigaciones, 1998, p. 82.
21 Jesús Martín-Barbero, "Yo no fui a buscar los efectos, sino los reconocimientos. Prólogo/Entrevista", op. cit. p. 35.

As novas gerações "percebem e assumem a relação social como uma experiência que passa fortemente pela sensibilidade — que é, em muitos sentidos, sua corporeidade"[22]. E esta relação com o corpo torna-se também uma de suas formas de expressão, uma vez que, para o autor, "[...] os jovens nos falam hoje por meio de *outros idiomas*: dos rituais de vestir-se, atuar-se, adornar-se e, também, do emagrecer para se adequar aos modelos de corpo que lhes propõe a sociedade, pela moda e a publicidade"[23]. E no que tange ao atual contexto de convergência, que entretece telas, o corpo assume ainda novos contornos, pois é "[...]sustentado cada vez menos em sua anatomia e mais em suas extensões ou próteses tecnomidiáticas"[24].

Nesses novos modos de ser e viver, os jovens são insubmissos, o que é próprio dessa fase, o que não significa desobediência, mas mesmo assim o autor diz que eles não são compreendidos, e mesmo aceitos, pela sociedade. Em defesa deles, Martín-Barbero pontua que se deve levar em conta, acima de tudo, que o ofício geracional dos jovens não é construir; pelo contrário, é contestar o *status quo*, o que pode levar à transformação de todos os papéis sociais.

Para o autor, é de onde pode brotar uma ordem menos injusta e opressora. Os jovens podem reinventar a sociedade, pois querem ser cidadãos, mas de outro planeta, de outra escola, outra família, outra sociedade, outra rua[25].

Por outro lado, o autor pondera que

> *o mal-estar do eu [...] aparece de forma mais desconcertante entre os jovens. Evidencia-se, por um lado, no rechaço à sociedade e em seu refúgio no esquecimento extático — com X de êxtase — e, por outro lado, na fusão neotribal: milhões de jovens ao redor do mundo juntando-se, não para falar, mas para estarem juntos, em silêncio, ouvindo heavy metal, fundindo-se em fúria e raiva que concebe e projeta muito da música atual, indicando-nos a contraditória mescla*

---

22 *Idem*, "A mudança na percepção da juventude: sociabilidades, tecnicidades e subjetividades entre os jovens", em: Silvia H. S. Borelli; João Freire Filho (org.), *Culturas juvenis no século XXI*, São Paulo: EDUC, 2008, p. 21.

23 *Ibidem*, grifo do autor.

24 Jesús Martín-Barbero, *Ofício de cartógrafo: travessias latino-americanas da comunicação na cultura*, São Paulo: Edições Loyola, 2004, p. 115.

25 *Idem*, "Los jóvenes siguen queriendo ser ciudadanos, pero de otro planeta" [entrevista a Omar Rincón, 1 post (17min 42s)], I Bienal Latinoamericana de Infancias y Juventudes, Manizales, Colômbia, 2014, disponível em: <https://www.youtube.com/watch?v=VdvwSHvEob0> , acesso em: 20 jul. 2021.

de passividade e agressividade de que é constituído o nós que os mais jovens experimentam.[26]

Martín-Barbero se refere à vivência contemporânea de desencantamento do mundo e desmoralização coletiva, ocasionado pela globalização e pelos limites da modernidade, responsáveis pela crise de legitimidade do sistema social, que afeta o contexto juvenil atual.

novas sociabilidades: subjetividades, identidades e as tecnologias

Ao tratar do comportamento juvenil, Martín-Barbero não sobrevaloriza as tecnologias, porque, por um lado, as trata também como uma questão de usos e, por outro, porque reconhece que os jovens têm seu próprio mundo, independentemente delas, as quais apenas reconfiguram seu modo de viver. Segundo Reguillo[27], o autor "[...] colocou as tonalidades intermediárias que eram urgentes para transitar do denuncismo ou do conformismo para uma posição mais ativa com relação ao impressionante desenvolvimento tecnológico que transformou as formas de socialidade em escala planetária e de maneira particular no continente". Para a autora, Martín-Barbero conseguiu romper com os determinismos de ambos os lados, e essa ruptura o levou a um tipo de compreensão que resultou em uma socioantropologia das tecnologias da comunicação[28].

Nas palavras do autor, "[...] pensar a técnica é assumir sem medos, nem complexos enganosos, o desafio que nos propõem a sensibilidade dos mais jovens e suas empatias cognitivas e expressivas com as narrativas que as tecnologias tornam possíveis hoje"[29]. No espaço da cidade, por exemplo, mudam constantemente os lugares de encontro, amparados sobretudo nas redes sociais, que articulam os deslocamentos dos grupos juvenis. Habitam, portanto, a cidade de um novo modo, atravessando territórios e espaços[30]. O

---

26 *Idem*, "Identidades: tradiciones y nuevas comunidades", *op. cit.*, p. 169.
27 Rossana Reguillo, "Rompecabezas de una escritura: Jesús Martín-Barbero y la cultura en América Latina", *op. cit.*, p. 86.
28 *Ibidem*, p. 88.
29 Jesús Martín-Barbero, "De la comunicación a la filosofía y viceversa: nuevos mapas, nuevos retos", em: María Cristina Laverde Toscano; Rossana Reguillo (org.), *Mapas nocturnos. Diálogos con la obra de Jesús Martín-Barbero, op. cit.*
30 *Idem*, "La política tiene que cambiar mucho para hacerse cargo de las nuevas dinámicas de la cultura" [entrevista a Catalina Gayà e Marta Rizo], *Observatorio de Migración y Comunicación. Portal de la Comunicación InCom-UAB*, 3 dez. 2001, disponível em: <www.portalcomunicacion.com/catunesco/download/barbero.pdf>,

autor aproxima esse fenômeno do regime de visualidade, que inclui o grafite[31], o qual marca a cultura contemporânea e instala um fluxo contínuo, numa experiência próxima do *zapping* televisivo[32]. Por outro lado,

> à insegurança que esse modo de habitar descentrado e desespacializado implica, especialmente as novas gerações respondem refazendo as figuras da socialidade: essas tribos cuja ligação não provém nem de um território fixo, nem de um consenso racional e duradouro, mas da idade e do gênero, dos repertórios estéticos e dos gostos sexuais, dos estilos de vida e das exclusões sociais.[33]

Por meio das redes sociais, a espacialidade se converte em território, uma vez que os jovens estão juntos sem estarem na mesma sala, reconfigurando também a sociabilidade, uma vez que "para eles o computador não é uma máquina, mas uma tecnicidade *cognitiva* e criativa"[34]. Tudo os junta, em especial a música, e pela tecnologia eles próprios podem unir interesses: trabalho e lazer, informação e consumo, pesquisa e jogo. Pelas redes, eles também fazem política, decidem, se divertem, jogam, exploram a estética e o lúdico. Permitem ainda que a multiplicidade de telas[35] com que convivem atravesse e reconfigure as experiências da rua, já que não estão mais necessariamente reunidos, mas interconectados.

Para o autor, a música é um dos principais elementos que conecta as sensibilidades juvenis, e é o resultado da hibridação entre cultura e comu-

---

acesso em: 28 maio 2015.
31 Jesús Martín-Barbero; Gemma Lluch, *Proyecto: lectura, escritura y desarrollo en la sociedad de la información*, op. cit.
32 Jesús Martín-Barbero, "Jóvenes: des-orden cultural y palimpsestos de identidad", *op. cit.* Idem, "Identidades: tradiciones y nuevas comunidades", *op. cit.*
33 *Idem*, "Identidades: tradiciones y nuevas comunidades", *op. cit.*, p. 187.
34 *Idem*, "Comunicación y cultura mundo: nuevas dinámicas mundiales de lo cultural. Prólogo", *Revista Signo y Pensamiento*, Bogotá: jul./dez. 2010, v. XXIX, n. 57, p. 30, grifo do autor. Para tal proposição, o autor toma como base a discussão de Carlos A. Scolari, *Hacer clic. Hacia una sociosemiótica de las interaciones digitales*, Barcelona: Gedisa, 2004; José Bragança de Miranda; Maria Teresa Cruz (org.), *Crítica das ligações na Era da Técnica*, Porto: Tropismos, 2001; Chris Dede, *Aprendiendo con tecnologia*, Buenos Aires: Paidós, 2000.
35 Diz que o importante para os educadores é a preocupação sobre como as telas "afetam os novos modos de habitar o corpo e os novos saberes sobre ele, ou seja, a biotecnologia e a genética, tanto em suas potencialidades como em suas perversões". Jesús Martín-Barbero, "Diversidade em convergência", *Revista MATRIZes*, São Paulo: jul./dez. 2014, v. 8, n. 2, p. 27.

nicação, potencializada pela convergência digital. Segundo Martín-Barbero, "[...] a música é ao mesmo tempo a mais expressiva experiência de apropriação, criatividade cultural e empoderamento social por parte dos jovens"[36]. De acordo com ele, "baixa-se a música da internet não para fazer negócio, mas para gozar, ouvi-la e recomendá-la aos amigos, não copiam, mas reproduzem mesclas com o que há disponível"[37].

Esse produto cultural é apontado ainda como "organizador social do tempo"[38] desses sujeitos, já que os jovens dispõem de excesso de tempo livre[39] e este é desdobrado ritmicamente para erradicar seu tédio. E, concordando com outros autores[40] que indicam a música como o idioma juvenil por excelência[41], Martín-Barbero aponta que "milhões de jovens ao redor do mundo se juntam sem falar, só para compartilhar a música e para estar juntos por meio da comunicação corporal que ela gera"[42]. Quanto às tecnologias digitais, a seu ver, causam um desordenamento ainda mais próximo e intenso que o causado pela televisão, pois dão acesso às crianças e jovens ao mundo velado dos adultos, desafiando o filtro e a autoridade dos pais ao transformar o modo como a informação circula dentro de casa. A criatividade juvenil na rede dribla ainda mais facilmente o que é vetado pela censura moral ou eletrônica. Por isso, o autor vê esses sujeitos longe de afirmações apocalípticas que apregoam o isolamento juvenil e a perda de vínculo com a realidade em razão do uso excessivo da

---

[36] Jesús Martín-Barbero, "Diversidade em convergência", *op. cit.*, p. 23.
[37] *Idem*, "Yo no fui a buscar los efectos, sino los reconocimientos. Prólogo/Entrevista", *op. cit.*, p. 34.
[38] *Idem*, "A mudança na percepção da juventude: sociabilidades, tecnicidades e subjetividades entre os jovens", *op. cit.*, p. 16.
[39] Na argumentação do autor, este ócio é relativo ao tempo sem trabalho ou à longa espera por um, referindo-se especialmente ao contexto colombiano.
[40] Cf. Franco Ferrarotti, *Homo sentiens. Giovani e musica: la rinascita della comunità dallo spirito della nuova música*, Nápoles: Liguori, 1995; Michel Maffesoli, *La contemplation du monde: figures du style communautaire*, Paris: Grasset, 1993; Francisco Cruces (org.), *Antropología. Revista de Pensamiento Antropológico y Estudios Etnográficos*, Madrid: 1998, n. 15-16, número dedicado a: *El sonido de la cultura. Textos de antropología de la música*; Pablo Vila, "Música e identidad: la capacidad interpeladora y narrativa de los sonidos, las letras y las actuaciones musicales", em: Mabel Piccini; Ana Rosas Mantecón; Graciela Schmilchuk (org.), *Recepción artística y consumo cultural*, México: CNCA/INBA/CENIDIAP/Ediciones Casa Juan Pablos, 2000, pp. 331-69.
[41] Jesús Martín-Barbero, "Sujeito, comunicação e cultura" [entrevista a Roseli Fígaro e Maria Aparecida Baccega], *Comunicação e Educação*, n. 15, maio/ago. 1999, disponível em: <http://www.revistas.usp.br/comueduc/article/view/36864/39586>, acesso em: 21 maio 2016.
[42] *Idem*, "A mudança na percepção da juventude: sociabilidades, tecnicidades e subjetividades entre os jovens", *op. cit.*, p. 22.

tecnologia. Admite que existem razões para tais temores, mas argumenta que os jovens estão "[...] íntima e estruturalmente *mediados por suas interações pela e com a tecnologia*"[43] e que uma de suas investigações aponta justamente para uma sociabilidade que se constrói na navegação em cibercafés, inclusive entre garotos que têm computador em casa, mas optam por esses ambientes para compartilhar descobertas e usar jogos *online* ao lado de amigos. Argumenta que

> *Enfrentando a massificada disseminação de seus anonimatos, e fortemente conectada às redes da cultura-mundo da informação e do audiovisual, a heterogeneidade das tribos urbanas nos mostra a radicalidade das transformações que nos atravessa, a profunda reconfiguração da socialidade.*[44]

A emergência dessas novas sensibilidades e sociabilidades aponta para as mudanças radicais por que passam os jovens, pois elas estão "[...] desligadas das figuras, estilos e práticas de antigas tradições que definem 'a cultura' e cujos sujeitos se constituem a partir da conexão/desconexão com os aparelhos"[45]. Em outro lugar, Martín-Barbero esclarece ao que está se referindo quando pauta a questão da mudança de sensibilidade juvenil, com o exemplo de uma experiência familiar: "[...] meu filho já misturou muito mais do que eu: ele é matemático, filósofo, é poeta, desenha páginas na web, e dirigiu uma revista de resenhas de livros por meio da qual colocou seus amigos, biólogos, químicos e físicos, para lerem resenhas de novelas e as próprias novelas"[46]. Com isso, afirma que a sensibilidade juvenil é cada vez menos passiva, é mais ativa, mais criativa, mais misturada. Observa, ao mesmo tempo, os potenciais de conexão e inclusão pela tecnologia digital, pois entende que o acesso aos meios digitais é menos desigual do que a posse de dispositivos. De todo modo, as diferenças entre o uso cotidiano no ambiente familiar e o esporádico dos que não possuem dispositivos são enormes, situação que ainda demarca a relevância da mediação da classe social. Com base em Bourdieu, o autor afirma que isso se traduz "[...] na marca de classe que a posse deixa

---

43 *Ibidem*, grifos do autor.
44 *Idem*, "Identidades: tradiciones y nuevas comunidades", *op. cit.*, pp. 187-8.
45 *Ibidem*.
46 Jesús Martín-Barbero, "As formas mestiças da mídia" [entrevista a Mariluce Moura], *Revista Pesquisa FAPESP*, n. 163, set. 2009, disponível em: <https://revistapesquisa.fapesp.br/as-formas-mesticas-da-midia/>, acesso em: 22 mar. 2015, p. 14.

sobre o *modo de relação* com os dispositivos e recursos"[47]. Assim, a seu ver, não é a tecnologia a responsável pelas desigualdades, pois ela reproduz uma exclusão que a própria sociedade gera em suas relações, principalmente na concentração do poder e do saber e na reprodução da submissão.

identidades mutantes: tecnologias e sensibilidades em articulação

Em uma de suas primeiras visitas ao Brasil, Jesús Martín-Barbero proferiu a palestra "Industrias culturales: modernidad e identidad"[48], apontando e ressaltando os novos modos de operação e percepção das identidades, especialmente as desterritorializadas como as que constituem as camadas juvenis, sob influência da comunicação de massas. Para ele, trata-se de

> *identidades com temporalidades menos longas, mais precárias, dotadas de uma plasticidade que permite amalgamar ingredientes que provêm de mundos culturais bem diversos, e portanto atravessadas por descontinuidades, por não contemporaneidades, nas quais convivem gestos atávicos, resíduos modernistas, inovações e rupturas radicais.*[49]

Segundo o autor, o desconhecimento dos novos modos como os jovens se comunicam por meio de culturas não territoriais estava fragilizando a interação com as manifestações culturais nacionais e locais, questão de fundo tratada no referido congresso. Anos mais tarde, com o tema em desenvolvimento e as mudanças operadas na sociedade, reafirma que

> *adiante da memória duradoura, mas também da rigidez das identidades tradicionais, os sujeitos da nova geração parecem dotados de uma plasticidade neuronal que se traduz em elasticidade cultural, uma camaleônica capacidade de adaptação aos mais diversos contextos e uma complexidade expressiva com o universo audiovisual e informático. [...] E isso não só entre jovens das classes altas, o som e ritmo do heavy metal convocam a um sujeito transclassista: da escuta solitária no walkman*

---

47 *Idem*, "A mudança na percepção da juventude: sociabilidades, tecnicidades e subjetividades entre os jovens", *op. cit.*, p. 15, grifos do autor.
48 XII Congresso Brasileiro de Pesquisadores da Comunicação-Intercom, Florianópolis, 1989.
49 Jesús Martín-Barbero, "Industrias culturales: modernidad e identidad" [Palestra], Congresso da Intercom, Florianópolis, 1989 [mimeo.], p. 14.

ao grupo que faz música em casa, da discoteca ao concerto no bairro, o rock [em espanhol] fala em voz alta da experiência da sensibilidade das novas tribos urbanas.[50]

Martín-Barbero recorre à metáfora do palimpsesto, usada também para discutir a noção de gênero televisivo, para se referir a essa identidade juvenil desafiadora da racionalidade adulta. Ela se constrói nas entrelinhas do presente, que permitem entrever o passado, ainda que borrado, articulando sensibilidades modernas e pós-modernas, e constituindo-se de forma desterritorializada e inevitavelmente híbrida. Desse modo, o autor[51] atribui aos jovens e a sua experiência cultural particular, que não se prende a nenhum tipo de linearidade, o lugar privilegiado de gestação do futuro. Completa afirmando que as identidades juvenis são constituídas simultaneamente pela homogeneização das vestimentas, da comida, da música e pela profunda necessidade de diferenciação que se expressa nos signos com que alimentam suas sensibilidades e sua formação estética[52].

Em uma de suas entrevistas[53], Martín-Barbero argumenta que o potencial criativo do jovem se expressa de várias formas: na linguagem, pela necessidade de operar com um vocabulário distintivo em relação aos adultos; na visualidade, na qual o grafite é muito mais que um mural, é um grito e um desejo de contar uma história; e na sonoridade, que, muito mais do que uma produção musical, é uma relação, um encontro.

No movimento de saída de uma condição marginal para um protagonismo social, há uma inversão de sentido na noção de juventude, e Martín-Barbero cita dois importantes referentes nesse processo: "[...] o valor positivo que o jovem adquiriu e a experiência de identidade social que os próprios jovens têm"[54]. Com isso, todos os prefixos "in" que definiam o ser jovem a partir de uma negação (instabilidade, imaturidade, irresponsabilidade, improdutivida-

---

50 *Idem*, "Descentramiento cultural y palimpsestos de identidad", *Cultural Boundaries: Identity and Communication in Latin America*, Conferência na University of Sterling, 16-18 out. 1996, p. 9.
51 *Idem*, "Sujeito, comunicação e cultura", *op. cit.*
52 *Idem*, "La ciudad virtual. Transformaciones de la sensibilidad y nuevos escenarios de comunicación", *Revista de la Universidad del Valle*, Cali: ago. 1996, n. 14, pp. 26-38.
53 *Idem*, "Los jóvenes nos hablan en medio de mucho ruido y hay que saber escucharlos" [entrevista], *Liebre Lunar*, fev. 2010. Disponível em: <https://liebrelunar.com/site/entrevista-a-jesus-martin-barbero-%E2%80%9Clos-jovenes-nos-hablan-en-medio-de-mucho-ruido-y-hay-que-saber-escucharlos%E2%80%9D/>, acesso em: 25 maio 2016.
54 *Idem*, "Jóvenes: des-orden cultural y palimpsestos de identidad", *op. cit.*, p. 30.

de) acabam perdendo espaço para a criação de uma nova matriz e de um novo valor que se contrapõem à experiência e memória do "ser velho"[55].

Com isso, é bastante recente a "criação" de uma identidade jovem com um caráter positivo, imagem explorada em grande medida pelo mercado, que a converte em um paradigma de modernidade, identificando-a permanentemente com a novidade. O autor[56] busca indícios para essa afirmação nas palavras de Monsivais, que identifica que só a partir de 1968 foi possível associar a revolução como uma obra juvenil. Por outro lado, com base em Beatriz Sarlo, Martín-Barbero localiza nas classes populares a mudança mais proeminente para o surgimento de uma categoria identitária juvenil: antes os jovens dessas classes passavam da infância para uma cultura do trabalho e os que não seguiam tal trajeto caíam num perigoso terreno da delinquência[57]. De acordo com Martín-Barbero, para Sarlo é no final dos anos 1960 e juntamente com a cultura do rock que se verificam o encurtamento da infância e o alargamento da juventude para depois dos trinta anos, abrindo espaço assim para todo caráter de experimentação, mobilização e resistência que mais contemporaneamente se associa à juventude.

Para Martín-Barbero[58], contudo, esse despontar da categoria juvenil situa-se em um período mais distante: ele credita aos românticos a identificação com a modernidade estética e aos surrealistas a construção de um herói identificado com a transexualidade e a inocência perversa.

Ao mesmo tempo, admite que a imersão e a intimidade com a cultura tecnológica podem ser compreendidas pelo fato de que, nessa nova ambiência, esses sujeitos encontram seu meio de expressão, o que está estreitamente relacionado com questões identitárias. Aos olhos do autor,

> *presenciamos a formação de comunidades hermenêuticas que respondem a novos modos de perceber e narrar a identidade, assim como a conformação de identidades com temporalidades menos longas, mais precárias, mas também mais flexíveis, capazes de amalgamar, de fazer conviver no mesmo sujeito ingredientes de universos culturais muito diversos.*[59]

---

55 Embora, no mesmo texto, o autor defenda que não é possível construir um futuro sem memória e que os próprios jovens lhe dão valor.
56 Jesús Martín-Barbero, "Sujeito, comunicação e cultura", *op. cit.*
57 *Idem*, "Jóvenes: des-orden cultural y palimpsestos de identidad", *op. cit.*, p. 30.
58 *Ibidem*.
59 *Idem*, "Jóvenes: comunicación e identidad", *Pensar Iberoamérica. Revista da Cultura*, n. 0, fev. 2002, p. 3.

Para o autor, essas habilidades e potencialidades juvenis legitimam o espaço que tais sujeitos adquirem na visibilidade social de um novo *sensorium*, como já foi dito, o qual se revela nas dificuldades de comunicação com outras gerações. Ele declara, por isso, que

> *estou convencido de que o mundo jovem é hoje o espaço primordial de expressão das mudanças que experimentamos, quiçá mais expressivo ainda que a própria arte. A indisposição dos jovens está nos falando, tanto ou mais que a arte, de nossas incertezas e nossas raivas: o problema é que não sabemos decifrá-las, não temos as chaves hermenêuticas que nos permitam entendê-las.*[60]

consumo juvenil: identidades e sociabilidades como vetores

Como não desvincula o mundo do consumo do mundo social, ao tratar do consumo juvenil, em especial do consumo cultural e midiático, Martín-Barbero pauta a discussão tomando como parâmetro o âmbito da cultura e das relações sociais.

Para o autor[61], o consumo midiático tem um forte papel na reconfiguração das identidades em geral, mas especialmente das juvenis. Isso porque, na América Latina, os jovens vivenciam um enfraquecimento de três importantes âmbitos constitutivos de identidade: família, trabalho e política. Assim, esse grupo social estaria mais exposto aos discursos midiáticos, não porque os meios têm mais força, mas pela intensidade com que os jovens se relacionam com eles. O mundo da música e os sentidos compartilhados a partir dele são um exemplo claro desse processo.

Por outro lado, para entender o consumo juvenil e a apropriação que o mercado realiza de sua identidade, o autor toma como base as transformações socioculturais, indicando que, para compreender o que há de novo na juventude atual, é necessário reconhecer que existem fenômenos transclassistas e transnacionais; que o desordenamento cultural do período impulsiona por si só a juventude; e que o mercado capitaliza em proveito próprio o imaginário juvenil.

---

60 *Idem*, "Aventuras de un cartógrafo mestizo en el campo de la comunicación", *Revista Latina de Comunicación Social*, 19.0, 1999, disponível em: <http://www.ull.es/publicaciones/latina/a1999fjl/64jmb.htm>, acesso em: 23 abr. 2016.
61 *Idem*, "La política tiene que cambiar mucho para hacerse cargo de las nuevas dinámicas de la cultura", *op. cit.*

O mercado identifica o jovem com a constante novidade e o faz de duas formas: a juventude se converte em sujeito consumidor[62] e, no campo publicitário, as experimentações narrativas e audiovisuais se valem das novas sensibilidades associadas aos jovens como estratégia de venda. Desvinculando o jovem de um período etário, o mercado — mais notadamente a publicidade e a moda — o coloca no centro do desejo, valendo-se de seu frescor, potência e atratividade física. E, para além dos rendimentos econômicos que essa figura potencializa, o mercado é apontado ainda como perspicaz em decifrar os novos sentidos da juventude e ajudar a construir os imaginários de felicidade e plenitude a ela associados.

O autor também se refere à música, como já foi apontado anteriormente, afirmando que, apesar de ser uma das experiências mais criativas e de empoderamento vividas pelos jovens, é parte de uma das mais lucrativas estratégias de mercado da indústria cultural[63]. Nesse sentido, ele aponta o papel estruturante e concomitantemente criativo que o consumo exerce na vida e na identidade juvenil.

O jovem desponta como símbolo, mas esse feito não pode ser creditado apenas ao mercado, ou seja,

> *se a juventude é um símbolo, não é pelos artifícios operacionais do mercado, mas porque ela condensa, em seus desassossegos e desgraças, tanto como em seus sonhos de liberdade, ou em suas complicações cognitivas e expressivas com a língua das tecnologias, chaves da mutação cultural que nosso mundo atravessa.*[64]

Nesse mesmo texto, o autor cita a própria "conversão da juventude em elemento constitutivo da identidade"[65] como algo anterior ao movimento de apropriação dos valores juvenis pelo mercado. Entretanto, de forma muito perspicaz, observa que o mercado potencializa, expande e acaba por capitalizar em proveito próprio a construção social e cultural desse novo sujeito, cuja matriz se distancia dos valores da memória e da experiência

---

62 Em entrevista a Omar Rincón, ele diz que o "desencaje" do tempo faz com que as idades flutuem e a juventude já não corresponde a uma determinada faixa etária, o que serve muito ao mercado. Cf. Jesús Martín-Barbero, "Los jóvenes siguen queriendo ser ciudadanos, pero de otro planeta" [entrevista a Omar Rincón], *op. cit.*
63 Jesús Martín-Barbero, "Comunicación y cultura mundo: nuevas dinámicas mundiales de lo cultural. Prólogo", *op. cit.*, p. 27.
64 *Idem*, "Jóvenes: des-orden cultural y palimpsestos de identidad", *op. cit.*, p. 32.
65 *Ibidem*, p. 30.

atribuídos aos mais velhos. Portanto, ainda que não de forma exclusiva, o mercado ocupa um lugar-chave no processo, uma vez que, como afirma Sarlo, "[...] está na curva em que se cruzam o peso descendente da escola e a hegemonia ascendente do consumo"[66]. Martín-Barbero observa que a compressão cultural resultante da mudança tecnológica leva a um entrelaçamento de diferentes práticas, em que o consumo cultural e midiático não arrefece, apenas adquire novas formas porque a circulação dos produtos se dá de outras maneiras e por outros espaços, além de esmaecer as fronteiras entre produção e recepção dos bens culturais:

> *Na relação da criação cultural com "seus" públicos, a mediação tecnológica não só desloca os lugares e modos de acesso, também está retraçando profundamente a separação entre práticas de criação e consumo, como testemunham especialmente as gerações mais jovens.*[67]

Sobre essa questão, o autor também enfatiza a discussão levada a cabo por Jenkins[68] sobre o universo dos fãs, cujo segmento jovem é majoritário:

Fãs, blogueiros, videojogadores constituem o parâmetro dos consumidores da cultura popular mais ativos, mais criativos, mais comprometidos criticamente e mais conectados socialmente, e que representam a vanguarda de uma nova relação com os meios de comunicação de massa.[69]

conclusão: de protagonistas a referenciais

Este texto é fruto de uma extensa varredura, ainda que não completa, na produção textual, nas entrevistas e conferências encontradas em várias fontes, e não se prendeu ao cronológico para apresentar como evoluiu o pensamento "barberiano" a respeito do tema, mas procurou focalizar as temáticas mais importantes que levou o autor a pensar sobre esse segmento social.

Como já disse Reguillo[70], além de ser uma tarefa complexa e não isenta

---

[66] *Ibidem*, p. 29.
[67] Jesús Martín-Barbero, *Al sur de la modernidad: comunicación, globalización y multiculturalidad*, op. cit., p. 15.
[68] Henry Jenkins, *Fans, blogueros y videojuegos: la cultura de la colaboración*, Barcelona: Paidós, 2009.
[69] Jesús Martín-Barbero, "Reubicando el campo de las audiencias en el descampado de la mutación cultural", em: Nilda Jacks et al., *Análisis de recepción en América Latina: un recuento histórico con perspectivas al futuro*, Quito: CIESPAL, 2011, p. 455.
[70] Rossana Reguillo, "Rompecabezas de una escritura: Jesús Martín-Barbero y la cultura en América Latina", *op. cit.*

de dificuldades, analisar a obra de Martín-Barbero exige a escolha de algum ângulo entre as muitas possibilidades apontadas por ele, "[...] que apostou na configuração complexa de problemáticas, objetos e reflexões que não podiam caber em um compartimento fechado"[71]. Reguillo acrescenta que é relevante "[...] sua agudeza e sensibilidade para detectar e captar os 'objetos quentes'"[72], entre os quais certamente se inclui sua reflexão sobre os jovens e sua intimidade com as tecnologias de comunicação e informação, que é constitutiva de seu mundo cultural e cognitivo. Tais competências, por um lado, aproximam os jovens dos ideais de futuro e das novas lógicas de construção e circulação do conhecimento; por outro, criam uma distância geracional bastante delicada, como pondera o autor, pois os adultos "[...] veem desvalorizados seus saberes até o ponto de ter que simular a qualquer custo que são jovens para não se sentirem desalojados do mundo que os novos saber e sentir tecnológicos legitimam"[73].

Martín-Barbero, entretanto, até o momento publicou poucos textos que tratam exclusivamente dos jovens[74], mas a quantidade de vezes que se remete a eles ao abordar quase todos os assuntos é diretamente proporcional a sua intensa produção textual, entrevistas e palestras[75], o que demonstra seu reconhecimento de que são atores sociais de inegável importância para entender as grandes mudanças culturais que estão ocorrendo em nossas sociedades. O autor já disse em vários momentos que as radicais mudanças culturais do século XX foram carreadas pelos jovens e pelas mulheres, e que é a primeira vez na história da humanidade que os adultos aprendem com os jovens, e não o contrário, embora reconheça que, ao mesmo tempo, os jovens necessitam de certo tipo de memória cultural que os leve a se sentir parte da sociedade onde se inserem.

Ampliando sua perspectiva analítica, apesar de reconhecer um universo comum vivido por jovens, especialmente urbanos, Martín-Barbero não deixa de fazer referência às diferenças de classe ao dar destaque para os segmentos populares. Aponta para a mescla que "[...] a juventude marginaliza-

---

[71] *Ibidem*, p. 80.
[72] *Ibidem*, p. 81.
[73] Jesús Martín-Barbero, "Comunicação e cidades: entre meios e medos", *Novos Olhares*, São Paulo: jan.-jul. 1998, v. 5, n. 1, p. 7.
[74] *Idem*, "Teenagers as Social Agents", *op. cit.;* "Jóvenes: des-orden cultural y palimpsestos de identidad", *op. cit.;* "Identidades: tradiciones y nuevas comunidades", *op. cit.;* "Jóvenes: comunicación e identidad", *op. cit.;* "A mudança na percepção da juventude: sociabilidades, tecnicidades e subjetividades entre jovens", *op. cit.*
[75] Para a produção deste artigo, foram consultados 130 textos, entre artigos, capítulos de livros, conferências e palestras disponíveis na internet, bem como entrevistas em vídeo, *sites* e periódicos.

da faz dos componentes culturais que vêm de longe, como aglutinantes dos componentes da modernidade"[76], graças à "[...] tensão produtiva entre as estruturas e os sujeitos, ao pensar a ação como resultado de negociação"[77].

Além disso, em alguns textos/entrevistas, o autor afirma que, para entender os jovens, é necessário romper com as dicotomias jogo/trabalho, jogo/aprendizagem, consumo/produção, seriedade/festividade, estético/cognitivo, pois eles têm outra lógica. Os jovens fazem muitas coisas ao mesmo tempo, possibilitadas pelas tecnologias e pela convergência midiática, e se relacionam com uma mediação e não com um aparelho.

A relação juventude-tecnologia, e a decorrente empatia cognitiva[78], é uma das chaves usadas pelo autor para adentrar o universo desses sujeitos, seja pelo enfoque das identidades, seja pelo enfoque das novas sensibilidades e das subjetividades. Por essa razão, tais temáticas guiaram a estruturação deste texto e, por seus entrelaçamentos e sobreposições com a mediação da tecnicidade, foi praticamente impossível dissociá-las ao tratar de cada uma delas, como revela a nomenclatura dos tópicos em que se divide o artigo, destinada a enfatizar a indissolubilidade das questões.

Nessa nova ordem, o autor afirma que é necessário deixar de ter medo do caos cultural contemporâneo, pois é a única maneira de reinventar a sociedade. Essas mudanças têm como protagonistas os jovens, que desde o nascimento vivem em outro tempo e espaço. Como já dito, de "criaturas do tempo, tornam-se nômades do espaço"[79], pois habitam fora da cidade, vivem no mundo. Entre os exemplos, o autor cita "[...] a *netarte* plástica e musical que os jovens fazem circular já não só entre os compatriotas, senão entre todos os migrantes latinos ou sul-americanos, e mediante as quais a convergência digital faz já parte constitutiva do espaço cultural ibero-americano em construção"[80], o que está sendo nomeado de redes culturais[81].

---

[76] Jesús Martín-Barbero, "La comunicación en las transformaciones del campo cultural", *Revista Alteridades*, Cali: 1993, n. 3 (5), p. 65.
[77] Rossana Reguillo, "Rompecabezas de una escritura: Jesús Martín-Barbero y la cultura en América Latina", op. cit., p. 84.
[78] Jesús Martín-Barbero, "Aventuras de un cartógrafo mestizo en el campo de la comunicación", op. cit.
[79] Idem, "Los jóvenes siguen queriendo ser ciudadanos, pero de otro planeta" [entrevista a Omar Rincón], op. cit.
[80] Idem, "Comunicación y cultura mundo: nuevas dinámicas mundiales de lo cultural. Prólogo", op. cit., p. 31.
[81] O autor toma por base a discussão de Susana Finquelievich (org.), *¡Ciudadanos a la red! Los vínculos sociales en el ciberespacio*, Buenos Aires: Ciccus/La Crujía, 2000; José Luis Molina, *El análisis de redes sociales: una introducción*, Barcelona: Bellaterra, 2001; VV.AA., *Redes, gestión y ciudadanía*, Quito: OCLAC-ABYAYALA, 2002.

Para concluir, as palavras do próprio Martín-Barbero ilustram a forma otimista, promissora e sensível com que ele lança seu olhar para o fenômeno da juventude. Quando questionado sobre como desenvolve sua capacidade de ouvir os jovens, atento a suas estéticas e novas sensibilidades, enuncia:

> *A esta altura da vida, só pesquiso o que me dá esperança, pois não posso dar-me o luxo de pesquisar para me tornar mais apocalíptico. Eu escolho as brechas, todas as paredes têm rachaduras; se alguém fica paralisado diante do muro, se suicida. É preciso abordar as brechas e, para isso, temos de ser originais e romper com os modelos que nos deram.*[82]

E compreender a cultura juvenil, segundo suas reflexões, é adentrar uma lacuna que transcende o período temporal circunscrito entre a infância e a adultez, é espiar por uma fresta na qual se vislumbra esse novo *sensorium* que, de forma não linear, conecta (e também rompe com) passado e futuro. É seguir o que o próprio Jesús Martín-Barbero recomenda, citando Margaret Mead: "Devemos aprender junto com os jovens a forma de dar os próximos passos"[83]. Para construir um futuro menos repressivo, é preciso andar "[...] de mãos dadas com os jovens e começar a caminhar com eles sobre um território sem mapa e cujas narrativas não cabem numa sequência linear [...]"[84].

---

[82] Jesús Martín-Barbero, "Los jóvenes nos hablan en medio de mucho ruido y hay que saber escucharlos" [entrevista], *op. cit.*
[83] *Idem*, "Descentramiento cultural y palimpsestos de identidad", *op. cit.*
[84] *Idem*, "De la comunicación a la filosofía y viceversa: nuevos mapas, nuevos retos", *op. cit.*

referências

BONILLA, Jorge; CATAÑO, Mónica; RINCÓN, Omar; ZULUAGA, Jimena. *De las audiencias contemplativas a los productores conectados. Mapas de los estudios y de las tendencias de ciudadanos mediáticos en Colombia*. Bogotá: Sello Javeriano, 2012.

BRAGANÇA DE MIRANDA, José; CRUZ, Maria Teresa. *Crítica das ligações na Era da Técnica*. Porto: Tropismos, 2001.

CRUCES, Francisco (org.). *Antropología. Revista de Pensamiento Antropológico y Estudios Etnográficos*, Madrid: 1998, n. 15-16. Número dedicado a: *El sonido de la cultura. Textos de antropología de la música*.

DEDE, Chris. *Aprendiendo con tecnología*. Buenos Aires: Paidós, 2000.

FERRAROTTI, Franco. *Homo sentiens. Giovani e musica: la rinascita della comunità dallo spirito della nuova musica*. Nápoles: Liguori, 1995.

FINQUELIEVICH, Susana (org.). *¡Ciudadanos a la red! Los vínculos sociales en el ciberespacio*. Buenos Aires: Ciccus/La Crujía, 2000.

JENKINS, Henry. *Fans, blogueros y videojuegos: la cultura de la colaboración*. Barcelona: Paidós, 2009.

MAFFESOLI, Michel. *La contemplation du monde: figures du style communautaire*. Paris: Grasset, 1993.

MARTÍN-BARBERO, Jesús. "Los jóvenes siguen queriendo ser ciudadanos, pero de otro planeta" [entrevista a Omar Rincón, 1 post (17min 42s)]. I Bienal Latinoamericana de Infancias y Juventudes. Manizales, Colômbia, 2014. Disponível em: <https://www.youtube.com/watch?v=VdvwSHvEobo >. Acesso em: 20 jul. 2021.

_____. "Diversidade em convergência". *Revista MATRIZes*, São Paulo: jul./dez. 2014, v. 8, n. 2, pp.15-36.

_____. *A comunicação na educação*. São Paulo: Contexto, 2014.

_____. "Yo no fui a buscar los efectos, sino los reconocimientos. Prólogo/Entrevista". Em: BONILLA, Jorge; CATAÑO, Mónica; RINCÓN, Omar; ZULUAGA, Jimena. *De las audiencias contemplativas a los productores conectados. Mapas de los estudios y de las tendencias de ciudadanos mediáticos en Colombia*. Bogotá: Sello Editorial Javeriano, 2012.

_____. "Reubicando el campo de las audiencias en el descampado de la mutación cultural". Em: JACKS, Nilda *et al*. *Análisis de recepción en América Latina: un recuento histórico con perspectivas al futuro*. Quito: CIESPAL, 2011.

_____. "Comunicación y cultura mundo: nuevas dinámicas mundiales de lo cultural. Prólogo". *Revista Signo y Pensamiento*, Bogotá: jul./dez. 2010, v. XXIX, n. 57, pp. 20-34.

_____. "Los jóvenes nos hablan en medio de mucho ruido y hay que saber escucharlos" [entrevista]. *Liebre Lunar*, fev. 2010. Disponível em:

< https://liebrelunar.com/site/entrevista-a-jesus-martin-barbero-%E2%80%9Clos-jovenes-nos-hablan-en-medio-de-mucho-ruido-y-hay-que-saber-escucharlos%E2%80%9D/>. Acesso em: 25 maio 2016.

_____. "Hemos de dejar que los jóvenes nos cuentem su propia historia" [entrevista a Rafael Miralles Lucena]. *Cuadernos de Pedagogía*, n. 386, jan. 2009.

_____. "As formas mestiças da mídia" [entrevista a Mariluce Moura]. *Revista Pesquisa FAPESP*, n. 163, set. 2009. Disponível em: <https://revistapesquisa.fapesp.br/as-formas-mesticas-da-midia/> Acesso em: 22 mar. 2015.

_____. "Cuando la tecnología deja de ser una ayuda didáctica para convertirse en mediación cultural". *Revista Electrónica Teoría de la Educación*, Salamanca: mar. 2009, v. 10, n. 1, pp. 19-31. Disponível em: <https://campus.usal.es/~teoriaeducacion/rev_numero_10_01/n10_01_martin-barbero.pdf>. Acesso em: 10 jun. 2016.

_____. "A mudança na percepção da juventude: sociabilidades, tecnicidades e subjetividades entre os jovens". Em: BORELLI, Silvia H. S.; FREIRE FILHO, João (org.). *Culturas juvenis no século XXI*. São Paulo: EDUC, 2008.

_____. *Ofício de cartógrafo: travessias latino-americanas da comunicação na cultura*. São Paulo: Edições Loyola, 2004.

_____. "Identidades: tradiciones y nuevas comunidades". *Comunicação e Política*, Rio de Janeiro: jan.-abr. 2002, v. IX, n. 1, pp. 165-89.

_____. "Jóvenes: comunicación e identidad". *Pensar Iberoamérica. Revista da Cultura*, n. 0, fev. 2002.

_____. *Al sur de la modernidad: comunicación, globalización y multiculturalidad*. Pittsburgh: Instituto Internacional de Literatura Iberoamericana, 2001.

_____. "Claves de debate — Televisión pública, televisión cultural: entre la renovación y la invención". Em: RINCÓN, Omar (org.). *Televisión pública: del consumidor al ciudadano*. Bogotá: Convenio Andrés Bello, 2001.

_____. "La política tiene que cambiar mucho para hacerse cargo de las nuevas dinámicas de la cultura" [entrevista a Catalina Gayà e Marta Rizo]. *Observatorio de Migración y Comunicación. Portal de la Comunicación InCom-UAB*, 3 dez. 2001. Disponível em: <www.portalcomunicacion.com/catunesco/download/barbero.pdf>. Acesso em: 28 maio 2015.

_____. "Retos culturales: de la comunicación a la educación". *Revista Nueva Sociedad*, n. 169, set./out. 2000, pp. 35-43.

_____. "Sujeito, comunicação e cultura". [entrevista a Roseli Fígaro e Maria Aparecida Baccega]. *Comunicação e Educação*, n. 15, maio/ago. 1999. Disponível em: <http://www.revistas.usp.br/comueduc/article/view/36864/39586>. Acesso em: 21 maio 2016.

_____. "Aventuras de un cartógrafo mestizo en el campo de la comunicación". *Revista Latina de Comunicación Social*, 19.0, 1999. Disponível em: <http://www.ull.es/publicaciones/latina/a1999fjl/64jmb.htm>. Acesso em: 23 abr. 2016.

_____. "Jóvenes: des-orden cultural y palimpsestos de identidad". Em: CUBIDES Cipagauta, Humberto; LAVERDE TOSCANO, María Cristina; VALDERRAMA, Carlos Eduardo (org.) *"Viviendo a toda": jóvenes, territorios culturales y nuevas sensibilidades*. Bogotá: Siglo del Hombre, 1998.

_____. "Comunicação e cidades: entre meios e medos". *Novos Olhares*, São Paulo: jan.-jul. 1998, v. 5, n.1, pp. 5-9.

_____. "De la comunicación a la filosofía y viceversa: nuevos mapas, nuevos retos". Em: LAVERDE TOSCANO, María Cristina; REGUILLO, Rossana (org.). *Mapas nocturnos. Diálogos con la obra de Jesús Martín-Barbero*. Bogotá: Siglo del Hombre /Universidad Central, Departamento de Investigaciones, 1998.

_____. "Teenagers as Social Agents". *Peace Review Journal*, University of San Francisco, California: 1997, v. 9, n. 4.

_____. "El miedo a los medios. Política, comunicación y nuevos modos de representación". Em: *idem et al. La nueva representación política en Colombia*. Bogotá: IEPRI/ FESCOL, 1997.

_____. "Descentramiento cultural y palimpsestos de identidad". *Cultural Boundaries: Identity and Communication in Latin America*. Conferência na University of Sterling, 16-18 out. 1996.

_____. "La ciudad virtual. Transformaciones de la sensibilidad y nuevos escenarios de comunicación". *Revista de la Universidad del Valle*, Cali: ago. 1996, n. 14, pp. 26-38.

_____. "Comunicación fin de siglo. ¿Para dónde va nuestra investigación?". *Revista Telos*, Madrid: 1996, n. 47, pp. 58-64.

_____. "La comunicación en las transformaciones del campo cultural". *Revista Alteridades*, Cali: 1993, n. 3 (5), pp. 59-68.

_____. "Comunicación e imaginarios de la integración". *Revista Intermedios*, México: jun.-jul. 1992, n. 2, pp. 6-11.

_____. "Industrias culturales: modernidad e identidad" [Palestra]. Congresso da Intercom, Florianópolis, 1989. [mimeo.]

_____. "Identidad, comunicación y modernidad en América Latina". *Revista Contratexto, Comunicación y Cultura*, Facultad de Ciencias de la Comunicación, Universidad de Lima, Lima: jul. 1989, n. 4, pp. 31-56.

_____; LLUCH, Gemma. *Proyecto: lectura, escritura y desarrollo en la sociedad de la información*. Bogotá: CERLALC, 2011.

MOLINA, José Luis. *El análisis de redes sociales: una introducción*. Barcelona: Bellaterra, 2001.

PARDUCCI, Amparo Marroquín. *La categoría de "lo popular-masivo" en el pensamiento de Jesús Martín-Barbero*. 386f. Tese (Doctorado en Filosofía Iberoamericana) — Universidad Centroamericana José Simeón Canãs. El Salvador: 2015.

REGUILLO, Rossana. "Rompecabezas de una escritura: Jesús Martín-Barbero y la cultura en América Latina". Em: LAVERDE TOSCANO, María Cristina; REGUILLO, Rossana (org.). *Mapas nocturnos. Diálogos con la obra de Jesús Martín-Barbero*. Bogotá: Siglo del Hombre /Universidad Central, Departamento de Investigaciones, 1998.

SCOLARI, Carlos A. *Hacer clic. Hacia una sociosemiótica de las interacciones digitales*. Barcelona: Gedisa, 2004.

VILA, Pablo. "Música e identidad: La capacidad interpeladora y narrativa de los sonidos, las letras y las actuaciones musicales". Em: PICCINI, Mabel; ROSAS MANTECÓN, Ana; SCHMILCHUK, Graciela (org.). *Recepción artística y consumo cultural*. México: CNCA/INBA/CENIDIAP/Ediciones Casa Juan Pablos, 2000.

VV.AA. *Redes, gestión y ciudadanía*. Quito: OCLAC-ABYAYALA, 2002.

Jesús Martín-Barbero, o mestre

Omar Rincón

olhar do outro lado
Jesús Martín-Barbero não para de pensar, de imaginar e de incomodar. Todos os dias entra na rede. Baixa milhares de textos e imagens. Cria museus de suas querências. Fica indignado com o que acontece no mundo e ousa dizer coisas fortes sobre nossa contemporaneidade como "os jovens hoje são o vazio porque expressam a explosão e o fracasso da modernidade", e que atualmente devemos seguir os adolescentes, que em sua vertigem tecnológica e existencial nos convocam a novos modos de habitar o mundo. E ele é capaz de pre-ver o que acontece conosco porque o lugar de onde pensa é "essa invisibilidade profunda de onde vemos". Antes ele habitava os mapas noturnos, agora espia da e na invisibilidade. Assim, está mais interessado em inscrever do que em transmitir, mais em constituir do que em substituir, mais na mutação do que no estabelecido.

o jovem Jesús
Jesús Martín-Barbero foi jovem de três maneiras: uma, em sua Ávila natal, onde descobriu o anarquismo; outra, conhecendo a América Latina pela mão da Teologia da Libertação ou quando o povo e os de baixo decidiram publicamente que existiam; e a terceira, nessa experiência da vanguarda moderna chamada Maio de 1968, ou quando o corpo e a imaginação se transformaram em outros modos de fazer cultura e política. Ele descobriu a juventude como categoria, habitando-a. Por isso, para Jesús Martín-Barbero, os jovens são uma figura existencial dessa nostalgia do seu modo de ser jovem. A categoria jovem não existia. A juventude não existia até os anos 1960. Coube a ele encarná-la. E habitou a juventude como a nova forma da imaginação social e política.

a comunicação
A comunicação como aventura inteligente e os meios de comunicação como lugares do sentido cultural seriam muito diferentes na América Latina sem a

presença de Jesús Martín-Barbero. Ele não aparece muito na mídia, mas... para pensar sobre a mídia é preciso saber dele. Seu forte são as ideias inovadoras, interferir nos lugares-comuns, tentar compreender sempre a partir do outro lado. Ele é um narrador perspicaz das nossas atualidades que atua as oralidades e viaja a ideias que nos levam a pensar diferente. E depois de ler ou de ouvir o que ele diz, pensamos mesmo diferente.

Todos nós, que trabalhamos com comunicação e com cultura, aprendemos com ele. A partir das suas leituras e palavras nos aproximamos das mensagens midiáticas com outros olhos e nos convencemos de que na mídia, nas tecnologias e nas experiências de conexão simbólica há muito mais vida que a do mercado, que é preciso entender mais do que afirmar, que comunicação é pensar nas lógicas do reconhecimento, nos jogos de identidades, nas maneiras de viver no cotidiano, nas culturas como disrupção para habitar o mundo.

Jesús Martín-Barbero teimou em inventar novas formas de pensar a comunicação, a cultura, os jovens, a televisão, as mulheres, as sensibilidades, as tecnologias... em pensar sobre tudo aquilo de que têm ciúme os intelectuais das ciências sociais e humanas. Conhecemos dele muitíssimos textos breves e cinco longos, de enorme impacto: *Comunicación masiva: discurso y poder* (1978), *De los medios a las mediaciones* (1987), *Televisión y melodrama* (1992), *La educación desde la comunicación* (2002), *Oficio de un cartógrafo* (2002)[1].

O mestre Martín-Barbero nos deixou de herança a ideia de que nos estudos da comunicação "deve-se perder o objeto para ganhar o processo" (deixar de pensar os produtos e passar a pensar as lógicas culturais e políticas que se dão no processo de desenhar, produzir e realizar as mensagens). Isso significa que devemos mudar o lugar das perguntas para tornar pesquisáveis os processos de constituição dos sentidos midiáticos. Ganhou fama ao escrever que nos estudos da comunicação "devemos passar dos meios às mediações" (deixar de instrumentalizar os meios e as tecnologias como veículos de informação para compreendê-los nas inter-relações que se dão entre a cultura popular, as máquinas do industrial e os lugares da política).

Ensinou-nos que na comunicação não podemos nos esquivar da questão do popular, nem da diferença, nem da diversidade cultural, nem do poder. Isso indica que não se pensa nem se faz comunicação sem pensar a

---

[1] Edições brasileiras: *Dos meios às mediações: comunicação, cultura e hegemonia*, Rio de Janeiro: Ed. UFRJ, 2009; *A comunicação na educação*, São Paulo: Contexto, 2014; *Ofício de cartógrafo: travessias latino-americanas da comunicação*, São Paulo: Loyola, 2004. [N.E.]

política. E que a chave de tudo está em "mudar o olhar" e olhar para os que desfrutam dos meios porque é aí que se localiza o que dá sentido, no que as pessoas fazem com o que veem, com o que leem, com o que ouvem... porque o prazer está no re-contar o que se vê, o que se ouve, o que se lê. Por isso, pesquisar a comunicação é "ver com os outros", compreender as experiências de re-encantamento identitário, habitar a experiência do comunitário, desfrutar da gestão do festivo.

Devemos continuar aprendendo com ele que a comunicação é lugar de encontro de comunidades despedaçadas como as nossas e que a mídia e as redes podem ser lugar de conexão cultural. Agora nos surpreende ao dizer que "é preciso deixar de habitar os tempos para experienciar os espaços". E isso significa que os jovens, os migrantes, o YouTube e as redes digitais são mais espaços da comunicação que tempos da narrativa.

Seu pensar nos ensinou que "todo comunicador deve fazer três coisas: pensar com a própria cabeça... ter o que dizer.... e conquistar a escuta".

Bogotá, julho de 2017

epílogo

Rossana Reguillo

Conheci Jesús Martín-Barbero (daqui em diante, JMB) em 1990. Eu acabava de afinar meus instrumentos de análise numa longa pesquisa em alguns *barrios bravos* da cidade de Guadalajara, onde moro. Era apenas o início do "tempo ruim", que é como uma mãe de Ciudad Juárez se refere ao matadouro em que o México estava então se transformando. As coisas já eram difíceis naquele tempo, ser jovem nunca foi fácil, muito menos nos contextos de pobreza, violência e crise da política, somada à impunidade e à corrupção sem limite na geografia latino-americana.

Quando conheci JMB, eu era uma leitora agradecida e maravilhada de *De los medios a las mediaciones* e *Para salir de la razón dualista*. Acabava de obter meu mestrado em Comunicação do ITESO — a universidade que depois seria a casa de JMB durante vários meses, quando a situação na Colômbia se agravou e era questão de vida ou morte para Jesús e sua esposa Elvira deixarem por algum tempo a terra que ambos amam profundamente —, e nossa cumplicidade intelectual e amizade à prova de distâncias resultariam num incessante diálogo ao longo destes turbulentos anos nos quais temos sido testemunhas de esperanças e tristezas, de alegrias e de lutas.

Hoje, meu colega e amigo Carles Feixa, responsável por esta arguta curadoria de alguns dos textos-chave que JMB produziu sobre as/os jovens, me dá a honra e a responsabilidade de encerrar estas páginas com um "epílogo", essa espécie de fecho de um discurso. É sem dúvida uma tarefa que me excede dedicar algumas palavras finais ao trabalho de um pensador de fronteiras que, nos anos 1980, virou de ponta-cabeça todo um campo de saberes e encheu de ar fresco uma atmosfera rarefeita pelos determinismos e pela denúncia sem rigor analítico. Não obstante me sentir ultrapassada pela tarefa, tentarei, modestamente, aproximar-me daquilo que se entende por "epílogo" de uma peça, de uma obra, de um discurso: assinalar os pontos principais e oferecer alguns pontos de ancoragem das ideias desenvolvidas.

Começo, portanto, dizendo, como leitora assídua da obra de JMB, que o mais relevante do seu pensamento sobre os jovens não se encontra nos ensaios, nos artigos ou nas conferências que têm no título as palavras "jovem" ou "jovens"; não vai nisso nenhuma queixa, reclamação ou crítica à magnífica antologia que aqui nos convocou, apenas quero ressaltar com esta afirmação que na obra inteira de JMB podem ser encontradas chaves fundamentais para repensar e reapreender; que ao longo da sua vasta obra JMB não fez outra coisa senão elaborar uma teoria monumental sobre a mudança social em chave cultural. E ao se perguntar sobre como muda aquilo que muda e o que é que permanece, JMB nunca deixa de falar das/dos jovens, esses sujeitos que avançaram nas suas páginas de anotações, de moto, para balear um ministro, ou o cercaram numa tarde úmida, saindo de uma aula em sua amada universidade, em Cali, para estender uma discussão sobre telenovelas, ou cemitérios, ou músicas emergentes. Na verdade, quero dizer que durante todos esses anos JMB não deixou de falar com os jovens e sobre os jovens. E digo que estes bárbaros, como Baricco os chama, borraram seus cadernos de anotações e, quando ele pensava estar escrevendo um sisudo capítulo sobre os românticos, naquele livro que já faz parte do acervo das gerações passadas e das que estão por vir — refiro-me a *De los medios* —, nosso autor só fazia exprimir a paixão com que aqueles jovens — que construíram muitas das chaves das nossas paixões contemporâneas —, os românticos, abriam um campo minado de perguntas sobre os sujeitos históricos, essas mulheres e esses homens que, sem se reconhecerem na categoria "juventude", vinham marcar o território da imaginação e da reivindicação da voz própria.

Penso, embora não tenha conversado sobre isso com ele, que aquele seu capítulo sobre os românticos é sua obra-prima sobre as juventudes e sua reinvindicação à partilha do sensível, que, como já nos disse JMB, é a formulação telúrica que Jacques Rancière concebeu para nos falar da inequidade e da mesquinharia com que os poderes proprietários atribuem um lugar aos corpos e um modo de inserção na estrutura. Depois vieram muitos textos, artigos, conversas, conferências, um vertiginoso modo de construir saber compartilhado e generoso.

Esta antologia começa em 1996, quase dez anos depois da publicação do livro que iria mudar um campo de saberes (*De los medios a las mediaciones*), e não é casual que seu título seja *Do palimpsesto ao hipertexto*, no qual JMB opera um importante deslocamento que ele já introduzira em trabalhos anteriores: confrontado a certo fetichismo do aparelho, do meio, da estrutura, que vinha dominando a academia, JMB chegava erguendo a bandeira do *sensorium*, essa noção benjaminiana que ele, JMB, fez ondear sobre um ambiente de marasmo determinista. A questão, ele sustentava, era entender que a relevância do "aparelho", da técnica, do meio não residia na sua própria especificidade, mas na capacidade de potencializar novos imaginários, novas formas de sentir e pensar. Novos estatutos cognitivos que subvertiam a experiência. Precocemente, JMB intuiu que a chave não residia na obsessão adultocêntrica em torno dos dispositivos, mas em algo de muito maior envergadura e profundidade: a sensibilidade, aquele *sensorium* que Benjamin (retrabalhado por JMB) entendia como "novos modos de perceber, de sentir e relacionar-se com o tempo e o espaço, novas maneiras de se re-conhecer e de se reunir".

Em diálogo com as pesquisadoras e os pesquisadores colombianos, latino-americanos e espanhóis dedicados a estudar as juventudes, JMB bebia das melhores etnografias (esse saber situado que exprime a experiência), para avançar a passos agigantados na sua produção de inteligibilidade sobre a relação jovens-tecnicidades-mudança cultural.

Assim, trouxe para o debate Margaret Mead, a antropóloga norte-americana das idades da cultura. Foi JMB quem introduziu no debate latino-americano as três formas de culturas que coexistiam — não de maneira pura — nas sociedades, às quais Mead atribuía tanta importância: a pós-figurativa, que, dito de forma simples, as crianças aprendem com os avós; a cofigurativa, na qual os jovens aprendem com seus pares; e a prefigurativa, a mais radical, na qual os mais jovens assumem o papel de professores e intérpretes num mundo nascente.

Assim, entre 1996 e 2000, o trabalho de JMB será marcado por essas duas chaves: o *sensorium*, a nova experiência facilitada por um mundo em que a técnica acelera os modos de aprendizagem e de coletivização, e a cultura prefigurativa, em que os jovens se transformam em pioneiros num mundo para o qual os adultos não dispõem das chaves necessárias.

É nesse período que surge uma questão que será fundamental para o impacto do trabalho de JMB sobre os jovens: as migrações no tempo.

Numa academia que se rege por parâmetros da geografia e da física modernas, a proposta de JMB não deixa de ser incômoda. As pessoas migram, isto é, mudam-se no espaço, no território; mas JMB propõe que as tecnicidades produzem uma migração, uma mudança, no tempo. E ele consegue encontrar o artefato (hoje antigo) com o qual as culturas juvenis são capazes de saltar no tempo: zapear, é como ele o chama num dos seus trabalhos. O controle sobre saltos no tempo-espaço do que é diretamente apreensível à experiência. Hoje parece risível, diante dos avanços tecno--culturais da sociedade atual, pensar que um pequeno controle possibilita, àqueles navegantes de mundos não nascidos, ir e vir, aterrissar e decolar, ficar e partir. Mas o fato de JMB ter se detido nessa reflexão é fundamental:

parafraseando Spinoza, "ninguém sabe quanto pode um controle". Os trabalhos dessa primeira época de JMB caracterizam-se por seu salto no vazio, por sua capacidade de vincular o dispositivo ao *sensorium* e por suas perguntas sobre o tempo nascido dessas cumplicidades.

Até que ocorreu, por volta de 2004, um salto, novas perguntas, obsessões, roteiros: a escola. Mas é importante dizer que há um pivô entre o JMB do *sensorium* e o da escola; esse pivô se chama "a pergunta pelo sentido". Talvez tenha resultado das suas infindáveis conversas com antropólogos e jornalistas, da sua própria capacidade de observação, mas no início dos 2000 JMB foi acossado pelo sentido. Aí ganharam importância as músicas, as violências, as estratégias, os modos de tornar-se visíveis dos jovens e, de repente, pá!, chegou a escola. Gosto de chamar essa etapa do pensamento martinbarberiano de sua "virada educacional".

Muitas vezes ouvi JMB dizer que era preciso explodir a escola, mas todo seu trabalho desmentia isso. Ele tecia e tecia, enlaçava o que não pode ser enlaçado para salvar a instituição; demorei para entender, mas o que JMB fazia era conversar com as/os professores, esses seres híbridos que vivem em outro tempo. Foi ganho, diríamos no México, por aquele coração tão grande e tão ferido que o caracteriza. Explodir tudo? Nada disso: repensar com essas mulheres e esses homens que, todo dia, jogam sua última cartada.

Vieram os trabalhos sobre a escola e a cidade. Continuo a me perguntar por que JMB enlaçou de tal maneira os destinos dessa instituição caduca que é a escola a essa instituição nervosa e impossível que é a cidade. Não tenho pistas. Mas o que fica claro, depois de revisitar esses textos-chave, é que, no pensamento de JMB, não há possibilidade de pensar a cidade e a escola separadamente. Há uma fase-chave no seu pensamento sobre jovens que se centra na formação de cidadãos.

Nessa nova escrita, JMB começa a lançar, um após outro, os desafios políticos que as culturas juvenis nos impõem. Abandona o *sensorium* e os traços mais antropológicos e culturais do seu trabalho, para se tornar uma voz de trovão que vem assinalar quanta precariedade, exclusão e criminalização há nas leituras que o mundo tecno-perceptivo fez dos jovens. JMB fez uma opção, a mesma que ele havia feito em 1987, no seu livro *De los medios*, quando nos apresentou aos anarquistas.

Do JMB crítico cultural e analista da mídia, do JMB filósofo e epistemologista da mudança social e cultural, passamos a um JMB profundamente afetado por aquilo que o sistema produziu em comunidades-comunas hermenêuticas, afetadas e alteradas pela precarização. Nessa nova época, suas passagens pelos trabalhos dos seus colegas colombianos Alfonso Salazar e Pilar Riaño ganham novas significações.

    A urgência o alcançou, a generosidade do seu pensamento o preserva e o converte em presença inescapável no momento de pensar as/os jovens neste mundo incerto.

Guadalajara (México), julho de 2017

sobre os autores

Jesús Martín-Barbero
Semiólogo, antropólogo e filósofo colombiano. Foi um teórico e pesquisador da comunicação e cultura e um dos expoentes nos Estudos Culturais contemporâneos.

Carles Feixa
Professor visitante em Roma, Cidade do México, Paris, Berkeley, Buenos Aires, Santiago do Chile e Newcastle. Especializado em culturas juvenis, realiza trabalhos de campo na Catalunha e no México.

Mònica Figueras-Maz
Professora titular do Departamento de Comunicação da Universitat Pompeu Fabra (UPF).

Néstor García Canclini
Sociólogo, filósofo e antropólogo cultural, pesquisador das áreas de comunicação, estudos culturais e sociologia. Professor, entre outras, da Universidad Autónoma Metropolitana, México.

Nilda Jacks
Docente no Programa de Pós-Graduação em Comunicação da Universidade Federal do Rio Grande do Sul (UFRGS). Bolsista de Pesquisa do CNPq.

Daniela Schmitz
Doutora em Comunicação pela Universidade Federal do Rio Grande do Sul (UFRGS), publicitária e mestre em Comunicação pela Universidade do Vale do Rio dos Sinos (Unisinos).

Omar Rincón
Pesquisador e professor de Comunicação e Jornalismo da Universidad de los Andes, diretor do Centro de Estudos em Jornalismo da mesma universidade e diretor do Centro de Competência em Comunicação da América Latina da Fundação Ebert.

Rossana Reguillo
Professora pesquisadora no Departamento de Estudos Socioculturais no Instituto de Estudios Superiores de Occidente (Iteso) em Guadalajara, México. Coordenadora do programa de pesquisa em Estudos Socioculturais nessa mesma instituição.

Título original: *Jóvenes entre el Palimpsesto y el Hipertexto*
© NED Ediciones, 2017
© Jesús Martín-Barbero, 2017
© Todos os autores, 2017
© Edições Sesc São Paulo, 2022

Todos os direitos reservados

tradução
Sérgio Molina

preparação
Silvana Cobucci

revisão
Miguel Yoshida, Andréia Manfrin Alves

capa, projeto gráfico e diagramação
Tatiana Buratta

DADOS INTERNACIONAIS DE CATALOGAÇÃO NA PUBLICAÇÃO (CIP)

M3383j
Martín-Barbero, Jesús
    Jovens entre o palimpsesto e o hipertexto / Jesús Martín-Barbero; organização: Carles Feixa; Mònica Figueras-Maz; tradução: Sérgio Molina. — São Paulo: Edições Sesc São Paulo, 2022. —

200 p.

    ISBN: 978-65-86111-73-6

    1. Cultura Jovem. 2. Cultura digital. 3. Comunicação Digital. 4. Palimpsesto. 5. Hipertexto. 6. Cibercultura. 7. Multimídia. I. Título. II. Feixa, Carles. III. Figueras-Maz, Mònica. IV. Molina, Sérgio.

    CDD 305.23

FICHA CATALOGRÁFICA ELABORADA POR MARIA DELCINA FEITOSA CRB/8-6187

Edições Sesc São Paulo
Rua Serra da Bocaina, 570 – 11º andar
03174-000 – São Paulo SP Brasil
Tel. 55 11 2607 9400
edicoes@sescsp.org.br
sescsp.org.br/edicoes
 /edicoessescsp

famílias tipográficas | Merriweather e Montserrat
papéis | supremo alto alvura 250g/m² (capa) e polen natural 70g/m²
impressão | Dsystem indústria gráfica ltda.
data | setembro de 2022